만들어진 붕괴

■ 일러두기

1. 외래어 표기는 국립국어원의 외래어표기법을 따랐으나, 일반적으로 굳어진 표기는 존중했다.
2. 단행본은 「 」, 정기간행물은 《 》, 영화나 연극, 드라마 등의 작품은 〈 〉로 묶었다.
3. 모든 각주는 옮긴이주다.

THE GREAT MONEY BUBBLE:

Protect Yourself from the Coming Inflation Storm

만들어진 붕괴

THE GREAT MONEY BUBBLE

역사상 최악의 인플레이션 공격에서
당신의 돈을 지키는 법

데이비드 A. 스톡맨 지음 | 한다해 옮김

한스미디어

이 책에 대한 찬사

첫 장부터 마지막까지 단숨에 읽어내렸다. 지금의 위기가 미국 금융 시스템의 구조적 문제에서 야기되었다는 저자의 통찰에 깊이 공감한다. 고도화된 초대형 복합 위기를 이겨낼 수 있는 지혜가 담겨 있다. 밤을 새워 읽어야 할 책이다.

— **김영익, 서강대학교 경제대학원 교수**

『만들어진 붕괴』는 우리가 겪고 있는 현재의 세계 경제 위기가 비단 코로나19 팬데믹 때문만은 아니라고 말하는 책이다. 그 중심에는 우리가 주목하는 연준이 있다. 저자는 연준의 화폐 공급이 늘어나기 시작한 수십 년 전부터 붕괴는 예고되었다고 날카롭게 지적한다. 이 책에서 우리는 지금 나타나는 불안한 현상의 원인과 다가올 미래에 대한 대비까지 넘치는 인사이트를 확인할 수 있다.

— **오건영, 신한은행 WM사업부 팀장**

지금의 세계 금융 위기가 전부 코로나19라는 전대미문의 전염병 때문이라고 생각하는 분들에게 꼭 읽기를 권하고 싶은 책이다. 근시안적인 분석만으로는 이 위기에서 살아남을 수 없다. 데이비드 A. 스톡맨은 이미 몇십 년 전부터 지금의 혼란이 만들어져 왔다고 이야기하고 있다. 날카로운 분석과 함께 정확한 해결 방안이 담긴 책이다.

— **박정호, 명지대 특임교수**

맹렬한 인플레이션이 들이닥친 가운데, 데이비드 A. 스톡맨은 누가 인플레이션을 야기했으며 그로 인해 우리가 얼마나 위험해질 수 있는지 그리고 어떻게 대처해야 하는지 낱낱이 파헤친다.

— **토머스 E. 우즈Thomas E. Woods, 뉴욕타임즈 베스트셀러 작가**

스톡맨... 그는 인플레이션의 유일한 탈출구를 가리킨다. 건전화폐, 자유시장, 합당한 재정만이 살길이다. 하지만 전 세계는 이를 악물고 이를 외면하고 있다.
— **제프리 터커**Jeffery Tucker, 브라운스톤 인스티튜트 설립자

스톡맨은 연준이 금융시장에 심은 암 덩어리를 기가 막히게 진단했다. 책에서도 나오듯 주식시장은 '비이성적 과열과 가속이 붙어버린 상승장'이 되어버렸다. 전적으로 동의한다.
— **윌리엄 D. 코핸**William D. Cohan, 뉴욕타임즈 베스트셀러 『카드로 만든 집House of Cards』 『정전
   Power Failure』의 저자

데이비드 A. 스톡맨은 우리의 경제·통화 시스템과 사회 전반에 발생한 비극 그리고 불필요한 파열을 가장 예리하게 관찰한 사람 중 한 명이다. 이렇게 중요한 책은 꼭 읽어보기를 강력히 권한다.
— **론 폴**Ron Paul, 전 텍사스주 하원의원, 〈리버티 리포트Liberty Report〉 진행자

인플레이션으로부터 자신을 보호하고 싶은 사람 그리고 주식시장의 조작과 유동성 위기, '통화주의'의 내막을 알고 싶은 사람은 반드시 이 책을 읽어야 한다.
— **월터 블록**Walter Block, 로욜라대학교 경영대학 석좌교수

정치학이 중앙은행을 비롯한 금융 분야와 섞이면 독극물이 제조되는 것이나 다름 없다. 경제 재앙의 가장자리에서 위태롭게 흔들리는 불건전한 돈, 사악한 정치, 취약한 경제라는 독극물 말이다.
— **라이언 맥메이큰**Ryan McMaken, 미제스 연구소 선임 편집자

부채와 자산가격 거품으로 성장한 미국 경제의 종말은?

김영익(서강대 경제대학원 교수)

부채로 쌓아올린 거품 경제의 붕괴

•

데이비드 A. 스톡맨이 쓴『만들어진 붕괴』를 읽어보면서 내가 평소 주장해 온 미국 경제의 흐름과 거의 유사해 놀라움을 금치 못했다. 미국 경제는 연방준비제도(이하 연준)의 과도한 통화공급으로 부채에 의해 성장했고, 자산 가격에 거품이 발생했다. 그러나 이제 과잉 통화공급으로 인플레이션이 발생하고 있기 때문에 연준은 금리를 인상하고 통화공급을 줄이고 있다. 이 과정에서 부채 문제가 드러나고 채권, 주식, 부동산 등 각종 자산 가격에 발생했던 거품이 붕괴하고 있다.

연준의 통화정책 목표는 '고용 극대화'와 '물가 안정'이다. 연준은 물가상승률과 실업률 사이에 역의 관계가 있다는 필립스곡선에 기반해서 통화정책을 운용하고 있다. 그러나 2000년대 들어와서 물가도 안정되고 실업률도 매우 낮은 수준을 유지하게 되었다. 이른바 '디스인플레이션disinflation' 시대가 펼쳐진 것이다. 저자는 폐쇄경제에 기반한 필립스 곡선이 잘못됐다고 주장한다. 미국 물가가 안정된 이유는 세계화에서 찾을 수 있다는 것이다. 특히 중국이 2001년 세계무역기구WTO에 가입하면서 저임금을 바탕으로 상품을 싸게 생산해서 월마트에 공급해주었다. 또한 기술 관련 서비스는 인도가 값싸게 제공해주었고, 자동차와 에어컨은 멕시코에서 조립해 준 덕분에 미국 물가는 낮은 수준을 유지할 수 있었다.

이런 흐름에 따라 연준은 통화공급을 크게 늘렸다. 저자는 1914년 말 창설된 이후 연준의 대차대조표가 해마다 평균 약 100억 달러씩 확대되었다고 분석했다. 이를 고려했을 때(2008년부터 경제성장률이 어림잡아 연 3%였다면) 오늘날 대차대조표는 1조 3,000억 달러여야 할 것이다. 그러나 실제로는 8조 8,000억 달러로 매년 1조 4,400억 달러씩 확대되고 있다. 그는 미국의 통화가 적정 수준보다 약 7조 달러 더 공급되었다고 주장한다.

이러한 과잉 통화공급은 저금리를 초래해 각 경제 주체의 부채를 크게 늘렸다. 특히 저자는 미국의 정부 부채 급증을 지적하고 있다.

2000년에 국내총생산^{GDP}대비 54.9%였던 연방정부 부채가 2021년에는 127.0%까지 급증했다. 낮은 금리로 연방정부가 이자 비용을 저평가했고, 이는 고스란히 미래의 납세자 부담으로 남게 된 것이다.

연준이 만들어낸 인플레이션 지옥

·

한편 풀린 돈이 메인 스트리트(실물경제)로보다는 월스트리트(금융경제)로 가면서 채권, 주식, 부동산 시장에 큰 거품이 발생했다. 이에 따라 미국 경제 전체의 PER^{Price to Earning Ratio}이라고도 할 수 있는 소득 대비 자산 비율이 오늘날 9.6배까지 치솟았다. 미국 제조업이 전성기를 누렸던 1959년에서 1970년 사이에 개인소득 대비 가계자산 비율은 평균 5.8배였다. 저자는 미국 자산 가격에 엄청난 거품이 발생했다고 보고 있다. 이런 자산 가격 급등에 따라 미국 가계의 빈부의 격차는 더 벌어졌다. 자산 가격 상승에 따라 부자는 부를 더욱 늘릴 수 있었다는 것이다.

그러나 연준의 과도한 통화공급은 이제 인플레이션으로 보복하고 있다. 저자는 연준이 위치한 워싱턴에서 찍어낸 돈이 인플레이션이라는 지옥을 초래했다고 지적하고 있다. 저자는 1980년대 초반 미국의 인플레이션과 이에 따른 통화 긴축을 상기하고 있다. 1980년대 초에 미국 경제는 경기침체와 물가상승을 동반하는 스태그플레이션을 겪었다. 당시 연준 의장이었던 폴 볼커는 과감하게 금리 인상을 단행한다. 이에 따라 경기침체는 심화했지만, 물가가 잡히고 중장기적으로 경제 회복의 기반이 마련되었다. 저자는 그때 정도는 아닐지라도 통화 긴축이 필요한 시기라고 보고 있다.

저자는 이 책에서 이러한 시기에 모든 자산시장 특히 주식시장에서 탈출해야 한다고 주장하고 있다. 그는 "살아남기 위해 하루빨리 주식 카지노에서 도망쳐야 한다."라는 과감한 주장을 펼치고 있다. 그에 따르면 애플도 상당히 오랫동안 저성장이 불가피하며, 특히 '밈 주식'은 반드시 피해야 한다고 주장한다. 코인 시장에 대해서도 '허무맹랑'하다는 표현까지 쓰면서 위험성을 지적한다.

미국 경제와 금융시장의 흐름을 이해하는 데
가장 중요한 지침서

•

끝으로 저자는 인플레이션을 대비해 일반 투자자에게 4단계 전략을 제시하고 있다. 1단계는 부채 최소화다. 신용카드, 부동산, 학자금을 비롯한 모든 부채는 줄여야 한다. 2단계는 현금 확보다. 가능한 모든 지출을 줄이고 저축을 늘려야 한다. 3단계는 투자처 검토다. 우선은 만기 1년 이하의 국채와 양도성예금증서 구매이다. 4단계는 주식시장 하락을 대비한 헤징 자산 투자다. 저자는 현금과 금을 소유하는 것이 1순위이며 고평가된 투기성 주식에 대한 장기 풋옵션 함께 물가연동채 매수를 권유한다.

이 책이 출간된 이후 미국에서는 자산 가격 거품이 채권, 주식, 부동산 순서로 붕괴하고 있으며 최근에는 실리콘밸리은행 등 일부 중소형 은행까지 파산하고 있다. 다음 단계에서는 미국 경제가 소비 중심으로 침체에 빠질 가능성이 높다. 스톡맨의 이번 저서는 미국 경제와 금융 시장의 흐름을 이해하는 데 가장 중요한 지침서 가운데 하나가 될 것이다. 일독을 권한다.

아직 최악은 오지 않았다

『만들어진 붕괴』에서 예언한 인플레이션 폭풍은 어김없이 찾아왔
다. 2020년 2월 기준 소비자의 1달러가 지금은 고작 85센트 정도에 불
과하다. 이번 세기가 시작될 때 은행에 안전하게 저축해놓았던 1달러
로는 오늘날 겨우 56센트 가치의 상품과 서비스를 구매할 수 있다.

월급명세서와 예금계좌는 이미 손해를 봤지만, 이것은 내가 하려는 이
야기의 절반에 불과하다. 이면을 들여다보면 앞으로 다가올 인플레이션
혼란이 아직 더 길게 남아 있다. 그 이유는 30년 동안 발생한 미국 연방
의회의 무모한 지출과 차입 탓에 재무부가 새로운 부채를 막대하게 발행
했고, 이에 따라 연방준비제도가 미친 듯이 돈을 찍어냈기 때문이다.

이렇게 난무했던 차입과 화폐 발행의 규모는 점점 거대해졌다. 1987
년 가을, 앨런 그린스펀 전 연준 의장이 지금의 끔찍한 인플레이션 방
아쇠를 당겼을 무렵 공공부채는 2조 3,000억 달러 정도였다. 그리고 연
준의 대차대조표 규모는 2,700억 달러를 유지하고 있었는데, 1914년
연준이 출범한 이후 73년 동안 축적된 규모였다.

지금의 공공부채는 그때보다 무려 14배나 더 많은 32조 4,000억 달

러이다. 누적 발행된 명목화폐 규모를 나타내는 연준의 대차대조표는 최근 9조 달러에 다다랐다. GDP는 겨우 5배 성장할 때, 명목화폐는 33배나 증가했다.

하버드대학 경제학 박사가 아니어도 지난 30년에 걸친 중앙은행 화폐증가 속도가 경제성장보다 7배 가까이 빨랐다면, 그동안 무슨 일이 벌어졌는지는 파악할 수 있다. 전체 금융시스템은 넘치는 유동성에 잠기고 실물경제는 어마어마한 빚을 짊어지게 된 것이다. 실물경제의 부채 규모 역시 말로는 다 할 수 없을 정도다. 1987년 당시에 미국 경제의 공공부채와 민간부채는 11조 달러였다. 그러나 지금은 94조 달러다.

이것은 정말로 불길한 징조다. 연준은 금리를 현재 6% 수준인 소비자물가지수^{CPI}보다 훨씬 높게 인상하지 않으면, 인플레이션을 억누를 수 없을 것이다. 금융경제가 30년간의 끊임없는 자산 인플레이션 끝에 위험한 거품에 빠지고, 실물경제는 평균 금리가 1% 오를 때마다 부채 상환비용이 1조 달러씩 증가하는 현실에 직면했다. 연준은 이러지도 저러지도 못하는 처지에 놓인 것이다.

만약 연준이 인플레이션과의 싸움을 포기하고 금리를 현재 수준으로 내버려 둔다면, 인플레이션은 경제의 임금/비용/물가 구조에 깊숙이 박혀 있을 것이다. 그렇게 되면 중산층의 생활 수준과 은퇴자 예금 계좌 그리고 미래 성장과 효율을 위한 생산적 투자는 지속적으로 막대한 피해를 입을 것이 분명하다.

반면 연준이 폴 볼커 전 연준 의장의 전설적인 인플레이션 퇴치법을 모방한다면, 금융경제와 실물경제 모두 아수라장이 되고 만다. 그 이유는 특히 볼커 의장이던 시절에서 44년이나 흐른 지금, 미국 경제의 소득 대비 총부채비율이 급증했기 때문이다. 1980년 1.6배에서 오늘날 3.6배로 치솟은 것이다.

오늘날 미국 경제가 지고 있는 부채는 1980년대 레버리지 비율에서의 부채와 비교했을 때 대략 50조 달러 더 많다. 볼커 의장은 인플레이션과의 전투에서 승리하기 위해 금리를 당시 인플레이션율보다 거의 8% 더 높였다. 이와 반대로 연준의 이른바 '최종금리terminal rate' 목표는 현재 5%를 약간 상회하는 수준이다. 그러니까 여전히 현재 인플레이션에 미치지 못하는 셈이다.

간단히 말해 50조 달러라는 거대한 초과 부채가 있지만, 연준은 금리를 계속 더 인상하는 것 외에 다른 선택지가 없을 정도로 궁지에 몰려 있다. 실제로 금리는 현재 '책정'되었다고 하는 수준보다 훨씬 올라야 한다. 장기적이고 심각한 경기침체는 이제 피할 수 없다.

폭풍은 분명 닥쳐올 것이다. 아직 최악은 오지 않았다. 그리고 그 모든 근거는 앞으로 이 책을 통해 상세히 설명할 것이다.

데이비드 A. 스톡맨
2023년 4월

목차

1장

워싱턴에서 가동된
지옥의 인플레이션 기계

▼

인플레이션은 3달러를 넘어선 커피값이나 갤런 당 4달러를 돌파한 휘발윳값과 같이 언제나 골치 아픈 물가 상승의 문제였다. 요즘에는 '상품 대비 돈이 너무 많은 현상too much money chasing too few goods'이라고 지나치게 단순화한 개념 그 이상의 의미를 담고 있다.

오늘날 통화 체제에서 발생하는 인플레이션은 전 세계로 퍼져 나가며 시장에 치명적 영향을 주고 있다. 그 원인은 연방준비제도Fed, 즉 연준의 무분별한 통화정책에 있다. 연준은 1995년 이전의 올바른 경제 흐름과 반대되는 방향을 고집하면서, 금융 시스템을 디지털 공간에서 손쉽게 창출된 수조 달러의 신용으로 넘쳐흐르게 했다.

중앙은행이 유발한 신용 팽창과 유동성 대잔치는 경제적, 사회적인 파멸을 불러왔다. 자산가들은 돈방석에 앉았지만 노동자, 저축자, 은퇴자, 소상공인과 더불어 대부분 중산층은 경제적으로 불리한 위치에 놓였다. 또한 워싱턴의 정치인들은 국가 재정을 방탕하게 낭비하고 월스트리트의 금융인들은 투자를 넘어선 투기를 하고 있다.

어쩌다 이 지경이 되었을까? 이러한 총체적 난국은 인플레이션의 기원을 상품 대비 돈이 너무 많은 현상이라고 최초로 지적한 경제학자 밀턴 프리드먼Milton Friedman의 이론에서 시작되었다. 벤 버냉키Ben Bernanke 전 연준 의장은 금본위제에 반대하고 통화정책에 찬성한 프리드먼의 철학을 근시안적으로 신봉해 프리드먼을 현대 거시경제 사상가들 사이에서 최악의 빌런 중 하나로 전락시켰다. 즉 화폐 공급을 통해 경제를 발전시켜야 한다는 프리드먼의 원칙에 뿌리를 둔 통화정책이 워싱턴에 있던 지옥의 인플레이션 기계를 세상의 중심에 내놓은 것이다.

반세기도 더 전에 프리드먼은 중앙은행 대차대조표로 대표되는 본원통화 증가율이 당연히 경제성장률보다 더 높아서는 안 된다고 주장했다. 즉 통화승수*가 일정하게 유지된다면, 광의통화M2도 약 3%의 경제성장률을 넘어서는 수준까지 증가하지 않는다. 그러면 인플레이션에 의한 GDP 증가분이 실질 경제 성장력을 초과하지 않게 된다.

실제로 이러한 개념이 연준의 대차대조표에서 어떻게 적용되는지 살펴보자. 연준의 대차대조표는 기업과 가정, 여느 중앙은행과 마찬가지로 자산 항목과 부채 항목으로 나뉜다. 자산 항목에는 미국 재무부 채권과 정부 보증 주택담보대출 채권이 있고, 부채 항목에는 유통 통화량과 시중 은행의 지급준비금이 있다.

2008년 9월 미국의 투자은행 리먼브라더스Lehman Brothers가 파산하기

---

* 본원통화 공급 후 창출되는 총통화를 뜻하는 광의통화(M2)를 본원통화로 나눈 값

직전 연준의 대차대조표는 9,250억 달러에 달했다. 1914년 말 중앙은행이 창설되고 거의 94년 만에 도달한 수준이었다. 연준의 대차대조표가 해마다 평균 약 100억 달러씩 확대되었는데, 한때 일명 '3야드 전진과 흙먼지three yards and a cloud of dust'라 불렸던 오하이오주립대 풋볼팀의 보수적인 공격 작전과 유사했다. 금융시장이라는 경기장에서 통화정책이라는 공격이 천천히 그리고 꾸준히 이루어졌다.

조금 전 살펴본 프리드먼의 관점에서 문제를 다시 생각해보자. 2008년 9월부터 경제성장률이 어림잡아 연 3%였다면, 오늘날 대차대조표는 1조 3,000억 달러여야 한다. 하지만 안타깝게도 8조 8,000억 달러에 가까워졌으며 연 1조 4,400억 달러씩 확대되고 있다. 워싱턴 에클스빌딩Eccles Building*에서 경제와 금융에 관한 온갖 이슈를 멋대로 통제해 통화정치국 역할이라도 수행하려는 중앙은행이 팔을 걷어붙이고 이 추세를 억제하지 않는다면, 대차대조표는 계속 확대될 것이다.

현재 극심한 인플레이션의 근본 원인은, 대차대조표의 연 증가율이 연 경제성장률을 초과하면 안 된다는 프리드먼의 원칙에서 벗어나 자그마치 약 7조 달러가 대차대조표에 추가로 쌓인 데 있다. 이것이 바로 '워싱턴에서 가동된 지옥의 인플레이션 기계'에 투입된 화폐 연료이다. 그리고 이렇게 발생한 인플레이션은 변화무쌍한 형태를 띠고 있다.

---

* 연방준비제도 본부가 있는 건물

부채 쓰나미

오늘날 대부분 경제적 병폐는 중앙은행의 비대해진 대차대조표에서 시작되는데, 다음과 같은 현상들을 포함한다. 실질 GDP 성장이 주춤하고 내수 산업이 침체하며 실질 임금 인상이 정체한다. 또한 부의 불평등이 심해지고 국가 부채가 걷잡을 수 없이 늘어나는가 하면, 투기로 인해 금융 거품이 생기고 빚에 허덕이는 사람들이 늘어난다. 가장 최근에는 재화와 서비스 가격까지 급등했다.

연준의 대차대조표가 무리하게 확대된 탓에 넘쳐 흐르는 유동성이 금융 시스템과 실물경제 구석구석까지 들이닥쳤고, 압력에 눌린 공기가 배출구를 찾고 있다. 그 결과 광범위한 영역에서 인플레이션이 발생했다. 다시 말해 인플레이션의 범위가 흔히 생각하는 상품·서비스 물가를 나타내는 소비자물가지수 CPI에만 국한되지 않게 된 것이다.

중앙은행에서 시작해 걷잡을 수 없는 지경으로 번진 통화 인플레이션은 전에 없던 새로운 양상을 띠며 전 세계에 퍼졌다. 그래서 전통 경제학 이론과 용어만 갖고는 오늘날 인플레이션을 설명하거나 그것이 몰고 올 금융시장의 대혼란을 가늠하기 어렵다. 이것이 바로 이 책의 핵심이다.

새로운 양상을 띠며 맹렬히 확산하고 있는 인플레이션은 과거와 달리 상품·서비스 물가와 관련이 적다. 오늘날 악당이 된 중앙은행 때문에 지금 인플레이션은 자산 가격의 상승과 더 밀접한 관련이 있다. 따라서 위험도도 훨씬 높다. 치솟는 집값과 폭등하는 부채, 막대한 거품이 낀 주식·채권 시장, 만연한 투기사업 등의 현상에서 볼 수 있듯 말이다.

사실 통화 인플레이션이 소비자 물가 상승보다도 자산 가격 급등과 부채 급증으로 그 모습을 드러내는 데는 그럴 만한 이유가 있다. (아마 프리드먼도 이렇게 생각했을 것이다.) 통화 인플레이션 프로젝트는 연준이 맨 먼저 시작해 해외 각국의 중앙은행이 하나둘씩 그 뒤를 따르면서 세계적 흐름으로 번져나갔다. 이 흐름은 무분별한 통화 남발로 거침없이 이어지며 전통 경제학자들의 이론을 구닥다리로 만들었다.

대표적인 이론으로는 필립스곡선이 있다. 필립스곡선 이론에 따르면 실업률과 인플레이션율은 반비례한다. 따라서 한 국가의 노동력과 생산력이 완전히 활용되어 실업률이 낮을 때 수요가 공급을 초과해 인플레이션이 발생한다. 요즘 중앙은행가나 월스트리트 금융인들을 살짝만 건드려도 "거시경제 욕조에 통화가 흘러넘치도록 부어야 한다."라는 이야기가 그들의 입에서 튀어나올 것이다.

원래 물가는 농장과 공장에서 생산된 상품 또는 서비스가 사람들의 소비 욕구를 따라잡지 못할 때 상승한다. 그래서 최근 몇 년 동안 중앙은행과 월스트리트에서는 이렇게 단단히 착각들을 하고 있었다. '소비자 인플레이션이 전혀 가속화되고 있지 않은 걸로 보아, 시장을 자극해 거시경제 욕조를 더 채워야겠군.'이라고 말이다.

현대 중앙은행의 정책 결정에 구심점 역할을 하는 필립스곡선은 과거에도 순전히 해로운 생각이었고 지금도 그렇다. 나는 레이건 공급주의자Reagan supply-sider로서 필립스곡선에 반대하는 입장이었다. 미국이 독보적인 경제 초강대국이었던 시절에 필립스곡선이 사용되었다 해도 내 의견은 변함없다.

이유는 간단하다. 건전화폐 sound money가 통용되는 올바른 자유시장에서는 임금 상승과 물가 상승이 더 큰 부가가치를 창출하는 투자와 노동을 끌어내, 결과적으로 일반적인 물가 수준이 부풀려지기보다는 수요와 공급이 균형 있게 유지되기 때문이다. 레이건 행정부 시절 나를 비롯해 많은 사람이 주장했듯이 더 많은 노동과 더 높은 생산성은 인플레이션과 그에 따른 화폐 가치 하락을 야기하지 않는다. 그러나 중앙은행가와 정치인들은 이를 믿지 않았다.

우리의 주장이 훨씬 더 정당성을 갖추기 시작한 시점은, 중국이 수출 대국으로 떠오르고 효율적인 글로벌 공급망을 위한 기술이 발전하면서였다. 경제의 세계화로 미국의 제조업체들은 더 낮은 비용으로 물건을 생산하기 위해 공장을 하나둘씩 해외로 이전했다. 이어 해외 공장에서 제조된 '값싼' 물건들이 다시 미국으로 유입되었다. 이러한 흐름 속에서 인플레이션의 대표 척도인 소비자물가지수CPI로 측정된 물가 상승률이 일시적으로 억제되었다.

해외에서 값싼 물품이 생산되고 효율적인 글로벌 공급망이 새롭게 갖추어지면서 닫힌 경제에만 적용되는 필립스곡선 이론은 현실과 동떨어지게 되었다. 저렴한 물품에 대한 끝없는 수요는 해외에 자리한 거대한 생산 기지로 새어나갔다. 그 후로도 연준은 미국의 허술한 거시경제 지표에 놀아나기 시작했다. 대표적으로 꼽자면 일반실업률 U3과 PCE 디플레이터 Personal Consumption Expenditure (개인소비지출)가 있다. 일반실업률에는 실업자와 시간제 근로자를 포함하지 않고 구직 활동자만 집계 된다는 한계가 있는가 하면, PCE 디플레이터에는 물가 상승으로 인해 더 싼 물건을 찾고 더 적게 소비하는 표면적 현상만 반영되어 실제 물 가 상승률이 감추어진다는 단점이 있다. 경제 분석적 측면으로도 그렇 지만 특히 중앙은행이 금과옥조처럼 여기는 최대 고용과 물가 안정이 란 양대 통화정책 목표를 고려하면, 이렇게 현실을 왜곡하는 경제 지표 는 우습기 그지없다.

케인스를 오해하다

1987년 앨런 그린스펀Alan Greenspan이 연준 의장으로 취임한 후 연준은 최대 고용과 물가 안정이라는 신성불가침의 통화정책 목표를 위해 화 폐 인쇄기를 점점 빠르게 그리고 끊임없이 가동했다. 인플레이션이 조 정된 연준의 대차대조표가 1952년부터 1987년까지는 연 0.82%밖에 증 가하지 않았지만, 그린스펀 의장과 그의 후임자 이후로는 연 8.12%씩 대폭 늘어났다. 물론 과거의 모든 인플레이션을 제외한 증가율이다.

이렇게 10배나 늘어난 증가율의 의미를 이해하려면 경제사 교과서 에서 벗어나 경제를 바라보아야 한다. 오늘날 통화량의 급속한 증가는 영국의 경제학자 존 메이너드 케인스John Maynard Keynes 이론의 다음과 같 은 근본적 오류에서 시작되었다. "반복적으로 침체에 빠지는 시장 자 본주의는 정부와 중앙은행의 '수요 자극'에 의해서만 치유될 수 있다."

그러나 연준은 무차별적으로 돈을 찍어냈다. 그리고 케인스와 그를 따르는 현대 경제학자들의 주장처럼 경제가 '적정한' 인플레이션에 완전 고용이라는 경지에 이르기는커녕, 전혀 다른 결과가 뒤따른 것이다. 실질임금 상승률에 비해 주식과 부동산 등 자산 가격이 과도하게 부풀려졌다. 실질임금은 수년이 흘렀어도 제자리걸음인 반면, 주식이나 부동산을 소유한 운 좋은 사람들은 적어도 서류상으로는 훨씬 부유해졌다.

워싱턴 중앙은행가와 이들의 확성기 역할을 자처하는 월스트리트에서는 이 중대한 문제를 단 한 번도 인정한 적이 없다. 지난 35년 동안 정부의 이전지출을 제외한 개인소득 대비 가계자산 비율이, 장기간 평균 5.75배에서 2020년 9.6배로 그야말로 폭증했다. 그 규모는 결코 작지 않았다. 원래 89조 달러여야 했던 2020년 총 가계자산이 149조 달러까지 상승해 불필요하게 60조 달러나 늘어난 것이다.

이 60조 달러는 그린스펀 임기에 발생했다. 그린스펀이 연준 의장으로 취임하기 전에 존재했던 건전통화 체제가 지금까지 지속되었더라면 오늘날 가계자산은 89조 달러 정도였을 것이다. 하지만 현실에서는 중앙은행의 마구잡이식 화폐 발행으로 인해 149조 달러까지 불어났다. 즉 가계자산이 이토록 폭발적으로 증가한 것은 지난 30여 년 동안의 실물경제 발전과 무관했다는 뜻이다.

60조 달러의 차액은 월스트리트의 무지성 낙관론자permabull들이 떠드는 지속적 번영의 신호가 아니다. 정반대로 이전에는 상상조차 할 수 없던 파괴적 인플레이션이 보이지 않는 곳에 숨어 있다가 모습을 드러내고 있음을 똑똑히 알려 준다. 인플레이션 유발자인 중앙은행이 완강하게 무시하거나 부인한다 해도 자명한 사실이다. 앞으로 책에서 극심한 인플레이션을 맞닥뜨리게 된 원인과 필연적으로 뒤따를 위기의 풍랑을 피하기 위해 투자자로서 해야 하는 일은 무엇인지 살펴보자.

결정적인 전환점

우선 30년이 넘는 세월 동안 악당 같은 중앙은행이 어떻게 우리를 현재의 난국에 빠뜨렸는가를 이해해야 한다. 그린스펀과 버냉키, 이후 지금까지의 후임자들이 케인스와 프리드먼 같은 주류 경제학자의 이론을 점차 받아들이면서 경제는 끓는 물 속의 개구리처럼 서서히 죽어갔다. 단순한 우연인지, 중앙은행의 계획인지는 알 수 없으나, 평범한 미국인들이 이 과정에서 일어난 소득과 자산 가치 사이의 관계 변화를 알 길은 전혀 없었다.

1985년은 100년 만에 전례 없는 성장을 이룩하며 경제 암흑기를 탈피한 해였다. 중산층의 생활수준이 향상되었던 경제 황금기를 다들 기억할 것이다. 전 세계 어느 국가에서도 상상할 수 없던 부의 이동이 활발히 일어났다. 1954년에서 1985년 사이, 물가 상승률이 반영된 가계 중위소득은 3만 4,700달러에서 6만 3,000달러로 82% 증가했다(2019년 달러 가치 기준). 하지만 그 후 31년 동안은 22% 증가에 그쳤다.

1985년 직전에 경제가 번영의 절정이었을 당시 주식, 채권, 부동산, 예금, 생명 보험 등의 가계자산은 다 합해 17조 9,000억 달러였다. 이총액은 사회보장 혜택과 같은 이전지출을 제외한 모든 항목에서 벌어들인 개인소득 3조 1,000억 달러의 5.75배였다.

이 비율은 20세기 경제 대호황기 때 흔히 볼 수 있었다. 1959년에서 1970년 사이 미국 산업의 전성기 때 개인소득 대비 가계자산 비율은 평균 5.8배였다. 1970년에서 1985년 사이 높은 인플레이션 시기에는 평균 5.6배로 약간 줄어들 뿐이었다.

이 같은 역사적 사실을 고려할 때, 미국 경제 전체의 PER Price to Earning Ratio(주가수익비율)이라고도 할 수 있는 소득 대비 자산 비율이 오늘날 9.6배까지 치솟은 데는 경제적 근거가 전혀 없었다. 사실 1985년 이후 수십 년 동안 이토록 높아진 자산 비율을 뒷받침해야 하는 모든 경제 요소는 잘못된 방향으로 빠졌다. 국가의 실질 경제성장률은 절반 가까이 떨어졌으며 생산성도 약화했고 가계 저축률도 급감했다.

어떤 경제적 측면을 보아도 가계자산은 소득보다 느리게 증가했어야 맞다. 그러나 처음에는 1987년 월스트리트 금융가의 긴급 구제를 위해, 그 다음에는 워싱턴에서 신임을 받기 위해 그린스펀이 화폐 인쇄기를 작동시킨 후로 소득 대비 자산 비율이 주체할 수 없이 증가했다.

1997년까지 그 비율은 6.7배였다. 중간에 그린스펀이 주식시장에 대해 '비이성적 과열irrational exuberance'을 대대적으로 경고하긴 했지만, 얼마 지나지 않아 자신이 경고했다는 사실을 망각했다. 2007년 주택 시장이 붕괴하기 직전에는 8.2배까지 뛰었다. 그린스펀의 후임 의장인 벤 버냉키와 재닛 옐런Janet Yellen, 제롬 파월Jerome Powell이 재직하는 동안 자산 인플레이션의 근원인 연준의 대차대조표는 급속도로 팽창해 결국 소득 대비 자산 비율은 천장을 모르고 치솟게 되었다.

연준의 어떤 의장도 다음의 그래프를 들여다본 적 없는 게 분명하다. 검정 선은 실물경제의 생산 측면을 나타낸다. 여기에는 경제적 생산 활동에 해당하지 않는 이전지출만 제외될 뿐 생산과 투자 과정에서 벌어들이는 급여, 상여금, 실현 자본수익, 배당금, 이자, 사업 이익 등이 모두 포함된다.

이제 가계소득과 가계자산의 변화를 들여다보자. 가계소득은 1986년부터 2021년까지 35년에 걸쳐 겨우 연 4.6%씩 성장했다. 심지어 소비자물가지수CPI 상승에 따른 구매력 손실을 감안하면 그것의 절반에

■ **1945~2021년, 실질소득 vs 총자산**

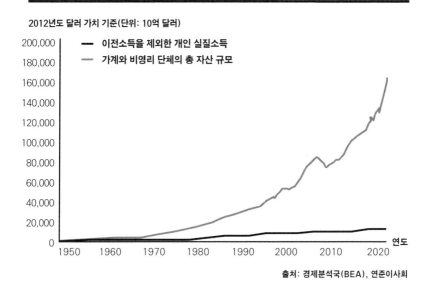

2012년도 달러 가치 기준(단위: 10억 달러)

출처: 경제분석국(BEA), 연준이사회

불과하다. 반면 가계자산은 같은 기간 놀랍게도 18조 달러에서 149조 달러로 급증했다.

즉 가계자산은 131조 달러 불어났으며, 이 중 45%를 차지하는 60조 달러는 가계소득의 증가분이 아닌 소유 자산 가치의 증가분 때문에 발생했다. 경악스러울 만큼 치명적인 인플레이션이 등장한 것이다.

한마디로 연준은 케인스학파의 구닥다리 이론에 눈이 멀고 물가 안정과 완전 고용이라는 '이중 책무$^{dual\,mandate}$'에 무작정 집착한 나머지, 35년 동안 그릇된 길을 걸어온 것이다. 자본주의 하에 그 어떤 국가도 흉내 내지 못할 경제 호황을 누렸던 미국 경제도 지금은 통화 인플레이션 폭풍을 맞고 있다.

지나친 정부 개입

1970년대 후반 미시간주 하원의원을 지낸 나는 물가 안정과 완전 고용이라는 이중 책무에 당당히 반대표를 던졌다. 정치인이라면 응당 수백만 명의 노동자, 고용주, 사업가, 소비자, 저축자, 투자자, 투기꾼 등 경제 주체들의 상호작용에서 나온 경제 통계^{GDP}(주택 착공, 고용 수준, 사업 투자, 소매 판매 등)를 의심해서는 안 된다고 믿었기 때문이다. 수십 년이 지난 지금도 내 생각에는 변함이 없다.

시장 중심의 GDP가 정부 개입 없이 알아서 자연적 수준을 찾아가야 한다는 견해는 그 때나 지금이나 여전히 경제학계 정설의 반대편에 남아 있다. 정설이 추구하는 바는 활기차고 자유롭고 생산적인 자본주의가 아닌 독자적이고 폐쇄적인 경제 체제이다. 닫힌 경제는 제대로 작동할 수도 없을뿐더러 아무리 세월이 흘러도 잠재력을 발휘하지 못한다. 그래서 정부의 재정 지원과 중앙은행의 통화정책과 같은 외부 원조를 늘 필요로 한다.

중앙은행가는 이토록 복잡하고 기계적인 케인스학파 이론에 의지한다. 그러면서 실업률과 소비자 인플레이션 측정에 이용되는 과학적 기법을 활용해 노동 시장과 생산 시장의 유휴slack 및 경색tightness 정도를 쉴 새 없이 관찰해야 한다는 잘못된 논리를 편다. 그리고 워싱턴의 관료 집단은 소수점 둘째 자리까지 표시된 경제 수치를 보면서 재정 흐름과 통화 흐름을 조정하고 이를 통해 거시경제 욕조를 가득 채우다 못해 흘러넘치게도 할 수 있다고 믿는다.

지금으로부터 50년 전 미국 경제가 더 내수 중심일 때도 경제 욕조에 물이 넘친 적은 없다. 하물며 지금은 더 얼토당토않다. 미국 경제가 국제 무역, 세계 자본 흐름, 지구 곳곳의 상대적으로 저렴한 노동비와 생산비를 받아들이려 문을 활짝 열었던 까닭이다.

1978년 미국에서 험프리-호킨스 법Humphrey-Hawkins Act * 이 제정됨에 따라, 연준은 물가 안정과 최대 고용을 목표로 삼고 인플레이션에 가까워지는 케인스주의의 길로 거침없이 나아갔다. 한편 1975년 상품 수입액은 총 2,410억 달러(2012년 달러 가치 기준)로 GDP의 4.1%였다. 2020년

---

* 완전고용과 균형성장을 위한 법으로 연준에 완전고용과 물가안정의 법적 책무를 부여함

에는 총 3조 300억 달러로 GDP의 16.1%까지 상승했는데, 이는 1975년 총수입액의 12.5배, GDP 대비 비중으로 치면 4배나 되는 수준이었다.

커다란 변화는 세계 경제의 흐름을 완전히 바꾸어놓았다. 그리고 오늘날 근거 없이 떵떵거리는 중앙은행이 비웃음을 사게 된 결정적 원인으로 작용했다. 판단력 흐린 케인스파 중앙은행의 예상과 달리, GDP 대비 상품 수입액 비율이 4배나 뛴 것은 국내 초과 수요가 GDP라는 '거시경제의 욕조'를 채울 수 없으며, 국가 경제를 폐쇄적으로 인식한 구시대적인 필립스곡선 이론에서 인플레이션율을 2% 혹은 그 이상으로 끌어올릴 수 없음을 의미했다.

그렇다면 넘치는 국내 수요는 어디로 향했을까? 미국 국경을 넘어 세계 경제 속으로 질주했다. 이 때문에 미국은 코로나19 봉쇄에 맞닥뜨렸을 때 무상 물품 지원, 구제 금융 등의 경기 부양책을 위해 6조 달러라는 어마어마한 재정을 지출해야 했다. 참고로 그 사업들을 따낸 중국의 여러 국영 기업은 막대한 돈을 거뜬히 쓸어 담았다.

결과적으로 미국 전통적 방식의 통화 부양책과 재정 부양책은 주로 중국과 기타 저비용 생산 기지를 갖춘 국가의 고용 창출과 생산 증가로 이어졌다. 최근까지도 그 영향을 받아 미국의 산업재와 소비재에 낮은 인건비가 반영되면서 상품 가격이 낮게 유지되고 있다. 일반 재화에는 '중국 가격'이, 기술 관련 서비스에는 '인도 가격'이, 자동차와 에어컨과 같은 공장 조립품에는 '멕시코 가격'이 붙듯 말이다.

이런 현실을 미루어 볼 때 가장 어리석은 대상은 누구일까? 바로 중앙은행이다. 중앙은행은 실업률 3.5%와 물가 상승률 2%와 같이 국내

고용 목표와 인플레이션 목표를 달성하는 데만 고집스럽게 전념한다. 책 뒷부분에서도 설명하겠지만, 연준의 사고방식은 너무나 뻐딱하고 철저히 파괴적이다.

오늘날 정치 활동가나 다름없는 연준은 정치계, 금융계, 기업계의 반대에 부딪히는 일 없이 최고 권력을 휘두르고 있다. 어떻게 이것이 가능한가? 이해관계가 얽힌 집단 모두 연준의 정책을 지지하기 때문은 아닐까? 어쩌면 지지하는 차원을 넘어서 축배를 들지도 모른다.

100만 년이 흘러도 연준은 완전 고용과 물가 안정이라는 양대 목표를 유지할 수도, 달성할 수도 없을 것이다. 지금처럼 무한한 유동성, 값싼 자본, 치솟는 자산 가격을 월스트리트의 깊은 협곡으로 쏟아부으면서 계속해서 시도는 할 수 있겠지만 말이다.

그 과정에서 워싱턴에 있는 지옥의 인플레이션 기계가 가동되었다. 워싱턴 정치인과 월스트리트 금융인 들은 양적완화에 열광한다. 왜일까? 양적완화를 통해 구축한 경제 체제 덕에 마지막 남은 장애물인 채권 자경단bond vigilantes *의 손발은 묶어놓고 본인들이 모든 것을 제멋대로 할 수 있기 때문이다.

---

* 인플레이션이나 중앙은행의 통화정책으로 인해 채권 가격이 하락할 가능성이 있을 때 국채의 대량 매도에 나서는 투자자들

2장

값싼 화폐가 몰고 온
정치 붕괴

▼

현재 미국이 짊어진 공공부채 29조 달러는 펜실베이니아 에비뉴Pennsylvania Avenue* 양쪽 끝에 있는 입법부와 행정부의 재정 규율 실패를 의미하는 동시에, 국가경영을 위해 조달한 값싼 부채의 기만이 몰고 올 후폭풍을 예고하기도 한다. 연방정부의 부채 조달 비용이 낮아도 너무 낮아졌다. 인플레이션이 닥친 이후 마이너스까지 떨어졌다. 그래서 정치인들은 공공부채를 대수롭지 않게 여긴다. 오랫동안 눈덩이처럼 불어난 재정 적자가 금리를 끌어올려 빚을 진 가계와 기업을 파산시킬지도 모른다는 사실조차 두려워하지 않는다.

정치인들의 태도가 늘 이렇게 방만했던 것은 아니다. 1980년대 로널드 레이건Ronald Reagan 정부 때 대규모 재정 적자가 발생한 후로 GDP에서 공공부채가 차지하는 비중이 50% 아래로 유지되었다. 당시 여야

---

* 워싱턴DC에서 미 의회와 백악관을 잇는 도로

는 그 비중을 유지하거나 낮을수록 더 좋다는 데 뜻을 모았다. 조지 H. W. 부시 George H. W. Bush 정부와 빌 클린턴 Bill Clinton 정부도 이 기조를 이어가 대규모 재정적자 감축법까지 제정했다.

그런데도 공공부채를 줄이자는 레이건 정부 때의 초당적 합의는 저금리라는 땜질식 처방 앞에서 무너졌다. "재정 적자가 뭐가 그리 중요한가"라고 외치며 대중을 선동한 뉴트 깅그리치 Newt Gingrich 와 딕 체니 Dick Cheney 같은 의원들이 공화당을 장악한 후에 특히 더 그랬다.

변곡점은 2000년이었다. 닷컴 dot-com 버블이 붕괴하자 그린스펀 의장은 위기를 극복하기 위해 과감한 금리 인하를 단행했고, 이때부터 어마어마한 재정 적자 폭풍우가 치기 시작했다. 클린턴 정부 말기에 재정이 잠깐 흑자로 돌아서긴 했지만, 금리 인하 바람이 불고 나서 공공부채가 GDP의 55.6%인 5조 7,000억 달러가 되었다. 그리고 조지 W. 부시 George W. Bush 전 대통령 당시에는 GDP의 67.4%인 10조 7,000억 달러로 늘어났고, 버락 오바마 Barack Obama 전 대통령 때는 GDP의 104%인 19조 9,000억 달러까지 뛰었다. 자칭 '부채왕'이라고 하는 도널드 트럼프 Donald Trump 전 대통령 때는 4년 만에 GDP의 125%에 달하는 27조 7,000억 달러까지 치솟아 부채 비율이 제2차 세계대전 당시 기록된 최대치를 넘어섰다. 그리고 현재 민주당 출신인 대통령 행정부에서도 재정 지출이 잇따르는 가운데, 수조 달러의 공공부채가 미래 세대에 떠넘겨지고 있다.

공공부채의 폭발은 무분별한 중앙은행이 초래한 신용 팽창의 결과물이다. 따라서 소비자 물가 상승만큼이나 심각한 인플레이션으로 여겨져야 한다. 쌓여가는 부채에 대한 조달 비용을 연준이 부당하리만치

■ 연방정부 부채와 GDP 대비 공공부채 비율

GDP 대비 부채 비율(단위: 퍼센트(%))

부채액(단위: 백만 달러($))

출처: 관리예산실(OMB), 세인트루이스연방준비은행, 재무부

심하게 낮춘 탓에 지금의 정치인들은 미래의 납세자들을 부채 더미로 너무 쉽게 밀어 넣었다.

물론 월스트리트도 연준의 거침없는 통화정책에 열렬히 환호하는 입장이다. 단기금융시장의 제로 금리는 캐리트레이드 Carry-trade* 투기 세력의 관심을 끈다. 말도 안 되게 낮은 금리는 위험 자산의 무한 차익 거래를 가능하게 한다. 그렇다면 공격적인 머니펌핑이 최종적으로 불러일으킨 결과는 무엇인가? 바로 '연준 풋**'. 즉 증시가 어려울 때 연준이 구원투수로 나서 주식시장을 떠받치리라는 믿음이 생겼다. 주식에

---

* 금리가 낮은 국가에서 빌린 돈을 금리가 높은 국가에 투자하는 것
** 연준과 풋옵션의 합성어

투자하기만 하면 무조건 돈을 벌 수 있다는 인식이 팽배해진 것이다. 주식해서 실패하는 사람은 없다는 믿음에 힘입어 중앙은행발 자산 인플레이션 바람을 탄 수만 명이 백만장자와 억만장자가 되어 부적절하고 분에 넘치는 부를 거저 얻었다.

미국 재계 역시 중앙은행의 머니펌핑을 한껏 즐기고 있다. 입이 떡 벌어질 만큼 복잡한 금융공학을 통해 기업 경영진은 손쉽게 주가를 부양하고 스톡옵션을 행사해 막대한 이익을 취하고 있다.

2000년 이후 자사주 매입 그리고 경제적 가치가 없고 비싸기만 한 인수합병 거래에만 25조 달러를 웃도는 거액이 투입되었다. 기업의 현금흐름이 이쪽으로 쏠리면서 대차대조표가 팽창되기 시작했다. 그 결과 실물경제를 구성하는 공장·장비·기술·인적 자원 부문에 대한 생산적 투자는 뒷전으로 물러나고, 경제 사다리 맨 꼭대기에 있는 주식 소유자들에게 부가 재분배되었다.

결국 인플레이션에 오염된 돈이 지배하는 형편없는 경제 체제가 등장했다. 이에 대해 중앙은행은 험프리-호킨스 법이 추구하는 물가 안정과 최대 고용 목표를 달성하기 위해 어쩔 수 없었다는 그럴싸한 변명만 늘어놓을 뿐이다. 그 법이 효과적인지 합리적인지는 따져보지도 않고 말이다.

연준은 거짓말을 하고 있다. 얼마든지 올바른 방향으로 나아갈 수 있었다. 물가 안정과 최대 고용이라는 목표치를 수치화해 정책을 운용하기는 불가능하다는 근거를 제시하며 의회에 험프리-호킨스 법을 폐지해달라고 촉구할 수도 있었다. 상호 긴밀히 연결된 경제·금융 시스템 속에서 그러한 법의 목표는 통화 당국인 중앙은행이 행사할 수 있는 권한을 훨씬 뛰어넘기 때문이다.

아니면 차라리 물가 안정과 최대 고용의 정의를 다음과 같이 쉽고 명쾌하게 내릴 수도 있겠다. 물가 안정은 '0에 가까운 낮은 물가 상승률'로, 최대 고용은 '국가의 재정·규제·세금 제약을 최대한 덜 받는 자유시장에서의 노동 활용률'로 규정하는 건 어떨까?

인플레이션 수출

앞서 말한 대로 차라리 광범위하고 일반화된 정의를 내렸더라면, 그럴듯한 정량적 목표를 설정할 필요도 없었을 테고 최근 몇십 년 동안 무모하게 화폐를 찍어낼 필요도 없었을 것이다. 또한 자유시장 경제 체제의 핵심인 물가표시체제가 FOMC^{Federal Open Market Committee} * 위원 12명의 집단사고에 의해 의도적이고 체계적으로 왜곡되는 일도 당연히 없었을 것이다.

뛰어난 정보 기술, 효율적인 글로벌 운송 네트워크와 공급망, 각국 중앙은행의 저금리 금융억압^{financial repression}** 등 급속한 변화와 발전 때문에 한 국가 내에서만 적용되는 필립스곡선 이론이 철저히 무용지물로 전락했다.

---

* 연방공개시장위원회, 미국의 통화정책 결정 기구
** 정부가 금융시장에 개입해 시장을 왜곡하는 것

연준의 머니펌핑으로 채울 수 있는 GDP 욕조는 더 이상 존재하지 않는다. 그래서 최대 고용과 2% 물가 상승률은 달성할 수 없는 목표가 되었다. 하지만 정확히 반대 상황이 벌어졌다. 오늘날 고도로 통합되고 개방된 세계 경제에서, 연준이 쏟아 부은 화폐의 결과물인 인플레이션은 저임금·저비용 생산 기지가 있는 국가로 수출되어 그곳에 흡수되었다. 이와 반대로 중국이나 다른 저임금 국가에서 생산된 값싼 물건 즉 '디플레이션'은 미국으로 수입되어 소비에 굶주린 미국인들의 허기를 채워 주었다.

따라서 연준에 물가 안정과 완전 고용 의무를 지운 험프리-호킨스법은 불필요하고 구시대적이며 심한 역효과를 낳을 수밖에 없었다. 그 법은 도리어 워싱턴의 사악한 인플레이션 기계와 이로 인해 고삐가 풀려버린 공공 부문의 차입과 지출, 끔찍한 채무불이행, 금융시장의 무모한 차입과 투기를 교묘하게 감추었다.

결국 심상치 않은 결과가 뒤따랐다. 가계·기업·금융기관·정부의 차입을 합한 부채가 86조 달러를 초월해 미국은 역사상 가장 높은 국민소득 대비 레버리지 비율을 기록했다. 이 정도 부채 규모라면 실물경제와 미국인의 생활수준이 나락으로 떨어지고 정부 재정도 무너질 게 분명하다. 역대 가장 심각한 금융 버블 붕괴가 닥쳐올 수 있는 것이다.

당면한 위기를 분명히 짚고 넘어가기 위해 제2차 세계대전 이후 미국의 부채가 어떻게 변해왔는지 거슬러 올라가 살펴보자.

- 닉슨 대통령이 금본위제를 폐지할 당시, 미국의 총 부채는 GDP의 151%인 1조 6,500억 달러였다. 이는 20세기 경제 부흥기에 근소한 편차로 유지해온 암묵적 국가 레버리지 비율이다.
- 앨런 그린스펀이 연준 의장에 취임한 1987년 중반까지만 해도 공공과 개인 부채 합산액이 GDP의 219%인 10조 2,000억 달러였다.
- 2007년 주택시장 붕괴 직전까지 공공과 개인 부채가 GDP의 358%인 52조 6,000억 달러로 치솟았다.
- 코로나19 봉쇄가 시작되고 연준의 대차대조표가 4조 달러까지 확대된 후, 2021년 9월 현재 총 부채는 GDP의 370%인 85조 9,000억 달러에 달한다.

과거에는 절대 상상할 수 없던 오늘날 부채 인플레이션의 실체를 보았는가? 다른 인플레이션과 마찬가지로 부채 인플레이션도 위력이 만만치 않다. 한편 1951년부터 지금까지 드러난 실질 GDP 성장률의 변화를 보면, 디지털 화폐 인쇄기를 더욱 활발히 가동해야 한다는 연준의 주장은 터무니없다. 연준의 움직임이 점점 파괴적으로 변하면서 실질 GDP 성장률 추세가 점차 약화되었다. 다음 자료를 확인해 보자.

- 1951년~1970년, 세계대전 이후 금본위제도 시대: 연 3.72%
- 1970년~1987년, 금본위제도 폐지 이후 명목화폐 시대: 연 3.24%
- 1987년~2007년, 그린스펀 재임 기간의 머니펌핑 시대: 연 3.08%
- 2007년~2020년, 부채가 폭발한 금융위기 이후 시대: 연 1.28%

연준의 통화정책이 어마어마한 양의 화폐를 찍어냈는데도, 즉 대차 대조표가 확대되는 방향으로 흘렀는데도 보다시피 오늘날 실질 GDP 성장률은 금본위제도 때의 3분의 1 수준으로 줄었다. 이 와중에 자산 인플레이션만 최고 기록을 보일 뿐이다. 1987년 10월 뉴욕 증권시장의 주가 대폭락 사건 블랙먼데이 Black Monday가 터진 뒤 그린스펀이 화폐 발행기를 더 자주 돌리기 시작한 후로, 기업가치가 명목 GDP와 비교해 극적으로 변했다. 명목 GDP는 4조 8,000억 달러에서 21조 5,000억 달러로 겨우 4.4배 증가한 데 반해, 기업가치는 3조 3,000억 달러에서 64조 5,000억 달러로 무려 19.6배나 급등했다.

총과 버터

1987년 이래로 기업가치가 명목 GDP보다 더 빠르게 상승했어야 하는 이유는 전혀 없었다. GDP에서 기업의 세전 이익이 과거와 비교해 눈에 띄게 성장한 것도 아니었다. 2000년에서 2020년 사이, GDP에서 차지하는 기업의 세전 이익은 평균 10.8%에 불과했다. 이 수치는 1955년에서 1970년 사이의 10.3%보다 약간 높았을 뿐이다.

기업가치가 GDP의 80%를 훌쩍 넘어서는 안 된다. 린든 B. 존슨 전 미국 대통령 때 '총과 버터 Guns and Butter *' 붐이 1968년까지 짧게 이어지

---

* 총은 베트남 전쟁 지원 정책을, 버터는 복지 정책을 뜻함

는 동안 딱 한 번 기업가치가 GDP의 100%까지 최고점을 찍은 때가 있긴 했지만, 절대 일어나서는 안 될 일이었다. 1968년 당시 정점을 찍은 기업가치를 오늘날 달러 가치로 환산하면 22조 달러에 달한다. 그래도 2020년 4분기 때 GDP의 320%에 달하는 65조 달러보다는 적다.

43조 달러의 격심한 차액은 자산 인플레이션 그리고 현실 경제에서 납득하기 힘들 만큼 급등한 PER에서 기인했다. 연준은 본인들이 인플레이션을 일으키지 않았기 때문에 그에 대해 어떠한 책임도 없다며 이해하기 힘든 주장을 편다. 하지만 모두가 연준의 잘못임을 알고 있다. 단지 그 사실을 지적하고 싶지 않을 뿐이다.

장기간에 걸쳐 거대해진 자산 인플레이션의 대상에는 주식만 있는 것이 아니다. 같은 50년 동안 가계 주택 가치도 GDP의 100%에서 185%로 폭증했다. 오늘날에는 그보다 조금 낮은 수준인 165%를 유지하고 있다. 1971년 8월 닉슨 대통령이 달러와 금의 연결고리를 끊은 뒤로 중앙은행이 벌이기 시작한 자산 인플레이션 잔치가 지금까지 한창인데, 이것 말고는 주택 가격 급등을 설명할 수 있는 것이 없다.

보나 마나 경제 사다리의 아래쪽 계층은 자산 인플레이션이라는 횡재의 기회가 불공평하다고 느낄 것이다. 자산을 소유한 이들만이 누릴 수 있는 선물이기 때문이다. 1989년 4분기와 2021년 1분기 사이 자산 보유액은 다음과 같이 진화했다.

- 상위 1%: 32조 5,000억 달러 증가 (812% 증가)
- 하위 50%: 1조 7,000억 달러 증가 (325% 증가)

하위 계층에 속하는 이들은 가뜩이나 자산 가격 상승에서 이득도 못 누리는데, 설상가상으로 거액의 빚까지 떠안게 되었다. 고약한 현실은 연준에서 발행된 순자산 통계에 고스란히 드러난다. 1989년과 2021년 1분기 사이에 순자산은 아래와 같이 변동했다.

- 상위 1%: 4조 7,800억 달러였던 순자산이 41조 5,200억 달러로 증가 (8.7배)
- 하위 50%: 7,630억 달러였던 순자산이 2조 6,200억 달러로 증가 (3.4배)

순자산의 변화는 워싱턴의 인플레이션 기계의 맨얼굴을 드러낸다. 그린스펀이 케인스주의에 기반한 화폐 발행 시대를 열 때만 해도 상위 1% 가계는 하위 50%보다 약 4조 달러 더 많은 순자산을 보유했다. 믿기 어렵겠지만 오늘날 그 격차는 자그마치 39조 달러로 벌어졌다.

여기에는 거대한 진실이 숨어 있다. 중앙은행발 자산 인플레이션이 워낙 오랜 기간 지속되어 온 터라 상위 1%는 더 큰 부자로 거듭나기 위한 한 방을 노리는 데 조금의 거리낌도 죄책감도 없다. "비트코인과 테슬라 주식이 망해도 나에게는 또 다른 집 두 채와 개인용 제트기가 있으니 끄떡없다!"

부를 거머쥔 계층은 중앙은행이 부채질한 투기 열풍에 점점 빠져들고 있다. 슈퍼리치와 이들의 자산을 운용하는 패밀리오피스, 헤지펀드가 우량채권처럼 안정성 위주로 투자한다는 것은 이제 옛말이다. 그들은 철철 넘치는 유동성을 지렛대 삼아 난생처음 보는 무시무시한 금융폭탄을 제조하고 있다.

자산 인플레이션을 부인하는 사람들

전에 살펴보았듯 미국의 가계자산은 60조 달러가 추가로 불어났다. 미국 경제가 너무나 완벽해서 가능했을까? 아니다. 지난 30여 년 동안 행해진 연준의 무차별적 화폐 발행에서 기인한 일이다. 지금 경제는 심각한 자산 인플레이션 단계에 이르렀다.

거듭 말하지만 1987년 가을 그린스펀이 처음으로 화폐 발행기를 가동할 당시, 연준 대차대조표는 2,000억 달러 수준이었고 연준이 창설된 이래로 그렇게 되기까지 73년이 걸렸다. 하지만 그로부터 34년밖에 흐르지 않은 지금, 대차대조표는 43배나 불어나 8조 8,000억 달러에 이르렀고 불과 최근까지 매월 1,200억 달러씩 빠르게 팽창했다.

케인스학파 이론을 추종하며 집단 사고에 곪아 있는 연준은 왜 주식, 채권, 기업인수목적회사SPAC의 주식, 대체불가능토큰NFT, 암호화폐, 주택과 같은 자산 가격 급등을 인플레이션이라고 하지 않을까? 연준은 인플레이션 목표 2%를 달성하려 왜 그토록 노력하고 가장 짧은 물가 측정 막대를 들이대면서 돈을 더 찍어내야 한다고 아우성인가?

연준이 인플레이션 범주에서 자산을 제외하는 이유는 뻔하다. 자산 인플레이션이 손도 댈 수 없을 만큼 맹렬히 확산되었기 때문이다. 그렇지 않았다면 연준은 뜨겁게 달아오른 화폐 인쇄기 작동을 진작 중단하고 더 나아가 오래전부터 금융 세계의 지배자로서 누려 온 영광을 포기해야 했을 것이다.

연준은 권력을 좇는 대부분 관료처럼 신문 헤드라인에 대문짝만하게 박힌 자산 인플레이션 기사를 일부러 못 본 척하는 그런 일은 하지 말았어야 했다. 2020년 가을 이후 갑자기 암호화폐 가격이 급등했을 때 1년 만에 비트코인Bitcoin과 라이트코인Litecoin 그리고 이더리움Ethereum이 각각 400%, 525%, 1,500% 상승했다. 이에 대해 연준은 암호화폐와 중앙은행 화폐가 무슨 관련이 있냐며 그럴듯하게 변명하지 않았는가?

물론 중앙은행 화폐 발행 당사자는 이렇게까지 말할 수도 있다. "암호화폐에 투자하고 말고는 개인의 자유이니, 투기꾼들과 월스트리트 지배자들은 암호화폐로 재미를 볼 권리가 있다." 그러나 암호화폐가 정말 연준과 무관할까?

그렇지 않다. 2001년과 2008년 금융위기에서 볼 수 있듯, 오늘날 경기 불황의 주된 원인은 세계 경제에서 주기적으로 무너지는 금융시장이다. 따라서 연준은 금융시장 붕괴를 막을 의무가 있다. 더 나아가 경제활동을 심하게 왜곡하고 궁극적으로는 고용률과 GDP 성장을 저해하는 자산 인플레이션도 막아야 한다. 이것이야말로 연준이 스스로 선언한 권한의 핵심에 닿아 있는 문제들이다.

자사주 매입의 시대

2000년 이후 15조 달러 규모의 인수합병과 10조 달러의 자사주 매입이 이루어졌다. 인수합병은 생산성 창출과 가치 증대를 기대해서라기보다는 그저 부채 비용이 저렴해서 발생한 것이었다. 한편 자사주 매입은 현금흐름과 대차대조표를 이용해 이루어졌는데, 이는 공장·장비·기술·노동력 등의 실물경제에 생산적으로 투자했을 수도 있는 자금이었다.

2012년에 공식 목표치를 2%로 채택하기 전까지(그 이전에 버냉키와 그린스펀이 의장으로 재임한 10년 동안에도 물가 상승률 목표 2%를 비공식적으로 따르긴 했다), 에클스 빌딩에서 일하던 연준 사람들은 실제로 인플레이션이 기업 관리자나 근로자 또는 투자자가 내린 의사결정을 왜곡한다고 믿었다. 윌리엄 맥체스니 마틴William McChesney Martin(1952~1970년 재임), 아서 번스Arthur Burns(1970~1978년 재임), 폴 볼커Paul Volcker(1979~1987년 재임)가 연준 의장을 역임했을 때 특히 그러한 신념이 강했다.

당시에는 인플레이션을 억제해야만 실물경제에서 고용을 극대화하고 경제 번영을 이룰 수 있다고 생각했다. 여기에 주안점을 둔 연준은 시기와 부문에 상관없이 인플레이션을 위에서 아래로 누르려 했지, 오늘날처럼 터무니없게 아래에서 위로 끌어올리려 하지 않았다.

따라서 자산 인플레이션은 당연히 발생할 리 없었다. 그 무렵 중앙은행을 비롯한 대다수가 인플레이션을 통제하는 법적 권한은 화폐를 발행하고 신용을 창출하는 중앙은행에만 있으며, 인플레이션이라면 어떤 형태와 양상이든 모두 해롭다고 생각했기 때문이다.

중앙은행의 화폐 발행으로부터 고통받지 않는 세상에서는 공급이 최우선이라고 여겼고, 그 다음으로는 소득>지출>저축>투자>자산 축적 순으로 중요했다.

공급 중심의 세계에서는 소득에서 발생하는 지출이 소득의 원천인 공급을 초과할 수 없다. 그러므로 인플레이션은 본질적으로 상품과 서비스 영역에 국한된다. 또한 정직한 가격대를 찾아가는 과정에서 근본적으로 투기가 걸러지기 때문에 자산 인플레이션은 억제된다. 마지막으로 중앙은행이 인위적으로 조장한 값싼 부채는 비생산적 자금 거래와 금융화financialization를 보조하는 데 이용될 수도 없다.

그 시절에는 상품·서비스·자산을 포함한 모든 종류의 인플레이션을 나쁘게 보았다. 그때는 중앙은행 직원들이 스스로 대단한 소명 의식이라도 지닌 양 금융계의 중세 신학자 노릇을 하기 전이었다. 치솟는 물가 상승률을 두고 1.9%와 2.1% 둘 중 어느 쪽이 나은지 0.1% 단위로 붙들고 늘어지지도 않았다. 또한 한 가지 지표에만 의존하지 않고 상품 지수, 소비자·생산자 물가지수, 자산 가격 정보 등 인플레이션 지표를 두루 참고했다. 그러나 지금의 연준은 통화정책을 결정할 때 '근원 PCE 디플레이터'만 주로 살펴본다. 이 지표는 주택비와 의료비를 과소평가한다는 점에서 현실성이 떨어질 뿐만 아니라, 스테이크 가격이 치솟아 소비자가 어쩔 수 없이 닭고기를 소비하게 되는 식품 대체 현상을 반영하게 되어 인플레이션을 상쇄해버린다.

윌리엄 마틴과 아서 번스 등 역대 의장들은 다음과 같은 오늘날 연준의 별난 믿음을 상상조차 못했다. "소비자 구매력이 줄곧 하락하다가 운 좋게 잠시 멈추면, 그 기간 동안 우리는 외부에 밝히지 않고 식어 있는 인플레이션을 과열시켜 강제로 평균 2% 수준에 맞추어야 한다!"

그린스펀 이전 시대

인플레이션을 바라보는 전통적 관점은 심오했다. 과거 중앙은행은 금융시장과 실물경제 전반에 발생하는 인플레이션을 가능한 한 최소화했다. 그리고 오늘날 온라인 입소문이 부추기는 밈 주식 열풍, 미친 듯이 들끓는 암호화폐 투기, 바이더딥^{buy-the-dip} * 과 바이앤홀드^{buy-and-hold} ** 같은 온갖 투자 기법, 주식의 고공행진에 광분하는 사람들 등에서 알 수 있는 인플레이션 과열 사회를 중앙은행이 부추기리라고는 생각지도 못했을 것이다.

그린스펀이 의장에 취임하기 이전 시대였더라면 각국 중앙은행이 인플레이션을 선호하는 말도 안 되는 일은 일어나지 않았을 것이다. 이유는 간단하다. 그 당시에는 인플레이션을 가능한 한 피해야 하는 문제로 여겼으므로 인플레이션 목표치를 정성적이고 상식적인 수준에서 결정했기 때문이다.

따라서 1998년 이전에 취임한 연준 의장이었더라면, 경제에 인플레이션이 부족하다고 판단해 특정 목표치를 달성하려 매달 1,200억 달러를 발행하지는 않았을 것이다.

그 시절이었다면, 요즘처럼 '인플레이션이 너무 낮다는 이유로' 미국 국채와 모기지 채권을 연평균 1조 4,400억 달러씩 사들이지도 않았을

---

* 주가 상승을 기대하며 저가에 매수하는 전략
** 주식을 매수한 뒤 장기 보유하는 전략

것이다. 그러면서 이렇게 외쳤을 것이다. "자네들이 고집하는 인플레이션 목표 2%는 너무 높다네!"

일반적인 물가 수준을 측정하는 두 가지 지표, 즉 근원 물가지수라고도 불리는 16% 절사평균 CPI*와 PCE 디플레이터를 평균 낸다면 어떤 일이 발생할까? 무슨 일이 있어도 '로플레이션 lowflation'은 일어나지 않는다. 실제로 두 지표의 연평균 변화는 다음과 같다.

- 2000년~2020년: 1.92%
- 2012년~2020년: 1.82%
- 2019년~2020년: 1.92%

21년 동안 연평균 인플레이션율 1.92%가 뭐가 그리 부족하단 말인가? 따지고 보면 정해진 임금을 받는 직장인, 글로벌 노동 시장에서의 경쟁 탓에 자동적인 임금 인상을 누리지 못하는 근로자에게는 1.92%도 매우 부담스러운 수치다.

그럼에도 불구하고 연준의 통화정책 신학자들과 이들을 따르는 월스트리트의 수행자들은 21년간 연평균 1.71%였던 근원 PCE 디플레이터를 전면에 내세우고 같은 기간 2.13%였던 CPI는 무시했다. 달리 말해 연준은 인플레이션이 통계상 해마다 0.4% 부족해 보이도록 유도했던 것이다. 그 결과 2006년 이후로 금융시장에 7조 달러 넘는 신용이

---

* 월 가격 변동이 큰 상위 8%와 하위 8% 품목을 제외한 소비자물가지수

범람하게 되었다.

연준은 어리석었다. 인플레이션을 일으키는 데 눈이 먼 나머지 몹시 해로운 결과를 야기한 셈이다. 더 구체적으로 말하면 상품과 서비스, 자산, 임금 그리고 생산비 등 전 부문에 인플레이션이 발생하고 있다. 연준은 무책임하게도 이 모든 경제 상황이 좋게 흘러가리라 단언한다. "매년은 아니더라도 적어도 시간이 흐르면서 인플레이션율 2%에서 발생하는 경제적 이점은 기업의 근로자와 관리자 그리고 투자자에게 균형 있게 돌아가, 모두가 잘 살게 될 것이다."라고 말이다.

그러나 그들은 틀렸다. 그와는 정반대로 연준발 인플레이션은 경제의 병폐를 야기했다. 많은 문제가 있지만 그중 특히 자산 격차 문제가 극심하다. 매매가 용이하고 가치가 날로 상승하는 자산을 소유한 상위 1~10%에 속한 사람들은 어마어마하게 횡재한 반면, 은행에 저축했거나 단기 채권에 투자한 사람들은 참담한 현실에 놓였다.

더 심각하게는 저임금 외국인 노동자, 심지어는 초저가 자본으로 조달한 로봇과도 경쟁해야 하는 근로자의 실질 소득은 그야말로 고갈되고 있는 실정이다. 광범위하게 적용 가능한 2%라는 인플레이션 목표치는 경제의 '모든' 측면에 적용되지 않는다. 오늘날 역동적인 경제 환경에서 물가, 임금, 비용은 연준이라는 드러머의 장단에 정확히 맞춰서 더 높이 오르지 않기 때문이다.

이러한 내용을 모두 이해했다면, 가장 중요한 부분 중 하나이지만 연준의 엉터리 인플레이션 정의에는 포함되지 않은 주거용 주택가격에 대해 알아보자.

사과는 사과와 비교해야 합리적인 법

아래 그래프는 미국의 근로자가 주택가격 중위값에 해당하는 집을 구매하는 데 필요한 노동 시간을 보여주고 있다. 통계의 무의미함과 케인스주의의 잘못된 방향을 낱낱이 드러내는 자료다. 1971년 8월 닉슨 대통령이 건전화폐 체제의 뿌리를 뽑고 중앙은행이 인플레이션의 미덕을 내세우며 우리를 사악한 길로 인도하고부터 50년 동안 아래와 같은 일이 발생했다.

■ **1970~2020년 시간당 평균임금으로 나눈 주택중위가격**(주택 구입에 필요한 노동 시간)

출처: 인구조사국, 주택도시개발부(HUD), 노동통계국(BLS)

나는 근로 시간을 근로 연수로 전환하면서 시간제 및 저임금 일자리 비율이 높아지고 고용의 질은 꾸준히 악화하고 있다는 사실을 알 수 있었다. 1971년에 생산직 근로자는 주당 평균 36.7시간, 연간 1,908시간 근무했다. 오늘날에는 주당 34.2시간, 연간 1,778시간으로 떨어졌다. 계산 결과는 다음과 같다.

	1971년 2/4분기	2020년 4/4분기
주택중위가격	$25,800	$358,700
시간당 평균임금	$3.60	$24.97
주택구매까지 필요한 노동 시간	7,160	14,365
연간노동시간	1,908	1,778
주택구매까지 필요한 노동 연수	3.75	8.08

고고한 비밀 궁전에서 일하는 연준 사람들은, 인플레이션이 그렇게나 이롭다고 주장하면서도 정작 주택가격 상승은 인플레이션이 아니라고 말한다. 그러나 표에서 볼 수 있듯 건전화폐 시대였던 1971년의 근로자는 집을 구매하기까지 3.75년밖에 걸리지 않았지만, 지금은 8.08년이나 걸린다. 결코 짧지 않은 시간인 것이다.

인플레이션 목표를 설정해야 한다는 버냉키의 어리석은 신조 탓에, 2012년 1월 연준은 공식적으로 연간 인플레이션율 2% 목표를 채택했다. 그러나 여기에 대한 어떠한 실증적, 이론적 근거도 없었다. 디플레이션이 경제 대공황을 일으켰다는 믿음에 여전히 사로잡힌 시대착오적인 케인스주의자들이 퍼뜨린 '만일의 경우를 대비해서'라는 생각만 반영되었을 뿐이다.

이 책의 후반부에서는 중앙은행발 인플레이션이 발현된 경로가 원자재, 산업재, 소비재뿐만은 아니라는 내용을 다룰 예정이다. 설령 인플레이션 범위가 제한적이라 해도, 앞서 언급했듯 연간 소비자 물가를 측정하는 가장 훌륭한 지표인 16% 절사평균 CPI 자체만으로도 인플레이션은 충분히 입증되었다.

2012년 1월 버냉키가 인플레이션 목표치를 2%로 지정한 이래로 16% 절사평균 CPI는 복리 기준 연평균 2.07% 수준으로 상승했다. 실제로 2021년 6월 마감된 회계연도에는 2.9%를 기록했다. 이것도 너무 낮다고 생각한다면 대체 얼마나 높아야 한다는 말인가?

16% 절사평균 CPI는 상품, 신용, 무역을 비롯해 다른 경제 요소들이 주기적으로 변동한다는 가정하에 2%를 기준으로 오르락내리락하긴 했다. 하지만 이 지수의 구성 방식*을 고려할 때, 연준과 월스트리트에서 그토록 선호하는 로플레이션이라는 미스터리는 발생할 수 없다.

왜냐하면 16% 절사평균 CPI는 가격 변동이 심한 품목들에 의해 한쪽으로 치우치지 않고 CPI 바구니에 담기는 품목을 장기적으로 모두 반영하는 까닭이다. CPI에 반드시 포함되어야 하는 장바구니 물가의 핵심인 식료품·에너지를 무시하는 다른 월별지수 안정화 방법보다 16% 절사평균 CPI는 훨씬 훌륭하다.

하지만 CPI 바구니 품목의 물가 자체는 헤도닉 기법을 이용한 품질 조정hedonic adjustment 과 대체효과substitution effect 때문에 여전히 과소평가될 수밖에 없다.

＊ 월 가격 변동이 큰 상위 8%와 하위 8% 품목을 제외하는 방식

THE GREAT
MONEY
BUBBLE

3장

스테이크 VS 치킨

▼

    경제 전반에 걸쳐 스테이크와 치킨의 구매액 비율이 50 대 50이라고 가정하자. 일반 가정의 식품비 예산 중 절반은 스테이크(소고기)에, 나머지 절반은 치킨(닭고기)에 지출한다. 이때 스테이크 가격이 20%, 치킨 가격이 2% 오르면 두 식품으로 구성된 물가지수는 평균 11% 오르게 된다. 이것이 정확한 물가 상승률이다.

    이번에는 스테이크 가격이 급등해 스테이크 대 치킨 구매액이 20대 80으로 변했다고 하자. 식품비 예산이 1달러라고 가정할 때 스테이크보다 치킨이 저렴하다는 이유로 스테이크에 20센트를, 치킨에 80센트를 소비한다. 미국 노동통계국[BLS]의 산출법에 따라 물가 상승률에 가중치를 적용하면, 물가 상승률은 고작 5.6%이다. 하지만 이 방법은 물가 상승률이 아닌 생활수준의 저하를 측정할 뿐이다.

    소비자들은 비싼 스테이크 대신 치킨을 구매할 때 자신의 생활수준이 물가 상승 때문에 낮아지고 있다는 것을 스스로 깨닫게 된다. 일반적인 물가지수에 내재된 어처구니없는 문제점은 아마 순진한 학생들도 알아차릴 것이다. 물가 상승률에 구매 가중치를 적용하면, 소비자물가지수는 생활비지수COLI, Cost Of Living Index로 바뀌어 같은 품목의 가격 변화를 측정하지 못하게 된다.

1980년대 그린스펀은 이러한 결함을 CPI 계산법에 적용하자고 밝혔는데 그 근거들은 과학적인 것과 거리가 멀었다.

그린스펀은 막후에서 공화당의 경제 고문 역할이라도 하고 싶었던 듯하다. 그는 겁 많은 공화당 의원들이 사회보장제도 개혁이라는 위험한 도박을 벌이지 않고도, 우회적으로 물가를 낮춰 사회보장비용과 다른 재정 지원금의 생활비조정COLA, Cost Of Living Adjustment*을 줄일 수 있는 영리한 방법을 찾으려 했다. 개혁안이 발의될 리 만무했으므로, 당시 레이건 행정부 시절 예산관리국장이었던 나는 그린스펀의 움직임을 예의주시하고 있었다.

1987년 연준 의장이 된 그린스펀은 팔을 걷어붙였다. 그는 만연한 인플레이션을 진압한 영웅으로 대접받고 싶은 의욕에 활활 불탔다. 그러니 인플레이션 측정 막대를 잘라내는 것보다 더 좋은 방법이 어디 있었겠는가?

1990년대에 보스킨위원회Boskin Commission 위원장을 지낸 마이클 보스킨Michael Boskin은 공화당을 지지하는 경제학자로, 그린스펀과 마찬가지로 생활비조정을 은밀히 축소하기를 원했다. 끝끝내 위원회는 소비

---

* 물가 상승률만큼 사회보험 급여와 보조금을 올리는 제도

자물가지수를 물가지수가 아닌 생활비지수로 바꾸는 것을 승인했고, 이보다 훨씬 교활하게 포장된 '헤도닉 기법을 이용한 품질조정 hedonic adjustment'이라는 개념도 소개했다.

쉽게 말해 품질조정은, 가령 2005년에 출시된 휴대폰과 최신 스마트 폰 사이의 품질이 얼마나 달라졌는지를 관료들이 어림짐작하는 일이 다. 혹은 상점에 놓인 제품의 표시 가격이 노동통계국에서 의도하는 인 플레이션 수준에 부합하려면 얼마나 낮아져야 하는가에 대한 비과학 적 추정이기도 하다.

과연 노동통계국이 수천 가지에 이르는 최종 소비자 제품을 전부 추 적해 품질 변화를 수치화할 수 있을까? 이를테면 검증하기 어려운 자 동차 에어백의 효과, 미심쩍을 만큼 작은 초콜릿바나 중국산 불량 가전 제품에 존재하는 위험성을 관료들이 제대로 측정할 수 있을지 의문이 다. 베이비시터, 요가 강사, 요양보호사 등 소비자물가지수 서비스 항 목의 품질 변화를 추적하는 건 고사하고 그들의 일을 정확히 규정이나 할 수 있을까? 제3자보험을 통해 배상받거나 노동통계국에 의해 단순 히 귀속('끼워 맞추다'를 있어 보이게 표현한 경제 용어)되는 서비스 종류가 너 무 많은데 전부 어떻게 다룰 것인가?

충격적이게도 소비자물가지수의 3분의 1이 넘는 항목에 적용되는 귀속 imputation 계산법은 특히나 더 불완전하다. 이를테면 주택이 있는데, 공식 물가지수에서 주택 가격이 차지하는 가중치는 무려 24.263%로 대단히 큰 비중을 이루고 있다.

실체 없는 가격

주택 가격은 물가지수의 4분의 1이나 차지한다. 뿐만 아니라 모든 소비자 재화 중 가격 투명성이 가장 뛰어나다. 그런데도 직접적으로 측정되지 않는다니 의아한 일이다. 그 대신 미국 인구조사국^{the Census} Bureau은 노동통계국을 대신해 자가를 소유한 수천 명의 개인에게 "당신의 집을 임대 놓고 임시거처에서 살기로 했다면 집을 얼마에 임대할 것인가?"와 같은 질문을 정기적으로 묻는다. 이것이 바로 CPI 구성 항목 중 하나인 자가주거비^{OER, Owners' Equivalent Rent}를 측정하는 기초적인 방법이라고 할 수 있다.

CPI의 24% 이상을 차지하는 자가주거비는 매달 수화기 너머 조사관의 생뚱맞은 질문을 듣자마자 큰 고민 없이 대답하는 사람들에 좌우된다. 조사관의 질문에 응하기 위해 어쩔 수 없이 내놓는 추측성 답변들은 커다란 측정 오류를 낳았다. 이를테면 두 번 이상 거래된 주택 가격을 기초로 한 S&P C/S(케이스실러) 주택가격지수는 2000년 이후 연 4.14%로 상승한 데 반해 자가주거비는 연 2.62%밖에 증가하지 않았다.

지금 우리는 몇 달이 아니라 20년 이상의 기간을 이야기하고 있다. 세월이 흐르면서 주거용 부동산 시장 가격이 크게 상승함에 따라 부동산 소유에 내재된 임대료, 즉 자가주거비도 그에 비례해 올라야 맞다. 그러나 2021년 5월 S&P/CS 주택가격지수가 지난 12개월에 걸쳐 17%나 뛰어 2004년 8월 이후 가장 큰 연간 상승률을 기록한 데 반해, 임대

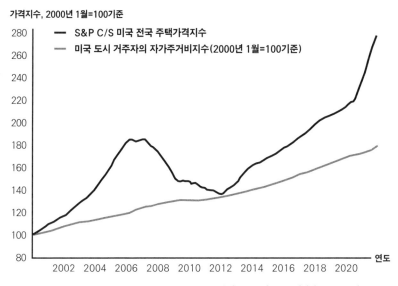

■ 2000~2020년, S&P C/S 주택가격지수 vs 자가주거비(OER)

가격지수, 2000년 1월=100기준

- S&P C/S 미국 전국 주택가격지수
- 미국 도시 거주자의 자가주거비지수(2000년 1월=100기준)

연도

출처: S&P 다우존스 인디시즈, 노동통계국(BLS)

료는 그만큼 오르지 않았다. 이것이 자가주거비에 숨은 진실이다. 이를 통해 노동통계국이 직접적으로 측정된 부동산 물가를 활용하다가 어느 순간 멈춘 이유를 유추할 수 있다. 2000년 1월 이후에 보고된 자가주거 비는 실제 부동산 시장 가격의 63%밖에 증가하지 않았던 것이다.

더욱이 최근 몇 년 동안 부동산 시장의 호황과 불황 사이클이 더 길어진 탓에 두 지표의 격차가 훨씬 더 벌어졌다. 2012년 1월 연준은 인플레이션 목표치를 설정했다. 그때부터 S&P/CS 지수는 해마다 6.24%씩 증가한 한편, 자가주거비는 고작 2.84%씩 늘었다. 실제 주택 가격 증가분의 45%에 불과하다.

이는 절반도 안 되는 비율이다. 보스킨위원회가 손을 본 CPI조차 버냉키가 의도한 물가 상승률보다 훨씬 높았다. 그래서 2012년 연준은 인플레이션 공식 목표치를 측정하는 물가 지표로 PCE 디플레이터를 채택했다. 이로써 인플레이션 측정 막대가 한 뼘 더 잘려 나가게 되었다.

앞서 이야기했듯 PCE 디플레이터도 제대로 된 물가 지표가 아니다. PCE 디플레이터는 미국 경제분석국[BEA]이 개인소비지출을 조정하기 위해 사용한 방책이었다. 예를 들어 기술 가격이 하락해 소비자들이 디지털 기기를 더 많이 구매한다거나 혹은 의료비가 상승해 사람들이 의료 서비스를 덜 이용한다면, PCE 디플레이터는 이러한 상황을 두고 인플레이션이 약해졌다고 해석한다.

PCE 디플레이터가 측정하는 대상은 고정된 재화와 서비스가 아니라 끊임없이 지출 품목이 변하는 가계 장바구니이다. 심지어 PCE 디플레이터에 계산되는 품목의 30%는 CPI에 없다. 기업 생산에 필요한 중간재와 정부의 비용 지원을 일부 받거나 아예 무상으로 제공되는 공공 재화는 PCE 디플레이터에만 속한다. 결과적으로 이 물품들의 물가는 통계당국이 최대한 추측해서 책정한다. 연준이 선호하는 물가 지표의 상당 부분은 보이지 않는 곳에서 통계당국에 의해 낮거나 비슷하게 추정된 공공 재화의 가격으로 이루어진다.

사라진 인플레이션

그럼 본론으로 들어가서 연준의 공식 물가측정 막대인 PCE 디플레이터는 어떻게 구성되어있는지 살펴보자.

- 53%: 헤도닉 기법을 이용해 품질조정된 CPI 바구니 품목의 가격
- 17%: 집주인의 자가 임대료 추측치
- 30%: 공공 재화와 기업 중간재 가격에 대한 노동통계국의 추측치

연준이 자른 물가측정 막대가 정확성과 유용성 측면에서 뛰어난 절사평균 CPI보다 점점 짧아지는 건 어찌 보면 당연한 수순이었다. 막대 안에는 연준이 아무도 모를 거라고 자신하는, 그래서 우리가 절대 알아채서는 안 되는 '인플레이션 누락분'이 있었기 때문이다. 모두 가짜에 불과한 것이다. 다음 페이지의 그래프를 보자.

2012년 1월 1일 이후 PCE 디플레이터가 연 1.73% 상승한 반면, 절사평균 CPI는 연 2.07% 증가했다. 0.34% 차이로 인해 2012년 1월부터 월스트리트 카지노에서 투기꾼과 도박꾼이 활개치며 수십조 달러를 벌어들였다고 해도 과언이 아니다.

2007년 4분기부터 명목 GDP는 겨우 46% 증가한 것에 비해 연준의 대차대조표는 자그마치 807% 팽창했다. 왜 건전화폐 원칙을 이토록 줄기차게 공격했는지에 대한 강력한 이유를 연준 수장들에게 들어보면,

마치 철없는 아이가 쓸데없이 묘기를 부리며 자랑하는 느낌이 든다.

그러니까 애당초 물가를 잘못 측정하고서는, 물가를 보통의 기준선 제로(0)가 아니라 버냉키의 마법에서 탄생한 임의의 기준선 2%와 비교한 뒤 "봐, 인플레이션 없잖아!"라고 말하는 모양새이다. 역대급 거짓말이다. 하지만 워싱턴에 있는 통화정책의 신들이 이렇게 거짓말을 밥 먹듯 하고 월스트리트 투기꾼들과 방만 재정을 일삼는 정부 관료들이 거기에 박수갈채까지 보내면, 거짓말은 하나의 신조가 된다.

《월스트리트저널Wall Street Journal》의 인플레이션 전망 기사를 살펴보자. 연준의 나팔수 그레그 입Greg Ip 논설위원이 로플레이션이라는 불굴

■ **2012년 이후 절사평균 CPI와 PCE 디플레이터**

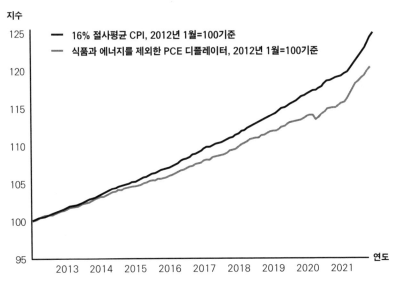

출처: 클리블랜드 연방준비은행; 경제분석국(BEA)

의 목표를 지속하는 법에 관해 작성한 기사이다. 2021년 3월 1일자로 발행된 이 기사는 이렇게 시작한다.

인플레이션이 연준의 이상적인 목표치 2%를 훨씬 밑돌며 10년 만에 최저치를 기록했다. 인플레이션 상승의 두 가지 조건인 낮은 실업률과 만연한 물가 상승 기대심리가 확연히 결여되어 있다.

터무니없는 소리다. 물론 이 논설위원만 전적으로 탓할 수는 없다. 제롬 파월 연준 의장이 상임위원회에 참석한 이들을 안심시킨 발언을

■ 2008~2021년, 연준 대차대조표 vs GDP

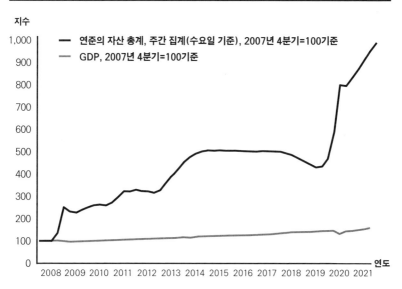

출처: 연준이사회; 경제분석국(BEA)

그대로 옮겼을 뿐일 테니 말이다. 파월 의장의 말을 인용하면 다음과 같다. "제가 자라면서 경험한 골치 아픈 인플레이션 문제는 지금 시대에 해당되지 않고 앞으로도 그럴 것입니다."

아무리 물가 변화를 축소해서 말한다 해도, 합리적으로 정확히 측정된 인플레이션이라면 조금 전 논설위원이 말한 '10년 만에 최저치'는 있을 수 없는 기록이다. 그러나 2007년 4분기 직전 금융위기가 정점에 달했을 때, 연준은 환상적인 목표치 2%를 달성하기 위해 대차대조표를 GDP로 측정한 국민소득보다 16배 더 빠르게 확대했다.

거대한 인플레이션

그렇다면 대차대조표와 GDP의 극심한 차이에 내포된 인플레이션은 전부 어디로 이동했을까? 정답은 주식시장이다. 결국 주식시장에서는 역사상 가장 심각한 거품이 발생했다. 그 결과 국부의 분배가 부당하게 왜곡되었을뿐 아니라, 더 결정적으로는 프랭클린 D. 루스벨트Franklin D. Roosevelt 대통령 시절 이래로 힘을 잃었던 부의 재분배를 주장하는 정치 세력이 떠오를지도 모르는 지경에 이르렀다.

이를 해결하려면 문제의 근원으로 돌아가 실제로 있지도 않은 디플레이션 위협에 대항하는 제정신 아닌 중앙은행의 움직임을 중단시켜야 한다. 그러면 월스트리트 카지노가 무너지고 잘못된 부의 분배도 알아서 제자리를 찾게 될 것이다.

에클스 빌딩의 어리석은 연준 사람들은, 의례적으로 정한 목표치와 이를 달성하기 위한 '초저금리' 정책의 끔찍한 영향 사이에 엄청난 불균형이 존재한다는 것을 궁금해 한 적이나 있을까? 오늘날 만연한 3~5% 인플레이션은 말할 것도 없고 2%를 목표로 내건 환경에서조차 시중 금리는 연준의 목표대로 0.05~0.15% 사이를 오가는데, 이는 캐리 트레이드 투기 세력이 바라는 바와 같다. 중앙은행이 매년 1조 4,400억씩 엄청난 속도로 채권을 사들임으로써 자산 인플레이션, 맹렬한 투기, 전체 금융 시스템의 근본에 걸쳐 온당치 못한 투자가 발생했다.

금융시장에 끼는 막대한 거품은 결국 불행과 손실, 낭비 그리고 실패로 이어지기 마련이다. 불행과 위기를 자초하면서까지 고용과 물가 안정 목표를 꼭 내세워야 했을까? 금융 거품은 매우 심각한 불공정 문제의 원인이기도 하다. 월스트리트의 내부자들은 하늘을 찌르는 주가를 통해 거액의 불로소득을 손에 쥐지만, 개미투자자들은 항상 마지막에 속아 넘어가 피눈물 흘리며 돈을 잃는다.

물론 연준이 의례적으로 물가 안정과 최대 고용이라는 법적 의무를 이행했다고 말할 수 있겠지만, 최근 수십 년간 의회는 2% 인플레이션 목표와, 실업률이 3.5~5% 사이를 오가는 최대 고용을 법률로 정한 적은 없었다.

두 지표는 모두 케인스학파의 'GDP 욕조' 이론에 기초해 수년에 걸쳐 발명되었다. 욕조 이론은 다음과 같은 잘못된 논리를 펼친다. 총수요는 경제 성장과 고용 안정을 통제할 수 있으며, 금리·채권 가격·채권 수익률 곡선을 비롯해 여기서 파생되는 기타 자산 가치를 조정하면 총수요가 발생해 2% 물가 상승률과 완전 고용을 달성할 수 있다.

다시 말해 적절한 전략과 타이밍으로 GDP 욕조를 신용으로 조달한 총수요로 흘러넘치게 한다면, PCE 디플레이터와 실업률[U3] 측정계가 끝까지 차올라 마침내 "목표 달성 완료!" 신호를 깜빡인다는 것이다. 이것이 바로 케인스 이론의 작동방식이다. 보이는 바와 같이 시대에 맞지 않고 어리석다.

현재 케인스주의를 진지하게 믿는 연준 사람들도 최대 고용 목표가 오늘날 과도한 통화정책을 정당화한다고 생각하지는 않는다. 즉 최근 발표된 지나치게 높은 실업률의 원인이 수요 부족이 아니라는 점에서 그들은 중앙은행의 화폐 발행과 금리 억제가 고용 문제를 해결하지는 못한다고 믿는다. 그러니까 현재 실업률과 이로 인한 생산 부족 문제는 지금까지 그래왔듯 순수하게 공급 측면의 현상인 것이다. 하지만 정부는 코로나19 팬데믹 동안 모든 사업장을 폐쇄하라는 법적 명령을 내렸다. 심지어는 술집, 식당, 극장, 체육시설, 쇼핑몰 등에 방문하는 평범한 소비자들에게 쓸데없이 엄청난 두려움을 주입했다. 정부가 공급 측면을 향한 공격을 멈춘다면, 실업률은 코로나19 팬데믹 발생 전으로 돌아갈 것이다. 이제 수요는 그만 자극해야 한다.

타임워프

무엇이든 직접 들여다보아야 정확히 알 수 있는 법이다. 과거에 겪었던 경기침체와 달리 2020년에는 총수요를 잘 보여주는 실질 개인소득이 5% 가까이 증가했다. 다양한 구제금융에 따른 이전지출이 대폭 증가한 탓에, 2020년도 한 해의 개인소득 증가분은 2000년도 이후 매년 발생한 증가분보다 더 높았으며, 지난 50년 동안 비교할 만한 불경기 때를 훨씬 웃돌았다. 소비력은 극단적인 케인스 이론을 충족할 만큼 충분하다. 다만 합당하고 안전한 소비 배출구가 없을 뿐이다.

1973년~2020년 사이 불경기 동안의 실질 개인소득 변화

- 1974년: −0.58%
- 1980년: +0.71%
- 1982년: −1.53%
- 1991년: +0.13%
- 2002년: +0.37%
- 2009년: −2.99%
- 2020년: +4.91%

코로나19 경기 불황과 이에 따른 구제 금융은 화폐 인쇄기를 세상 밖으로 꺼냈다. 화폐 발행에 대한 집착으로 인플레이션 목표치 2%는 진작에 달성되었으며, 총수요가 전혀 부족하지도 않은데도 GDP 욕조만 무의미하게 채워지고 있다. 화폐 인쇄기는 경제에 처음부터 말도 안되는 마법을 불어넣은 셈이다.

1930년대 케인스 경제 이론은 그 시절의 타임워프에 갇혀 있다. 전에 언급했듯 케인스는 자본주의가 죽음에 다가가려는 속성이 있어서 계몽된 국가의 도움을 받지 않고는 비능률과 경기침체, 공황이라는 수순에 따라 무너진다고 믿었다.

이렇게 경제가 일정 단계를 거쳐 붕괴하는 현상을 거시경제적 디플레이션이라고 부른다. 역설적이게도 먼 훗날 케인스를 비판한 밀턴 프리드먼 교수는 말도 안 되는 디플레이션 이론을 버냉키(프리드먼 이론을 가장 위험하게 추종한 단 한 사람)에게 전했다. 해당 내용은 다음 장에서 더 자세하게 알아보자.

경제 성장과 고용 안정을 위한 물가 상승률 목표치 2%가 사실상 그 이전의 목표치라 볼 수 있는 제로(0)보다 더 낮다는 증거는 어디에도 없다. 군이 찾자면 목표를 2%로 수치화함으로써 경제가 끔찍한 디플레이션 세계로 미끄러지지 않았다는 것을 꼽을 수 있겠다.

연준은 왜 적정 물가 상승률을 2%로 고정해놓고 이를 소수점 둘째 자리까지 달성하려 혈안이 되었는가? 그리고 왜 이제 와서 2% 평균 물가목표제*라는 대안을 채택하는가? 이해하기가 어렵다. 2% 평균 물가목표제에서 느슨하게 정의된 약간의 인플레이션이 경제 확장 바퀴에 기름칠을 한다고 치자. 그렇다 해도 지난 9년간 PCE 디플레이터 1.73%가 전혀 충분하지 않고 심하게 부족하다는 주장이 정당해지는 것은 아니다.

---

* 지난 몇 년간의 평균 물가 상승률이 지속적으로 2% 목표치를 밑돈 경우에, 이후 상당한 기간 물가가 완만하게 2%를 웃도는 것을 용인하는 정책

막대한 달러 발행과 지독한 금융 거품을 야기한 기계적 목표치는 디플레이션과의 전쟁이라고 오인되곤 하는 1930년대 대공황 위기를 떠올리게 한다. 그 당시 대부분 무리한 신용 팽창에서 비롯된 여느 위기와 마찬가지로 제1차 세계대전과 광란의 20년대 기간 동안 발생한 엄청난 대출 확장 탓에, 1929년 10월 파티가 끝났을 때 은행은 더 이상 상환을 연장할 수 없는 부실 대출을 떠안게 되었다.

대공황의 여파로 사업 실패와 압류에서 발생한 수십억 달러의 부채 탕감을 포함해 200억 달러 이상의 은행 대출이 청산되었다. 1929년 주식 거품이 꺼졌을 때, 신용 수축의 약 절반을 차지하는 90억 달러가 주식 신용거래대출에서 회수되었다. 운전자본을 위한 대출 잔고도 생산 급감 탓에 급격히 줄어들었다.

문제의 원인은 은행 지급준비금을 충분히 공급하지 못한 연준이 아니라, 산업과 수출 부문에 낀 거품이 꺼지는 과정에서 받은 타격 때문이었다. 다시 말해 중앙은행이 통화 공급에 인색해서가 아니라, 실물경제의 거품이 빠진 탓에 은행의 대출 청산 사태가 발생했던 것이다. 1930년부터 1933년까지 은행이 회수 가능한 대출까지 상환을 요구했다거나 상환 능력이 있는 채무자에게까지 대출을 거부해 대출이 두드러지게 줄었다는 뚜렷한 증거는 어디에도 없다.

은행이 의도적으로 대출을 꺼리지 않는 이상 통화긴축 때문에 대공황이 발생했을 리는 없다. 나중에 다시 살펴보겠지만, 버냉키를 포함해 프리드먼을 따랐던 사람들은 이렇게 명명백백한 사실을 통화승수가 낮아서라는 학문적 꼼수로 덮었다. 이 유언비어는 현재 금융 시스템 위에 다모클레스의 검*처럼 매달려 경제를 위협하고 있다. 디플레이션과의 잘못된 전쟁을 벌이고 있는 연준은 21세기 들어 8조 달러 이상의 신용을 금융 시스템에 들이부었다. 그 바람에 금융시장은 아찔하리만치 높게 붕 떠올랐다.

---

* 고대 로마 정치인이자 저술가인 키케로가 언급한 말로, 언제 떨어질지 모르는 검 밑에 있는 권력자의 불안과 긴장을 상징하며 언제 닥칠지 모르는 위기에 대한 경고를 의미하기도 함

THE GREAT MONEY BUBBLE

4장

거대한 붕괴

▼

인플레이션을 부정하던 연준은 결국 심각한 붕괴를 불러올 금융 시스템을 구축했다. 2012년 1월 인플레이션 목표를 공식화한 이후로 절사평균 CPI로 측정한 평균 물가 상승률이 실제 2.07%였음에도 그들은 그렇게 일을 벌였다.

월스트리트 억만장자 기득권에게 겁을 먹고 움츠러들어서 그랬다면 그것만으로 충분히 나쁘다. 하지만 연준 수장들은 너무 지능적으로 자기기만에 빠져 문제를 문제라고 말할 수조차 없는 심각한 지경에 이르렀다. 주택가격이 과거 2004년에서 2007년 사이 폭등했었던 수준 그 이상으로 미친 듯이 치솟았는데, 이에 대해 2021년 4월자 연준 회의록에는 다음과 같은 미지근한 견해가 담겼다. "대다수 참석자는 주택 시장의 밸류에이션 압력이 다소 증가하고 있다고 언급했다." 당신이 생각해도 미지근하지 않은가?

미국 연방주택금융청FHFA이 발표한 최근 몇 달간의 주택가격지수

(600만 건 이상의 재판매 주택 거래를 기초로 한다.)는 전년 대비 15.7%가 올랐다. 이는 2005년 9월 그린스펀 시절 주택 거품이 절정이었을 때의 전년 대비 증가율 10.7%를 뛰어넘는 역대 최고치였다. 연준은 집단사고에 깊숙이 매몰된 나머지 자신들이 금융경제와 실물경제에 일으킨 인플레이션의 대폭풍을 인지하지 못했다.

주택 가격이 미국 전역 곳곳에서 폭발했다. 코로나19 팬데믹 기간 동안 도시 사람들이 우르르 몰려든 소도시와 지방의 집값이 특히 급등했다. 최근《월스트리트저널》은 이러한 현상을 두고 전국 방방곡곡에서 입찰 전쟁이 벌어지고 있으며 심지어는 펜실베이니아 주 앨런타운과 베슬리헴 같은 쇠락한 공장지대인 러스트 벨트Rust Belt에서도 주택 전쟁이 벌어졌다고 보도했다.

> 미국 최대 부동산 웹 사이트 리얼터Realtor.com의 자료에 따르면, 1982년에 가수 빌리 조엘이 자신의 노래를 통해 회상하기도 했었던 러스트 벨트 '앨런타운' 인근의 대도시 주택 1월 중위가격이 전년 대비 24% 올랐다. 테네시 주 내슈빌에서 240킬로미터가량 떨어진 마틴 같은 소도시도 159% 올랐다. 인디애나 주 포트웨인에서 약 50킬로미터 떨어진 켄달빌도 56% 올랐다.
> 베슬리헴을 포함한 앨런타운 도심지의 평균 집값은 1년 전만 해도 22만 5천 달러였다… 이후 27만 달러를 넘어섰다. 사람들이 오픈하우스*를 찾아다니느라 교통 체증이 생길 정도로 부동산 열기가 뜨

---

* 매수 희망자가 둘러볼 수 있는 집

거우며 매물이 나오면 48시간 이내에 팔린다.

부동산 시장 광란의 근원 중 하나는 초저금리 대출로 주머니를 두둑 채운 월스트리트 헤지펀드와 사모펀드의 큰손들에게 있다. 《월스트리트저널》은 베테랑 부동산 분석가 존 번스^{John Burns}의 말을 인용해 이렇게 밝혔다.

> 특히 털사와 앨런타운 지역에서 주택을 구매한 후 임대를 놓으려는 사람들의 현금 흐름이 활발해졌다. 존 번스의 조사에 따르면 2020년 4분기에 앨런타운에서 판매된 주택의 약 5분의 1은 투자자들이 구입했다.

뉴욕의 맨해튼과 샌프란시스코를 비롯한 몇몇 대도시를 빼고는 주택 매물 수가 만성적으로 부족하다는 점이 또 다른 원인이었다. 이런 상황에서 거래량이 폭등한 탓에 집값이 소득 증가 수준을 뛰어넘어 무섭게 상승하고 있다. 베슬리헴의 월별 주택 매물 수가 평상시 수준에서 65% 감소해 매수자들은 눈을 질끈 감고 값을 부를 수밖에 없다. 《월스트리트저널》은 다음과 같이 전했다.

> 매수자들은 즉각 결정을 내려야 한다는 데서 압박을 느끼는가 하면, 일부는 다른 매수 희망자에게 매물을 빼앗길까봐 집을 미리 둘러보지도 않고 계약한다. 베슬리헴 DLP 부동산캐피탈 부사장인 조너선 캠

벨Jonathan Campbell은 '매수자에게는 지금이 그 어느 때보다 절망적인 시기'라고 말했다. 현지 주택시장의 붐은 2000년대 중반을 능가한다.

주택 공급의 씨가 마른 원인 중 하나는 팬데믹이 몰고 온 정부 주도의 모기지 상환 유예 프로그램 때문이다. 특히 저가 주택 시장일수록 주택 공급의 상당 부분을 차지하는 압류 주택 물량이 감소했다. 또 다른 원인은 더 비싼 집으로 옮겨가는 사람들이 부족한 데 있다. 부동산 가치 사다리에서 높이 올라갈수록 가격은 엄두도 못 낼 만큼 비싸져서, 코로나19 봉쇄로 인한 혼란 속에서 사람들이 대도시를 대거 이탈해 외곽으로 이동했다. 그 바람에 주거용 주택시장이 뜨겁게 달아올랐다.

연준은 불난 집에 부채질 하는 격으로 금리를 낮게 설정하고 이것도 모자라 모기지 채권을 월 400억 달러씩 광적으로 매입해 안 그래도 낮은 금리를 더 낮추었다. 2007~2009년 주택시장 붕괴 직후 사투를 벌이던 시절에도 감히 상상할 수 없었던 수준의 붐이 일어났다. 그린스펀이 15년 전에 일으킨 위기보다 훨씬 더 통제 불능의 붐이 부활했다.

그들만의 인플레이션 조작법

현재 하늘을 찌르는 주택가격은 향후 수개월, 수년간 CPI와 PCE 디플레이터에 적어도 일부는 반영될 것이다. 골드만삭스는 주택가격 상승이 주거비에 미치는 파급효과에 대한 추정을 토대로 이렇게 예견한다. "CPI 항목 중 주거비 상승률이 2022년 말까지 연 3.8%씩 치솟고 2023년에는 과거의 어떤 경기순환에서도 볼 수 없었던 4%를 초과할 것이다."

이쯤에서 한 가지 의문이 든다. 연준과 정부 행정기관은 어떻게 물가지표를 조작했길래 인플레이션을 계속 부인할 수 있었을까?

3장 초반에 언급했듯, 1990년대 후반 보스킨위원회는 상품의 개선된 품질과 기능을 물가에 반영하기 위해 이른바 헤도닉 기법을 이용한 품질조정을 CPI에 도입했다. 물론 이 품질조정은, 더 빠른 컴퓨터 속도 같은 성능이나 자동차 에어백 같은 안전장치에 대한 관료들의 대략적인 추측을 바탕으로 소비자가 실제 지불하는 표시 가격을 낮추기 위한 것이다. 심지어 가격 변동폭이 상당히 클 때도 있다.

품질조정으로 인한 가격 변동폭이 가장 큰 품목 중 하나는 자동차다. 1971년에서 1997년 사이에 새로 출시된 자동차 가격이 매년 6.2% 가까이 올랐다. 하지만 품질조정이 기법이 도입되고부터는 가격이 꿈쩍도 하지 않았다. 어찌 된 영문인지 지난 23년 동안 연평균 증가율이 0.1%에 그쳤다. 물가 상승률이 충분치 않다는 연준의 주장이 이해가 갈 법도 하다. 노동통계국^{BLS}에 근무하는 관료들이 물가 상승분을 아예 소멸시켰던 것이다.

하지만 1억 명의 중산층 가정이 아등바등 먹고 살아가는 현실 세계에서는 전혀 그렇지 않았다. 지난 50년 동안 포드의 대표 차종 머스탱 쿠페^{Mustang coupe}의 표시 가격이 어떻게 변했는지 살펴보자.

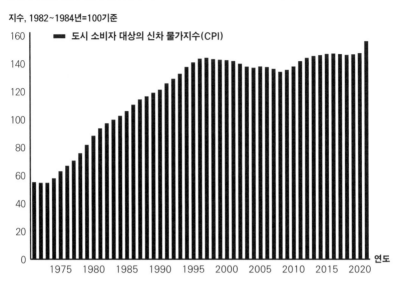

지수, 1982~1984년=100기준

■ 도시 소비자 대상의 신차 물가지수(CPI)

연도

출처: 노동통계국(BLS)

	1971년 머스탱	1997년 머스탱	2020년 머스탱
표시 가격	$3,006	$15,355	$39,880
구입을 위해 필요한 노동 시간 (시급)	835시간 ($3.60/시간)	1,228시간 ($12.50/시간)	1,597시간 ($24.97/시간)
노동자의 연간 노동 시간	1,908시간	1,800시간	1,778시간
구입을 위해 필요한 노동 개월 수	5.3개월	8.2개월	10.8개월

2020년 평균임금을 받는 근로자가 머스탱을 구매하기까지는 10.8
개월이 걸린다. 정부에 따르면 머스탱 가격이 23년 전에 멈추었다고
하지만, 10.8개월은 CPI에 헤도닉 기법을 도입하기 전 수준보다 32%
더 늘어난 기간이다.

15센트로 전락한 1달러

미국 경제를 매섭게 압도한 인플레이션을 이해하기 위해서는, 1971년 8월 리처드 닉슨^{Richard Nixon} 당시 대통령이 캠프데이비드 별장에서 달러와 금의 마지막 남은 연결고리를 끊은 현대 금융의 전환점을 짚고 넘어가야 한다.

금본위제가 폐지됨에 따라 달러 구매력이 극심한 타격을 입었다. 1971년 8월 기준의 1달러 가치가 오늘날로 치면 15센트에 불과하다. 이걸로는 종이컵에 담긴 커피는커녕 종이컵도 살 수 없다.

이것을 1970년대에 두 자릿수까지 치솟은 인플레이션율(누군가는 기억할 것이다)의 여파로 보기는 어렵다. 1980년까지만 해도 달러 가치가 금본위제 폐지 이전의 절반은 되었다. 하지만 금본위제 폐지 이후로 끝없이 곤두박질치기 시작했다. 달리 말해 달러 가치의 추락은 연준의 노골적인 인플레이션 친화 정책에 직접적으로 영향을 받은 것이다.

물가가 오르면 임금, 가격, 비용도 함께 보조를 맞추며 오르기 때문에 상관없다고 넘길 문제가 아니다. 시간이 경과하면서 임금, 가격, 비용의 상승률이 물가 상승률을 상당히 앞지를 때도 있지만 다른 어떤 것들은 매우 뒤처지기도 한다. 물가 상승률을 앞지르는 항목에는 부유층 자산이 있다. 물가 상승률에 뒤처지는 항목에는 은행 저축, 은퇴자의 고정 수입, 직장인 월급이 있다.

연준이 펴는 친인플레이션 정책의 향연 속에서 물가 상승률에 뒤처지는 경우들을 자세히 들여다보기 위해 제조업 종사자의 시간당 임금을 알아보자. 지난 50년간 실질 GDP가 4배나 증가했는데도 오늘날 제조업 종사자 임금 상승률(물가 상승 반영)은 50년 전인 1971년보다 6%나 낮다.

2장에서 보았듯 오늘날 평균 임금을 받는 근로자가 중위가격 주택을 구매하는 데 걸리는 시간은 8.08년으로, 50년 전 3.75년과 비교해 2배 이상 더 오래 걸린다.

지난 수십 년간 연준의 친인플레이션 정책이 몰고 온 극심한 불균형과 불공평은 많은 부작용 가운데 하나일 뿐이다. 나중에 보겠지만 잘못된 통화정책으로 인해 미국의 산업 경제를 중국 같은 저임금 국가로 이전한 오프쇼어링이 대대적으로 발생했다. 그러면서 중산층 임금 성장이 지지부진해졌고 전체 경제 성장이 저해되었다. 이와 동시에 수많은 돈이 실물경제에서 월스트리트 도박장으로 쏠렸으며 생산적 투자와 실질 성장이 약화되었다.

그러나 닉슨 전 대통령이 금본위제를 배신하기 이전의 경제 번영기가 꼭 이상적이지만은 않았다. 1971년 이전 브레튼우즈 체제의 금환본위제gold-exchange standard가 이론적으로 장점이 많기는 해도, 1914년 이전 금본위제gold standard를 역사적 성공으로 이끌었던 강력한 통제성이라는 특성이 결여되었다는 점에서 운용상 결함이 있었다.

닉슨 대통령과 금

우선 역사를 간략히 살펴보자. 1914년 이전 금화본위제 gold coin standard 하에서 미국 달러를 보유하거나 당좌예금에 달러를 예치해 둔 사람들은 온스당 20달러 67센트의 고정환율로 달러를 금으로 교환할 수 있었다. 결과적으로 정부의 통화정책이 금 보유량에 제한을 받았으므로 갑작스러운 통화 가치 하락은 막을 수 있었다.

하지만 제2차 세계대전이 끝나고 성립된 브레튼우즈 체제 Bretton Woods System 하에서는 민간인의 금 거래가 제한되었다. 금 태환은 정부와 중앙은행 사이에서만 가능했다. 얼마 지나지 않아 워싱턴은 (믿거나 말거나) 미국 정부가 자유진영의 군사 초강대국이자 소련의 팽창주의에 대항하는 패권국으로서 재무부의 금 확보에 대한 요구를 억제할 광범위한 권한이 있음을 알게 되었다. 따라서 동맹국들이 원하든 그렇지 않든 달러를 축적하라고 압력을 넣기 시작했다.

결국 미국 정부는 선을 넘어버렸다. 린든 존슨 Lyndon Johnson 대통령이 국방과 복지를 위해 재정 지출을 늘리는 '총과 버터' 정책을 펴자, 해외 각국에서는 달러 가치 하락을 염려하면서 항의하기 시작했다. 달러를 모으는 게 불안정하고 지속불가능하다는 이유에서였다. 미국은 브레튼우즈 체제에서 약속한 대로 심각한 경기침체를 감수하고서라도 해외 국가에 달러를 금으로 교환해줄 수도 있었다. 만약 그랬더라면 1972년 닉슨은 자신이 간절히 바란 대로 재선에서 압도적 표차로 승리하지 못하거나 어쨌든 정치 생명을 다했을지 모른다. 결국 정계에서 교활한 자로 소문난 트리키 딕 ^{Tricky Dick} *은 금본위제도를 파기하기에 이르렀다. 그다음 상황은 우리가 알고 있는 대로이다.

참으로 부조리한 역사가 아닐 수 없다. 금본위제를 버린 단 한 번의 결정적 실수가 1달러를 15센트 가치로 전락시켜 끔찍한 자산 인플레이션 시대로 우리를 인도했다. 이 쓰디쓴 여정의 중심에는 인플레이션을 만들기 위해 사기성 짙은 신용을 매월 1,200억 달러씩 창출하는 무능력 집단인 중앙은행이 있다. 경제와 고용 시장을 회복시킨다는 것이 정확히 무엇을 의미하는지는 모르겠지만, 여하간 그렇게 될 때까지 중앙은행은 화폐 발행을 멈출 생각이 없었다. 월간 인플레이션 수치가 하늘로 치솟은 막판까지도 말이다.

노동자, 컴퓨터 칩, 자동차, 온갖 수입품이 부족해서 물가와 인건비가 하루가 다르게 오르는 판국인데 실물경제에 연준의 화폐 공급이 왜 필요한가? 이미 금융시장은 연준이 바라고 바라던 투기 왕국이 되었는데 왜 더 많은 유동성이 필요하고 투기가 난무해야 하는가?

오늘날 연준과 이들을 추종하는 월스트리트 금융계의 주장과 달리, 1971년 이전의 경제 역사는 경제 성장과 번영을 가능하게 한다는 친인플레이션 중앙은행이 필요하지 않음을 명백히 증명한다. 또 1971년 이전의 경제는 화폐 가치가 본디 끊임없이 절하되지 않음을 우리에게 상기시킨다.

———

* '비열한 놈'이라는 뜻으로 닉슨 대통령을 조롱하는 별명

1921년부터 1946년 중반까지 25년 동안의 달러 구매력을 살펴보자. 그 사이에는 광란의 20년대, 쓰라린 대공황, 투입된 자본의 규모가 거의 2배나 커진 제2차 세계대전이 있었다. 그래도 1946년 달러 구매력은 전후 불황 기간 중 제1차 세계대전 인플레이션의 여파가 최악이었던 1921년과 같았다.

그 25년 동안 순 인플레이션율은 제로(0)였지만 1946년 평화로운 시기가 다시 찾아왔을 때 실질 GDP는 1921년 6월 때보다 207% 더 높게 유지되었다. 즉 인플레이션도 없이 GDP가 연 4.6% 성장했다는 뜻이다. 오늘날 경제학 관점으로 보면 경제적 열반에 이른 상태와 같다고 할 수 있다.

이를 두고 행여 누군가가 "1930년대 디플레이션 그리고 1945년까지 이어진 명령·가격 통제 하의 전시경제 때문이 아니었느냐"고 반문할 수 있다. 그렇다 해도, 케인스주의 중앙은행 사람들이 계속 주장한 바와 달리 인플레이션과 경제 성장은 같이 움직이지 않는다. 1921년 2분기에서 1929년 3분기 사이에 있었던 일이 이를 증명하는 좋은 예가 될 수 있다. 제1차 세계대전 이후 평화의 시기가 찾아왔을 때부터 1929년 10월 월스트리트가 붕괴하기까지의 시기를 살펴보자.

달러가 건전화폐이던 시절

경제 황금기에 실질 GDP가 62.5% 상승하는 동안에도 CPI로 측정한 물가 수준은 2% 하락했다. 즉 실질 GDP가 연 6.1% 성장했으며 물가가 연 0.25%로 완만하게 하락(디플레이션!)했다. 성장과 인플레이션 사이에 필립스곡선의 상충관계 따위는 없었다. 규모가 매우 작았던 당시의 연준이 중대한 실책을 여럿 범한 적이 있기는 했다. 1920년대 중반 이후 영국 파운드와 프랑스 프랑을 떠받치려한 시도로 인해 주식과 채권 시장이 과열되고 결국 무너진 사건이 그중 하나이다. 하지만 그 와중에 연준이 너무 적은 인플레이션에 안달복달한 적은 한 번도 없었다. 달러가 구매력을 유지하는 건전화폐일 수 있었던 비결은 바로 이것이다.

당시 연준의 주요 임무는 건전한 달러를 만드는 것이었다. 다음 도

■ **1921~1929년, 실질 GDP 성장 vs. 인플레이션**

출처: 전미경제연구소(NBER), 노동통계국(BLS)

표에서 볼 수 있듯 경기 호황은 연준의 어떠한 '개입'도 없는 자유시장에서 달성되었다. 당대 훌륭한 재무장관이었던 앤드류 멜런Andrew Mellon의 균형예산 정책은 오늘날 케인스주의자 정책과 비교하면 아마 긴축에 가까웠을 것이다.

나중에 자세히 다루겠지만, 2% 인플레이션 목표의 통화 체제는 제2차 세계대전 이전 경제에 대한 프리드먼과 그를 신봉한 버냉키의 잘못된 연구를 토대로 세워진 것이다. 두 사람은 1929년 이후 발생한 대공황만 연구했지, 그 이전 15년 동안 발생한 일은 무시했다. 1914년 11월에 창설된 연준은 그 15년 동안 제1차 세계대전 자금을 신속히 지원했다.

제1차 세계대전 비용을 조달하기 위해 발행된 대규모 화폐로 인해 전쟁 이후 1920년 6월에 인플레이션이 정점에 달했는데, 이때 달러 구매력이 51% 감소했다. 전후 연합국의 각 정보부는 떨어진 구매력을 회복시키는 데 전력을 다했다. 그러나 특히 유럽에서는 노동조합 결성과 사회주의적 정책 때문에 그 노력이 큰 성공을 거두지는 못했다.

어쨌든 각국 정부는 전쟁 중 발생했던 광란의 인플레이션을 제거해야 했다. 전쟁을 치르고 있을 당시의 각국 정부는 투자자나 일반 시민에게 전쟁 채권을 팔면서 전투가 다 끝나면 전쟁 이전의 금 평가gold parity 비율로 갚겠다고 약속했기 때문이다. 현대를 살아가는 우리에게는 이상하게 들릴지 모르겠지만 그 시절 정부들은 특히 돈 문제를 매우 신중히 다루었다.

1925년 당시 영국의 재무장관이었던 윈스턴 처칠Winston Churchill이 전쟁 전 파운드스털링당 4.85달러 교환 비율로 금본위제를 재개하려는 시도를 했는데, 이는 악명 높은 실수로 알려져 있다. 하지만 실수라는 관점은 금본위제에 반대하는 이론을 내세운 프리드먼과 버냉키가 강화한 케인스주의적 해석일 뿐이다. 실제로 1933년 6월 프랭클린 루스벨트 대통령이 내세운 뉴딜정책의 '100일 작전'이 실행될 즈음, 1920년 6월 60%까지 하락했던 달러 가치가 1914년 수준으로 순조롭게 회복되고 있었다.

프리드먼과 버냉키 같은 명목화폐 옹호자들은 달러 가치의 회복이 대공황 때문이라고 비난했다. 그들은 이러한 긍정적인 발전에 '디플레이션'이라는 경멸스러운 용어를 갖다 붙였다. 그러면서 1929년 주가 대폭락 이후 4년에 걸쳐 통화량과 은행 시스템상의 예금액(M1 화폐 공급)이 급격히 감소해서 생긴 문제라고 주장했다.

그들이 말한 대로 시중 은행의 예금액이 1929년 2분기에 주가 대폭락 이전의 기준치에서 1933년 4분기에 바닥을 칠 때까지 455억 달러에서 335억 달러로 26%가 감소한 건 맞다. 하지만 연준이 통화량과 지급준비금에 너무 인색하게 굴어서 발생한 문제는 아니었다. 같은 기간 대차대조표는 연 8.3% 비율로 47억 2,000만 달러에서 65억 달러로 오히려 확장되었다.

역사를 오인하다

앞서 보았듯 은행 시스템에서 벌어진 일의 원인은 대차대조표가 아니었다. 거세게 불어 닥친 부실 대출의 청산 바람 때문이었다. 미국이 세계의 무기고와 식량고 역할을 했던 제1차 세계대전 호황기 때 부실 대출이 많이 이루어졌다. 그리고 1920년대에 날로 번영하는 자국 수출을 지원하기 위해 월스트리트 금융가에서 세계 각국을 대상으로 오늘날 1조 5,000억 달러에 상응하는 금액을 대출해주었다. 또한 주식시장 붕괴 이전에는 무모할 정도로 주식담보대출이 폭발했다.

보통은 대출과 다른 자산이 청산되면 은행 예금 기반도 축소된다. 그렇다고 해서 거꾸로 은행 예금이 대출과 GDP를 견인하지는 않는다. 실제로 부실 대출이 청산되면 노동과 자본이 생산적인 부분에 활용되면서 경제 효율이 개선되고 경제가 성장한다.

여하간 버냉키와 그의 후계자들이 인플레이션이 더 필요하다고 주문을 외친 이유는, 프리드먼이 대공황의 원인을 역사적 사실대로 받아들이지 않았기 때문이다. 즉 프리드먼은 건전화폐의 금본위제가 2008~2009년 버냉키의 양적완화와 같은 활발한 머니펌핑에 족쇄를 채운다고 주장했다.

간추리자면 프리드먼이 디플레이션이라고 매도한 대공황은 1929~1933년 연준의 조치 때문이 아니었다. 자유시장에 자정 작용이 필요해서 일어난 일이었다. 특히 1929년 절정에 다다른 은행 시스템의 몸집과 과도한 신용 팽창이 크게 수축되었는데, 이는 비록 늦었을지라도 제1차 세계대전 자금 조달 과정에서 발행했었던 금융 인플레이션을 전통적인 방식으로 정화하는 과정이었을 뿐이다. 그 과정은 세계가 잘 알고 있었고 역사 속 여러 전쟁에서도 경험했던 바이다.

1929년부터 1933년까지 발생한 대공황은 중앙은행의 끊임없는 명목화폐 공급을 통해서만 치유될 수 있는 문제가 아니었다. 자본주의 경제는 스스로 디플레이션에 빠져 붕괴하지 않는다. 금으로 뒷받침되는 화폐 역시 생래적으로 경제 수축을 일으키지 않는다. 이러한 사실은 '만일을 대비한 목표치'나 '오차 범위'와 같이 허무맹랑한 근거를 들며 버냉키가 간사하게 내세워 오늘날까지 발목 잡히고 있는 인플레이션 목표치 2%라는 해묵은 개념을 반박한다. 자유시장 자본주의 경제는 그 자체로 돌이킬 수 없는 디플레이션 소용돌이로 빠지지 않는다. 따라서 인플레이션이 사실상 제로(0) 근처나 디플레이션 지옥으로 빠져들지 않도록 그 목표치를 2%나 그 이상으로 설정하는 중앙은행은 우리에게 필요가 없는 것이다. 디플레이션 지옥 같은 건 없다. 케인스 학설을 믿는 중앙은행이 자신의 입맛대로 지어낸 허구에 불과하다.

금본위제를 일시 중단하고 펼친 뉴딜정책은 건전화폐에 타격을 주었다. 1934년 초 루스벨트 대통령은 금 태환 비율을 온스당 20달러 67센트에서 온스당 35달러로 기록적으로 낮추며 달러 가치를 59%나 평가절하했다. 그리고 금과 금 증서를 가지고 있는 사람들에게 보증되지도 않은 미국 재무부 채권을 안겨주고 그 대가로 금에 대한 권리를 포기하도록 했다. 하지만 그즈음 대공황의 원인이었던 제1차 세계대전의 여파와 광란의 20년대가 막을 내렸다. 1932년 2분기에 바닥을 친 산업 생산은 그 후 정상적으로 회복세를 이어가다가 1935년 2분기까지 1929년 주가 대폭락 이전 수준으로 반등했다.

그러나 이것은 전국부흥청 NRA, 농업조정법 AAA, 공공사업청 PWA 등 세

글자로 된 루스벨트식 복구 노력, 즉 유난스러운 뷔페식 개입과 지출 때문이 아니었다. 뉴딜정책은 국가통제주의의 탈을 쓰고 도리어 살아 움직이는 실물경제를 구속했다. 그런 탓에 1933년 중반부터 1935년 중반까지 2년 동안 경제의 자연 회복을 지연시켰다. 1935년에는 루스벨트 대통령조차도 그러한 계획을 포기하고 더 파격적인 제2차 뉴딜정책으로 옮겨갔다.

제2차 세계대전 때도 연준은 정부의 차입비용을 낮추고 부채 부담을 덜어주기 위해 단기채는 0.38%, 장기채는 2.5%로 고정했다. 그러나 1951년 재무부-연준 협약 Treasury-Fed Accord 을 맺은 뒤 연준은 재무부의 통제에서 벗어나 통화정책을 운용할 수 있게 되었다. 그리고 재무부에서 그 협약을 이끌어낸 윌리엄 맥체스니 마틴이 연준 의장으로 취임했다.

파티가 한창일 때 펀치볼을 치우는 일

연준 의장이 된 마틴은 1962년까지 11년 동안 전후 인플레이션 없는 경제 번영의 초석을 깔았다. 실제 그 기간 동안 실질 GDP는 연간 3.3% 정도 건전하게 단계를 밟아 전체적으로는 44.2% 증가했다. 이와 동시에 연준의 대차대조표는 연 0.2%로 확대되며 거의 변하지 않았다. 이러한 점으로 미루어 오늘날 광적으로 화폐를 찍는 연준은 영원히 비난받아 마땅하다.

■ 1951~1962년, 실질 GDP 성장 vs 연준 대차대조표 성장

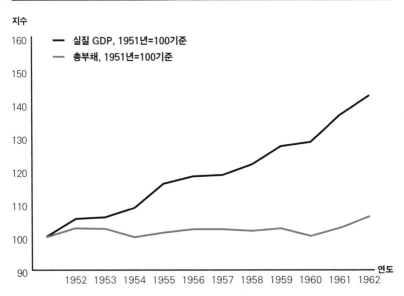

지수

— 실질 GDP, 1951년=100기준
— 총부채, 1951년=100기준

출처: 연준이사회, 경제분석국(BEA)

마틴은 이렇게 강조했다. "파티가 달아오를 때 펀치볼*을 치우는 것
이 연준의 역할이다!" 어쩌면 이 역할로 인해 마틴의 임기 동안 세 번의
짧은 경기침체가 일어났을 수는 있다. 하지만 진실은 제대로 들여다보
아야 알 수 있는 법이다. 그의 전체 임기 동안 경제성장률은 2007년 4
분기 금융위기 이후 화폐 제조기가 가동되고부터 나타난 1.5%의 시시
한 성장률보다도 2배나 더 높았다.

———

＊ 칵테일 담는 그릇

THE GREAT
MONEY
BUBBLE

5장

그 시절의 인플레이션

▼

그 후 1971년 8월 캠프데이비드 별장 사건이 일어나기까지 8년 동안 경제 흐름이 급변했다. 존슨 대통령은 '총과 버터' 정책을 추진하려 했고, 1961년도에는 백악관에 들어온 하버드 출신 케인스주의 경제학자들이 건전화폐와 마틴 연준 의장이라는 걸림돌을 가만 내버려두지 않을 생각이었다.

1965년 12월 베트남 전쟁과 '위대한 사회 Great Society'* 를 위한 재정이 과도하게 지출될 무렵, 존슨 대통령이 소위 '대책'을 마련하기 위해 텍사스 주에 있는 자신의 목장으로 마틴 의장을 불러들인 일화는 유명하다. 192cm 거구였던 존슨 대통령이 마틴 의장을 벽에 밀치며 연준의 호화로운 금융 지원을 살벌하게 독촉했다는 이야기도 전해진다.

---

* 빈곤 퇴치, 인종차별 철폐, 교육·의료 사회보장제도 강화에 중점을 둔 린든 B. 존슨의 사회정책 프로그램

안타깝게도 마틴 의장은 결국 대통령의 요구를 받아들인 것 같다. 그후 벌어진 일이 이런 추측을 방증한다. 1951~1962년에 걸친 마틴 의장의 집권 첫 11년과는 달리 다음 8년 동안에는 연준의 대차대조표가 해마다 6.2%씩 폭발적으로 부풀었다. 이것은 마틴 의장 임기에 발생한 1차 인플레이션 붐으로 번졌다. 실질 GDP는 연 4.2% 증가했고, 1953년 한국전쟁 휴전 후 대체로 멈췄던 소비자 물가는 연 3.5% 급등했다.

돌연 급등한 물가는 브레튼우즈 체제에서 금에 의지했던 달러를 파탄 직전까지 몰고 갔으며, 닉슨의 배신 즉 금본위제 폐지의 발판을 마련했다. 물가 급등의 기폭제는 단순했다. 연준은 존슨 대통령이 1965년부터 발생시킨 대규모 재정 적자의 일부를 화폐화했고 그 결과 내수 경기는 호황을 맞이했다. '버터(복지)' 장부 측면에서는 수입이 대거 늘어난 한편, '총(국방)' 장부 측면에서는 해외 군사작전과 워싱턴의 광범위한 네트워크에 속하는 국가들의 경제 지원 및 군사원조를 위한 달러 유출이 날로 급증했다.

결과는 불을 보듯 뻔한 일이었다. 1960년과 1965년 사이 상품·서비스 무역 흑자는 260억 달러로, 6년 동안 국방과 세력 확장을 위해 쓰인 263억 달러와 겨우 비슷한 수준이었다. 하지만 1965년 급속도로 확대된 베트남 전쟁에 더 많은 자금이 투입되고 위대한 사회 건설을 위한 지출도 가파르게 증가하자, 간신히 유지하고 있던 재정 균형이 깨졌다. 1966년에서 1972년까지 7년 동안 국내에 수입이 확 늘어나 상품과 서비스의 누적 흑자는 14억 달러로 곤두박질쳤다. 이에 반해 세력 확장을 위한 지출은 462억 달러로 눈덩이처럼 불어났다.

약 450억 달러의 격차는 결국 1965년 이후 해외 다른 나라들이 막대한 달러를 축적하는 결과를 낳았다. 이것은 미국이 해외 투자로 벌어들인 달러 수입과 좀처럼 균형을 이루지 못했다. 대부분은 미실현된 이익으로 미국으로 송환되지 못했던 까닭이다. 결과적으로 샤를 드골Charles De Gaulle 프랑스 대통령의 주도로 달러를 금으로 바꾸어달라는 해외의 압력이 거세졌다. 파장이 커지면서 텍사스 주자사 출신 당시 미 재무장관이자 이지머니easy money *를 신봉한 존 코널리John Connally는 동맹국들에게 "달러는 우리 화폐가 맞지만, 달러에서 발생하는 문제는 당신들이 해결해야 할 몫이다. Dollar is our currency but your problem"라고 위세를 부렸다.

본격적인 문제는 다가오는 1972년 선거에서 닉슨이 추악한 짓까지 서슴지 않고 재선에 성공하면서부터 생겨났다. 그러나 그 이전에, 화폐 인쇄기를 가동하라고 연준을 위협해 결국 건전화폐의 종말까지 불러온 근원은 재정을 물 쓰듯 썼던 냉전주의자 존슨 대통령과 그 세대였다는 점을 기억하자.

이어 악몽이 시작됐다. 닉슨이 재선되고 10년 동안 인플레이션이 거세진 것이다. 1975년에는 경제가 심각한 불황에 빠져 지지부진한 성장을 보였다. 이러한 붕괴는 1971년 중반부터 1979년 후반까지 연 8%씩 대차대조표를 확대한 연준에서 비롯되었다. 불운한 지미 카터Jimmy Carter 대통령은 인플레이션 폭풍을 진압하기 위해 마침내 폴 볼커를 연준 의장 자리에 앉혔다. 당시 폭풍이 얼마나 거셌는가는 1980년 4분기

---

* 나라에서 유동성을 풀면서 조달비용이 낮아진 자금

까지 9년 동안 연평균 8.3% 증가한 CPI를 보면 가늠할 수 있다.

이렇게 발발한 인플레이션은 CPI가 두 차례 정점을 찍으면서, 즉 1974년 4분기에 전년 대비 12.1% 증가하고 1980년 1분기에 전년 대비 14.6% 뛰어오르면서 그 어느 때보다도 심각해졌다. 이와 동시에 실질 GDP 성장률과 가계 소득 성장률이 10년 동안 급격히 둔화되었다. 1973년 2분기에 닉슨 붐이 발생한 후로 경제성장률은 연 2.5%에 그쳤다.

언론에서 '스태그플레이션stagflation'이라 일컫는 맹렬한 인플레이션과 부진한 경제 성장은 평균적인 미국 가계를 곤궁에 빠뜨렸다. 1954년부터 1973년까지 근 20년 동안 가계 중위소득은 3만 4,700달러에서 6만 2,150달러로 연 3.1%씩 눈부시게 증가했지만, 1983년까지 다음 10년 동안은 연 0.32%씩 감소한 것이다.

무엇보다도 외국에서 밀려드는 값싼 수입품을 통한 인플레이션의 압력을 완화할 장치가 없었다. 때문에 연준의 친인플레이션 정책은 실물경제를 삽시간에 파고들었다. 8%의 대차대조표 확대율은 8.3%의 평균 물가 상승률로 이어지면서 실질 GDP 성장은 주춤하고 가계의 실질 소득은 감소했다.

볼커 의장의 부재

공교롭게도 폴 볼커는 1979년 8월 연준 의장에 임명되고 나자마자 급한 불끄기에 나서야 했다. 정부에 휘둘리지 않고 지미 카터 대통령 때의 맹렬한 인플레이션과 로널드 레이건 대통령 때의 분출하는 재정 적자를 수용하지 않은 것은 볼커 의장의 주요한 업적이다. 그는 그칠 줄 모르고 팽창하는 연준의 대차대조표에 제동을 걸어 그 속도를 연 5%로 감소시켰다.

볼커 의장이 결단력 있게 인플레이션을 통제한 결과, 1981~1982년에 깊은 경기침체가 불가피하게 발생하긴 했지만 소비자 물가 상승률이 놀랄 만큼 낮아졌다는 사실을 기억해야 한다! 1980년 1분기에 14.6% 정점에 도달한 CPI는 1986년 4분기에 전년 대비 1.2% 밑바닥을 찍을 때까지 계속 하락했다.

인플레이션율이 마치 스키장 슬로프 정상에서 하강하듯 떨어진 것을 생각하면 놀라울 따름이다. 당시 인플레이션은 국가의 임금-비용-물가 구조에 너무 깊숙이 파묻혀 있었다. 때문에 인플레이션율이 장기간에 걸쳐 아주 더디게 완화될 수는 있겠지만, 1965년 수준인 연 1~2%대로는 떨어지지 않을 거라는 데 모두 의견을 모았기 때문이다.

하지만 볼커 의장의 퇴임과 동시에 건전화폐에 작별 인사를 고해야 했다. 그때부터 건전화폐는 워싱턴과 월스트리트에서 자기 잇속 챙기기 바쁜 집단이 흘려보내는 근거 없는 소문에 가려져 그 의미를 잃기 시작했다. 공화당의 미래 세대는 1980년대 경험을 다음과 같은 의미로 받아들였다. "적자는 그다지 중요하지 않고 또 적자는 인플레이션을 일으키지 않으며 재정 대책 없는 세금 감면은 레이건 집권 말기의 일명 '미국의 아침 Morning in America'이라는 낙관적 사회 분위기를 끌어냈다." 그들은 이렇게 믿으며 미국 민주주의 역사에서 공화당원이 맡아왔었던 건전화폐와 재정규율에 대한 파수꾼 역할을 내팽개쳤다.

곧 월스트리트 금융인들도 그린스펀의 '부의 효과 wealth effect' * 관련 정책을 지지하며 볼커의 엄격한 금융 준칙을 기꺼이 포기했다. 그린스펀은 소비자 물가 상승률이 완만하게만 유지된다면 (그러니까 물가측정 막대를 점점 짧게 만들어 인플레이션을 일부러 낮게 측정한다면) 자산 가격이 사실상 무한히 상승해도 괜찮다고 보았다. 그린스펀 의장 하에서 목표 인플레이션율은 비공식적으로 연 2~3% 수준을 유지했고, 이어 버냉키 의장 시절엔 2012년 1월에 공식 목표치 2%가 채택되었다.

타당한지 아닌지 도무지 알 수 없는 이 목표치는 미국 자본주의 번영에 참혹한 피해를 주었다. 워싱턴에서 가동된 지옥의 인플레이션 기계가 처음에는 소설이었다가 그 다음에는 소설이었으면 얼마나 좋았을까 싶은 논픽션으로, 종래는 거룩한 믿음으로 진화한 화근이 바로 이 근거 없는 목표치였다.

무엇보다도 1990년대에 '중국식 붉은 자본주의 China's red capitalism'라는 아주 괴이한 제도가 생기면서, 글로벌 경제와 금융 세계가 완전히 뒤엎어진 흐름이 위와 같은 잘못된 믿음에 가려져 제대로 인식되지 못했다. 말하자면 연준이 글로벌 경제에 달러를 쏟아 부은 덕에 중국의 가난한 소작농 수백만 명은 한순간에 농사를 포기하고 도시로 이동해 산업 근로자가 되었다. 이어 중국은 막대한 부채와 값싼 자본을 이용해 역사상 가장 어리석은 투자 잔치를 벌였는데 이에 관해서는 다음 장에서 살펴

---

* 자산 가격이 상승하면 소비가 늘어나는 효과

보기로 하자.

1971년 이후 명목화폐를 발행하는 선진국 중앙은행들의 운용 환경을 크게 바꾼 수출 중상주의 디플레이션 물결이 퍼졌다. 1990년대 중반 이전에 우리가 경험한 인플레이션은 어르신 세대의 인플레이션이라고 표현할 수 있다. 표면상으로 이 인플레이션은 프리드먼의 구시대적 견해인 '상품과 비교해 너무 많은 돈'의 이야기로만 보일 수 있지만, 실제로는 인플레이션 폭발에 근저에 깔린 중앙은행의 정책과 밀접한 관련이 있다.

더 구체적으로 설명하자면 미국은 1965년부터 1990년까지 대량의 산업재를 전 세계에서 가장 값싸게 생산하는 국가였다. 국내 생산 능력과 노동이 모두 국내에 흡수된 그 시절만 해도 증가하는 미국의 수요를 지금 수준 또는 그보다 더 낮은 가격으로 충족시켜주는 예비 해외 생산기지가 없었다. 이러한 상황에서 연준은 화폐를 공급함으로써 급속한 신용 팽창을 야기하고 수요 과잉을 부추겼다. 결과적으로 가격이 상승해 임금-비용-가격 사이의 끝없는 악순환이 내수 경제에 발생했다. 볼커 의장은 과거 긴축 정책을 추진해 이와 같은 악순환을 상당히 빠른 속도로 끊어냈다.

반면 1990년대 중반 이후 그린스펀 의장은 통화 부양책을 집행했고, 그 결과 유동성이 넘치다 못해 급기야는 다른 곳으로 새기 시작했다. 미국인들의 범람하는 수요가 중국의 새로운 저비용 수출 공장으로 흘러가 글로벌 디플레이션을 이끈 '중국의 물결 Red Tide'을 일으켰다. 그러면서 연준이 부풀린 임금, 비용, 가격은 예기치 못하게 시장에서 열위에 놓이며 경쟁에서 불리한 처지에 놓이게 되었다. 결국 1970년대 원자재와 소비재 가격의 동시 폭발은 공짜 점심이 아니었던 것이다.

따라서 긴축이 요구되는 시점이었다. 문제만 가중시키는 중앙은행의 통화정책을 수용해서는 안 됐다. 하지만 현실에서는 정반대의 상황이 전개되었다. 그린스펀은 지금 우리 눈앞에 벌어지고 있는 문제들을 일으킨 영원한 빌런이다. 그는 '디스인플레이션'* 이라고 하는 권모술수를 통해 1990년대에 건전화폐를 지켰었더라면 자연히 뒤따랐을 통화 수축을 가로막았다.

미국의 오프쇼어링

결국 미국의 과잉 수요는 미국 공업 경제를 해외로 이전하는 오프쇼어링으로 이어졌다. 오프쇼어링은 지속 가능한 경제 성장과 실물경제 번영을 저해한 한편, 중국의 생산 기지에서 디플레이션을 수입하는 저물가 시대를 이끌었다. 과거에는 인플레이션을 촉진하려 화폐를 찍어낸 연준의 정책이 재화와 서비스 가격을 표상하는 실물경제에 영향을 미쳤다면, 저물가 시대에 들어서고부터는 자산 투기로 오염된 금융시장 카지노에 영향을 미쳤다.

연준이 쏟아낸 화폐의 여파가 실물경제에서 금융시장으로 옮겨간

---

* 인플레이션이 꾸준히 하락한다는 의미

사실은 다음의 두 가지 커다란 거짓말을 낳았다. 첫째, 중앙은행은 물가를 유지한 채 돈을 무제한으로 찍어낼 수 있다. 이유는 인플레이션을 '상품과 비교해 돈이 너무 많은 현상'이라고 표현한 프리드먼의 견해가 시대에 맞지 않기 때문이다. 둘째, 자산 거품은 현실적이고 지속 가능하며 자본주의가 다시금 번영하고 있다는 사실을 암시한다.

물론 둘 다 거짓말이다. 그러나 이 거짓말은 비선출직 경제학자, 은행원, 중앙은행 운영 관료들이 금융의 신으로 등극하는 기반을 마련했다. 건전화폐의 법칙들을 모조리 없앤 중앙은행은 하루아침에 전지전능해졌고, 이에 따라 워싱턴의 정치인이나 월스트리트 금융인도 건전화폐의 법칙을 멀리해야만 자신들의 목적을 달성할 수 있다고 생각하게 되었다. 부채가 저렴해지면서 정치인들은 정부 적자재정을 손쉽게 운용할 수 있게 되었는가 하면, 자산 가격이 치솟으면서 거래자와 투기세력은 이루 말할 수 없을 정도의 횡재를 누렸다.

공짜 점심은 없다. 걷잡을 수 없게 늘어난 빚과 투기성 도박이 창출해내는 부는 지속가능하지도, 공평하지도 않다. 불행하게도 방탕의 대가는 미래로 연기되어 오랫동안 감추어질 수도 있다. 1995년부터 2019년까지의 '대인플레이션 안식년'이 바로 그러한 기간이었다.

대인플레이션 안식년

이제 본질로 돌아가 1970년대 상품·서비스 인플레이션이 어떻게 지난 몇십 년간 맹렬한 자산 인플레이션으로 변질되었는지 알아보자.

1970년대에 노동비를 포함한 국내 생산비가 폭발적으로 증가해 미국 경제가 해외 저비용 생산국들의 공격에 노출되었다. 중국이 수출 기계의 모습을 완벽히 형성하고 존재감을 드러낸 건 1990년대 중반 이후였다. 그러나 1971년부터 1995년 사이, 명목화폐가 미국에 도입된 첫 25년부터 미국 노동자 계층과 산업 기반의 위기는 본격화되었다.

1970년대에 뜨겁게 달아오른 인플레이션과 그린스펀 초창기에 들끓은 디스인플레이션이 미국의 끔찍한 노동비 폭발을 부채질했다. 1972년 1분기와 1995년 1분기 사이 국내 단위노동비용은 누적 기준 178%나 급증했다.

심지어 중국의 지도자 덩샤오핑鄧小平이 소작농 수천만 명을 광둥성과 같은 광활한 지역에 지어진 새 수출 공장들로 몰아넣었을 때도, 미국의 재화 생산비는 23년 동안 매년 4.5%씩 꾸준히 증가하고 있었다. 이러한 현상은 미국의 생산 업체가 중국으로 공장을 이전하거나 중국에서 생산물을 공급받는 강력한 유인으로 작용했다. 오늘날 기술 강자 애플Apple은 그에 대한 살아있는 증거라고 할 수 있다.

미국의 임금률과 생산비의 급격한 상승은 노동자들에게도 전혀 이로울 게 없었다. 같은 23년 동안 물가 상승이 반영된 시간당 평균 임금은 실제 17% 하락했다. 다음 도표에서 볼 수 있듯 급증하는 단위노동비용 그래프와 급감하는 실질 임금 그래프의 참혹한 X 패턴을 유발한 정책보다 더 해로운 정책은 없을 것이다. 이렇게 미국 산업 노동자들의 삶이 무너지게 된 것은 자본주의, 자유무역, 탐욕 그득한 기업 경영진,

심지어는 중국 공산당의 사악한 무역정책 조작단 때문이 아니었다.

그것은 연준의 소행이었다. 연준은 1970년대에 처음으로 미국 경제를 팽창시켰고 그후 그린스펀 의장 때는 미국 산업의 일자리를 유지하고 노동자의 실질 임금을 보호할 수 있었던 국내 생산 비용의 수축을 막은 것이다.

1987년 6월과 2000년 초 사이에 그린스펀과 그의 동료들은 무모하게도 연준의 대차대조표를 2,700억 달러에서 약 6,100억 달러로 불필요하게 확대했다. 그 바람에 국내 인플레이션은 끊임없이 활개를 치게 되었다. 1971년 6월에서 1987년 6월 사이에 180% 급등한 국내 CPI가 어

■ 1972~1995년, 시간당 실질임금 vs 단위노동비용

출처: 노동통계국(BLS)

떻게든 낮아져야 하는 상황에서도 연준은 그렇게 되지 못하게 막았다.

CPI는 1987년 8월 그린스펀이 연준에 합류한 시점부터 2000년 3월 닷컴버블이 정점에 달할 때까지 연 3.3%, 총 80% 상승했다. 2000년 3월 국내 물가 수준은 1971년 중반 때보다 통틀어 322% 높았다. 그러니까 명목화폐 도입 첫 29년 동안 연준은 엄청난 규모의 화폐 타락을 조장했다. 연준은 달러를 금으로 바꿔달라고 요구하는 일반 시민이나 외국 정부의 요구는 무시한 채 원하는 만큼 달러 부채를 생산해도 되겠다고 판단한 후로, 달러의 구매력을 그야말로 깔아뭉갰다. 그린스펀 본인은 영웅답게 인플레이션을 제압했다고 주장하지만 말이다.

설상가상으로 연준에 자문을 제공하는 케인스주의 경제학자들은 지난 30년 동안 322% 급등한 물가는 다시 떨어질 수 없다고 주장했다. 임금을 '경직적'으로 보는 고리타분한 이론서에 따라 현대 자본주의 경제에서 물가가 일정 범위를 벗어나게 되면 다시 하향 조정될 수 없다는 근거에서 그들은 그렇게 우겼다.

여기에 내재된 의미는 두 가지이다. 첫째, 일단 인플레이션이 실수로 발생하면 이전 수준으로 돌아갈 수 없다. 둘째, 연준은 내수 경제를 강력히 '부양'하는 마법 같은 처방을 통해 세계 시장에서 무너진 자국 경쟁력을 보상해야 한다.

인플레이션은 돌이킬 수 없는 문제라는 생각은 옳지 않으며, 연준은 경제를 부양해야 한다는 생각은 더더욱 얼토당토않다. 연준이 어떤 속박도 받지 않은 채 경제와 인플레이션을 계속 부양해 900억 달러였던 대차대조표가 지난 30년에 걸쳐 6,100억 달러로 팽창했는데도, 1971년에서 2000년 사이 미국 노동자의 실질 임금은 여전히 17% 감소했다!

임금과 가격이 꿈쩍도 않는다는 주장은, 제2차 세계대전 직후 수십 년 동안 철강, 자동차, 화학, 섬유 등 중공업 분야의 준독점 노조들이 임금률을 정한 시절에만 적용되는 이야기였다. 하지만 그린스펀이 연준 의장을 맡았을 때는 이미 산업 노조가 와해된 후였다. 이를테면 1980년대 이후 연간 생산량이 수백만 대에 달하는 자동차 공장들이 지어졌는데, 이는 노동권법 Right-to-Work law * 이 제정된 테네시, 앨라배마, 켄터키, 사우스캐롤라이나, 텍사스 등 몇몇 주에만 해당하는 이야기였다.

전통 산업 노조가 지나치게 높은 명목 임금률을 삭감하고 복지를 축소하는 것에 반기를 들었을 때 그린스펀이 통화 수축 정책을 실제로 이행했다면, 산업 생산은 노동권법의 보장을 받아 저비용 생산이 가능한 주(주로 공화당 텃밭)로 빠르게 이전되었을 것이다. 차라리 이렇게 국내에서 반인플레이션적 정책을 펼치는 편이 미국의 산업 기반을 국가의 통제와 보조 밑에 놓인 중국 공장으로 탈출시키는 것보다 더 바람직한 선택이 아니었을까?

더구나 그린스펀의 연준이 추진한 친인플레이션 실책은 결국 미국 바깥으로 뻗어나갔다. 세계 시장에 달러가 범람했고 이 과정에서 인플레이션과 미국의 산업 경제가 모두 수출되었다.

프리드먼이 닉슨의 브레튼우즈 체제의 파기 결과로 등장할 것을 확신했던 정직한 환율 시장이었더라면, 중국으로의 대대적인 오프쇼어

---

* 노동조합에 의무적으로 가입하는 것을 금지하는 미국 법

링은 실제와 정반대 결과를 낳았을 것이다. 또한 정직한 환율 시장이었더라면, 미국과 다른 선진국에 홍수처럼 밀려든 중국산 제품은 실제 일어난 중국의 막대한 무역 흑자뿐만 아니라 이를 넘어서 위안화 가치 급등까지 야기했을 것이다. 결과적으로 중국은 1995년에서 2007년 사이 산업 강국으로 급부상하는 데 타격을 받았을 것이다. 미국 내 중국 수입품 가격이 비싸졌다면, 중국 공급자의 매력이 국내 공급자에 비교해 반감되었을 것이기 때문이다.

중국식 자본주의

브레튼우즈 체제의 후속 협정인 스미소니언 협정Smithsonian Agreement이 1973년 파기되었는데도 클린플로트clean float*는 없었다. 해외 중앙은행들은 자국 정부의 명령에 따라 통화 가치를 낮게 유지해 수출 산업이 유리해지도록 외환시장에 깊숙이 개입했다. 이러한 더티플로트dirty float** 중상주의는 일본, 한국, 타이완 등을 주도로 아시아의 표준이 되었다.

새롭게 떠오른 베이징의 붉은 자본가들도 아시아 수출 모델을 전적으로 채택했다. 중국은 그린스펀이 초래한 달러 홍수와 초기 무역에서 축적한 무역 흑자에 대응해 1993년 11월 환율을 달러당 약 8.30위안으로 다시 고정시키고 2005년까지 이 수준을 유지했다. 물론 이 믿을 수

---

* 완전 자유변동환율제
** 통화당국이 환시장에 개입하는 환율제

없는 환율 조작 과정에서 단단히 고정된 위안화 환율을 유지하기 위해 중국인민은행 PBOC 은 수조 달러를 퍼내야 했다.

내막을 들여다보자. 중국의 외환보유고는 1995년 1,500억 달러에서 2008년 1조 7,000억 달러까지 치솟았고, 2014년에는 4조 1,000억 달러에 도달해 정점을 찍었다. 중국의 외환보유고가 급증하면서 이에 대한 상호 작용으로 미국 산업 경제가 침체되었고, 미국 내 서비스 물가는 오르는데 재화 물가는 내려가는 물가 분할 현상이 나타났다.

훨씬 더 심각한 사태도 발생했다. 중국인민은행 대차대조표의 자산에 미국 재무부 채권을 비롯한 달러가 급속도로 불어나면서 부채도 덩달아 폭증했다. 중국인민은행이 달러를 사들이는 동시에 자국 금융 시스템에 위안화를 공급해 이지머니를 푼 것이다. 듣도 보도 못한 일이 벌어진 것이다.

영향력이 막강한 중국 중앙은행이 자국 경제에 돈을 쏟았다는 이 대목을 주의 깊게 봐야 한다. 규모만 거대하지 상대적으로 활력도 부족하고 먹고 살기 팍팍한 경제에서 탈피하기 위해, 중국은 값싸고 풍부한 자본을 이용해 현대식 도구와 생산 기술, 최신식 공장과 생산 인프라에 투자할 자금이 필요했다. 그린스펀 의장은 그들이 절실하게 바라던 자금을 막대한 달러 준비금 형태로 거저 줌으로써 중국이 값싼 위안화를 통해 대량 생산을 할 수 있도록 도운 셈이다.

이처럼 어마어마한 달러 외환보유고가 없었다면, 중국의 머니펌핑은 자국 내 인플레이션 폭발로 이어졌을 것이다. 과거 독일의 바이마르 공화국 시기처럼 어떤 것에도 뒷받침되지 않던 통화의 팽창이 언제나 인플레이션을 일으켰듯 말이다. 중국식 자본주의의 부상도 환율 약세에 따른 수입품 가격 상승에 타격을 받아 순식간에 멈춰 섰을지도 모를 일이다. 너무 비싼 원재료와 중간재 부품 탓에 새로운 세계 공장이 모습을 감췄을 테니 말이다.

어리석게도 그린스펀은 글로벌 경제를 잉여 달러로 범람시켜 중국이 위와 같은 문제를 모면할 수 있도록 해주었다. 한 발짝 더 나아가 환율까지 고정해 둔 중국인민은행은 자국에서 불필요하게 넘치는 달러를 위안화로 바꾸었고, 얼마 지나지 않아 중국 은행 시스템과 신용 시스템의 고삐를 풀었다. 풀어도 너무 풀어 버렸다. 가계와 기업, 정부 등 중국의 비금융 부문 총 부채는 1995년 5,000억 달러에서 2006년 3조 9,000억 달러로 증가했고, 2014년에는 22조 9,000억 달러, 2020년에는 42조 5,000억 달러로 급증했다. 불과 25년 만에 85배나 증가한 역사상 신기록을 세웠다.

미국의 케인스주의 경제학자들은 '플라이오버 아메리카flyover America'*라 불리는 미국 전역 곳곳의 낙후된 산업지대를 야기한 연준의 과실을 감추는 데 전력을 기울였다. 케인스주의자들이 금융 부채까지 포함해 약 50조 달러에 이르는 중국 내 부채를 천하태평하게 지켜보는 가운데, 워싱턴 의원들 사이에서는 이런 이야기가 돌았다. "중국 정부가 외환에 심하게 개입해 '외환보유고'를 축적하는 건 '외환위기'로부터 환율을 보호하기 위함이다."

---

* 비행기가 타고 갈 때만 지나치는 쇠락 지역

이는 협잡에 불과하다. 명목화폐의 변동환율제 세계에서 외환위기는 있을 수 없는 문제이고, 따라서 외환보유고도 필요 없다. 프리드먼의 견해에 따라 신선한 사과나 원유를 파는 시장이 가격메커니즘에 의해 원활히 움직인다고 하는 것처럼 외환시장도 그래야 한다. 주기적으로 발생하는 외환위기와 고정환율제를 방어할 외환보유고 대신, 환율 변동의 폭이 심하더라도 변동환율제만 시장에 존재해야 한다.

역설적이게도 외환보유고는 금이나 금으로 태환 가능한 화폐가 국가 간 결제 자산 기능을 했던 건전화폐 세계의 구시대 흔적이다. 변동환율제 체제에서는 안타깝지만 확정된 국제수지란 있을 수 없다. 각국 경제는 외환 보유고의 흐름이 아닌 환율의 변동을 토대로 조정된다. 준비자산은 더티플로트 시장에서 고정 환율을 방어하려 시장 결과를 조작할 때만 적합하다.

환율 조작의 스모킹건

대중 강경파와 보호무역주의자들은 베이징의 환율 조작을 늘 비난해왔다. 중국이 환율을 심하게 조작하는 바람에 중국인민은행 대차대조표에는 놀랍게도 4조 1천억 달러에 달하는 초과 준비금이 쌓여있었다. 엄연히 말해 이것은 중국의 엄청난 환율 조작을 단적으로 보여주는 스모킹건인 셈이다.

그러나 중국이 혼자 일방적으로 이런 일을 벌인 건 아니었다. 연준이 달러를 넘치도록 찍는 사이 중국은 그 달러를 죄다 벌어들이고 있었다. 프리드먼의 자유시장 변동환율제 하에 이런 일이 벌어졌다면 위안화 대비 달러 환율 급락이라는 결과가 나왔을 것이다.

중국 입장에서 자유시장은 세계의 공장을 통해 얻은 위상을 유지할 수 없게 가로 막는 장애물이었다. 따라서 중국은 자유시장을 받아들일 수 없었다. 공산당 지도부는 연준이 인쇄한 달러를 흡수해 그만큼 위안화로 다시 인쇄했고, 축적한 거액의 달러를 중국인민은행과 여타 국가 기관의 대차대조표에 따로 빼두었다.

중국의 조치는 파괴적인 인플레이션 공생 시대를 이끌었다. 연준은 중국을 비롯한 다른 저비용 생산국에 인플레이션을 수출했고, 그 결과 미국 내 인플레이션이 너무 낮다는 이유로 압도적인 금리 억제 정책이 정당화되었다. 이로써 부채를 좋아하는 워싱턴 정치인과 월스트리트 투기자 들의 꿈인 나쁜 돈이 흐르는 경제 체제가 실현되었다.

결국 연준에서 가동된 지옥의 인플레이션 기계는 중국의 '기적'으로 불리는 괴이한 중국식 자본주의 경제 역사를 탄생시키는 데 이바지했다. 하지만 부채에 파묻힌 중국 경제는 기적이라고 할 수 없다. 그저 폰지사기극에 불과하다. 중국은 경제적이지도 않고 긍정적인 현금 흐름을 창출하지도 않는 투자의 자금을 마련하기 위해 훨씬 더 많은 부채를 투입해야만 살아남는 성장 기계나 마찬가지다. 철저히 인위적이고 온당치 못한 투자에 의해서만 성장하는 국가다.

1995년 이후 중국의 통화 공급은 어마어마하게 증가했다. 중국인민은행이 그린스펀의 머니펌핑에 탄력 받아 국내 은행 시스템에 돈을 공급함으로써, 중국의 협의통화(M1)가 2005년까지는 340%, 2013년까지는 1,280%, 2018년까지는 충격적이게도 2,200% 증가했다. 지난 23년 동안 연 15% 가까이 증가한 셈이다.

이를 통해 중국의 산업 경제 수준이 어떻게 어린이 수준에서 어엿한 성인으로 성장할 수 있었는지를 알 수 있다. 50조 달러의 부채를 진 덕에 논두렁과 소작농이 이끌던 농업 경제는 하룻밤 새에 15조 달러의 산업 경제로 탈바꿈할 수 있었다. 1995년에서 2020년 사이 중국의 명목 GDP는 1,900%, 연간으로는 약 13% 성장했다. 반면 같은 기간 미국의 명목 GDP는 177%, 연간으로 치면 겨우 4.2% 증가한 데 그쳤다.

■ **1995~2018년, 중국의 통화 공급 증가율**

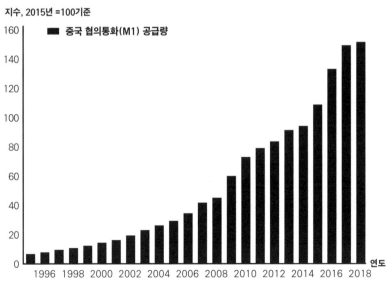

지수, 2015년 =100기준

■ 중국 협의통화(M1) 공급량

출처: 국제협력개발기구(OECD)

6장

1995년 이후 분할된 인플레이션

▼

　미국 산업 경제의 국면이 전환된 시점은 1995년이었다. 이때부터 오프쇼어링이 대대적으로 시작되어 외국에서 생산된 값싼 재화가 물밀듯 미국에 들어온 것이다. 내구재 생산과 소비 추세만 조사해 보더라도 이 흐름을 파악할 수 있다.

　1972년 미국은 2012년 달러 가치 기준으로 2,060억 달러의 내구소비재를 생산했고 1,710억 달러만큼 소비했다. 이때까지만 해도 미국은 무역수지 흑자국이었다. 하지만 그 후 1995년까지 23년에 걸쳐 무역수지는 내내 적자를 기록했다. 해당 기간 내구소비재 생산은 연평균 2.3% 성장률을 보이며 3,530억 달러로 증가한 반면, 소비는 실제 연평균 4.3% 성장률을 나타내며 4,470억 달러로 늘었다.

　1995년 이후에는 세계 경제의 흐름이 몰라보게 뒤바뀌었다. 중국이라는 수출 거인 덕택에 미국 소비자들은 값싼 내구재를 마음껏 사들였다. 실제로 2021년 1분기 기준 연간 소비액은 2조 4,100억 달러에 달할 것으로 추정된다. 다시 말해 1995년부터 2021년까지 26년 동안 연간 소비 성장률이 무려 6.7%에 달했다. 자그마치 2조 달러 가까이 증가한 셈이다. 이 대목에서 중국과 동아시아로부터 저렴한 물건이 얼마나 많이 유입되었는지를 파악할 수 있다.

반면 미국 국내에서 생산된 내구소비재의 성장은 제자리걸음이었다. 2012년 달러 가치 기준으로 1999년 3분기에 4,550억 달러로 증가한 국내 내구소비재 생산액이, 2021년 1분기에는 겨우 4,620억 달러 수준에 머물러 사실상 성장이 정체되다시피 했다. 실제로 1995년부터 2021년까지 26년 동안 국내 생산 성장률이 연간 1%에 불과했다. 국내 생산 증가액이 1,080억 달러밖에 되지 않는 상황에서 국내 지출 증가액은 그것의 20배나 달했다. 그만큼 1995년 이후의 미국 소비자들은 마치 오늘만 사는 사람처럼 중국에서 들여온 내구재를 마구 사들였다는 뜻이다.

미국인들의 엄청난 소비 탓에 미국 무역수지는 깊은 수렁에 빠졌다. 1971년 전까지만 해도 미국은 안정적이고 지속가능한 경제 체제 아래에 무역수지 흑자를 유지했다. 그러나 1971년부터 1995년까지 즉 금본위제도가 폐지되고 달러가 명목화폐로 떠오른 첫 25년 동안, 저가 제품을 생산하는 아시아 생산기지들이 부상하면서 무역수지 적자 폭이 점차 커졌다. 1995년에 들어서자 그 실적이 급격히 나빠졌다. 2020년에는 연간 무역수지 적자가 무려 1조 달러였다.

자유무역주의자는 이러한 무역적자 사태가 애덤 스미스^{Adam Smith}의 비교우위론이 작용해 순리대로 일어난 현상일뿐 그리 심각하게 여길

■ 1947~2021년, 미국의 무역수지

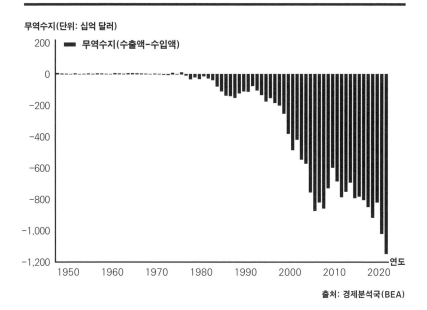

무역수지(단위: 십억 달러)

■ 무역수지(수출액-수입액)

출처: 경제분석국(BEA)

것 없다고 당신을 설득할 것이다. 과연 사실일까? 가당찮은 소리이다. 무역적자 폭이 왜 그토록 심하게 벌어졌겠는가? 바로 그린스펀이 연준 의장에 취임한 후 34년 동안 돈을 사정없이 찍어냈기 때문이다. 여기 서 우리는 불건전한 통화가 국제 자유무역의 건설적인 작동 원리를 해 치고 경제 발전에 악영향을 준다는 사실을 명백히 알 수 있다.

이러한 연준의 통화정책으로 인해 1980년대 인플레이션 때와는 정 반대의 결과가 나타났다. 1995년 이후는 연준이 무분별한 화폐 발행을 일삼은 시기로, 오늘날 걷잡을 수 없는 글로벌 인플레이션의 근원이 되 었다. 인플레이션이 길게 잠자고 있던 이 시기 동안 연준발 상품·서비스 인플레이션이 세계 각국으로 수출되었고, 실물경제에서 가장 생산성이 뛰어난 산업이 해외로 빠져나갔다. 하지만 지금, 잠자고 있던 인플레이션이 깨어나고 있다.

객관적인 데이터가 미국 경제에서 생산성이 가장 높은 산업의 현실을 여실히 보여준다. 1979년 일자리가 2,520만 개로 정점을 찍은 후 높은 임금과 생산성을 자랑하는 제조업, 유틸리티 및 에너지업, 광업과 같은 산업의 고용률이 눈에 띄게 줄었다. 해당 산업의 근로자 임금 지급액도 사라진 일자리 500만 개만큼 감소했는가 하면, 근로시간 지수도 23%나 낮아졌다. 더구나 고용이 25% 가까이 줄어든 것은 자신의 일자리를 가까스로 지키고 있는 근로자들에게도 좋을 게 하나도 없었다. 1979년 1분기에 26달러 15센트였던 시간당 평균 임금(구매력 반영)이 오늘날에도 고작 26달러 45센트에 머물렀다.

다시 말해 42년이 흘렀어도 미국에서 생산성이 가장 뛰어나다고 알려진 산업의 근로자 임금조차 과거보다 겨우 30센트 더 많은 꼴이라는 뜻이다. 두말할 필요도 없이 이 처참한 현실은 명목화폐 시대 중앙은행의 권리에 숨은 병폐를 드러낸다. 하지만 이보다 더 불편한 진실이 있다. 최근 수십 년간 미국 산업 경제의 추락이 로플레이션이라는 연준의 새빨간 거짓말을 뒷받침하고 있다는 것이다.

로플레이션 시대가 거짓말이라는 주장에 대한 결정적 증거는 이렇다. 1995년 전환점 이후, 미국 인플레이션은 연준이 선호하는 물가 지표인 PCE 디플레이터로 측정되는 바람에 서비스와 내구재 물가의 움직임이 갈라져 왔다. PCE 디플레이터의 서비스 지수는 매년 2.52%씩 증가해 왔다. 1995년의 달러 가치를 기준으로 볼 때, 1달러로 오늘날 52센트 상당의 국내 서비스만 이용할 수 있는 셈이다.

이와 대조적으로 PCE 디플레이터의 내구재 지수는 해마다 1.83%씩 감소하고 있다. 즉 마찬가지로 1995년 달러 가치를 기준으로 보면, 1달러로 오늘날 1.61달러 상당의 재화를 구매할 수 있다. 그런데 여기서 중요한 사실은 대부분 재화가 중국, 베트남, 멕시코 등지에서 생산된 값싼 내구재라는 것이다. 다시 말해 연준이 내리 외친 초저물가시대는 통계의 함정이자 사악한 거짓말에 불과하다. 1995년 이후 서비스와 재화 다 합친 PCE 디플레이터가 매년 1.78%밖에 안 오른 것은 통계상 요행에 지나지 않는다. 연준의 무차별적 통화정책에서 나온 고약한 결실인 값싼 중국산 제품의 쓰나미는 디플레이션 폭풍을 함께 몰고 왔으며, 이 사실만으로 PCE 디플레이터는 인플레이션 목표치 2%를 약간 밑도는 마법의 수치를 보였다.

값싼 중국산 제품을 마음껏 소비한 대가

연준이 고집한 2% 인플레이션 목표치는 교묘한 술수였다. 연준이 영향을 미칠 수 있는 내수 서비스의 물가 상승률은 지난 30년 동안 목표치 2%를 거의 매년 초과했다. 중국의 값싼 물품이 언제까지 지속될 수만은 없을 것이다. 그 시점이 바로 코앞으로 다가왔다. 다음 페이지에서 살펴보겠지만, 중국에 생산기지를 둔 글로벌 공급망의 생산 비용

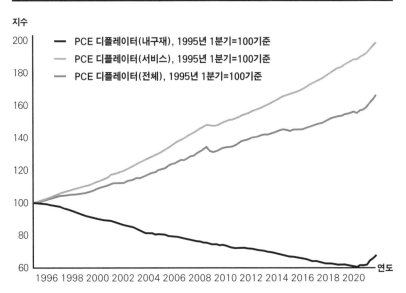

지수

- PCE 디플레이터(내구재), 1995년 1분기=100기준
- PCE 디플레이터(서비스), 1995년 1분기=100기준
- PCE 디플레이터(전체), 1995년 1분기=100기준

출처: 경제분석국(BEA)

과 제품 가격이 오른 탓에 1995년부터 2019년까지 이어져 온 '대인플레이션 안식년'은 이제 끝나가고 있다.

앞서 언급된 내용을 다시 정리해보자. 1972년 이래로 연준이 추진한 정책 덕택에 지금 우리는 1달러가 15센트짜리로 전락한 위기에 직면했다. 말하자면 자산 가격이 위태로운 수준까지 치솟은 것은 물론, 한때 낮게 유지되었던 상품과 서비스 물가는 더 크게 폭발할 기미를 보이고 있는 것이다.

위급 상황에도 불구하고 워싱턴 중앙은행과 월스트리트 금융가는 이 일을 그저 방관하고 있다. 1987년 8월 이후 그린스펀 의장의 주도

하에 벌어진 8조 달러의 화폐 발행 사기 덕에 쉽게 돈 벌 수 있는 시대가 열렸다는 어리석은 희망만 품은 채 말이다.

하지만 그런 시대는 이제 완전히 막을 내렸다.

대인플레이션의 안식년이 끝나다

경제학 박사 학위가 없더라도 1990년대 중반 이후 미국 경제가 좋지 않은 쪽으로 눈에 띄게 달라졌다는 사실은 쉽게 이해할 수 있다. 직접 데이터를 통해 확인해보자.

요컨대 1990년대 연준에서 비롯된 기술주 호황세가 2000년 봄 닷컴 버블 사태가 발발하면서 꺾이자 미국의 산업 생산은 정체되었다. 그후 가구의 실질 중위소득 증가율이 급격히 둔화되는 극적인 변화가 일어났다. 그 증가율이 1954~1999년에는 연 1.8%였다면 지난 20년 동안은 0.7%에 불과했다.

결과적으로 실물경제가 휘청거렸다. 21세기 들어 산업 경제에서 생산성이 높고 보수도 괜찮은 일자리가 사라졌다. 1972년과 2000년 2분기 사이 국내 생산품 총가치(고정 달러 기준)는 연 2.5%, 총 122% 증가했다. 반면 2021년 2분기까지 지난 21년 동안 실질 생산량은 연 0.22% 찔끔 올랐다. 21세기로 넘어올 무렵 중국에 생산을 위탁하기 전만 해도 연간 생산량은 그보다 13배 더 빠르게 증가했었는데 말이다.

여기서 의문이 든다. 중앙은행과 월스트리트가 기운차게 떠벌리며 발행한 그 모든 화폐가 국내 생산과 일자리에 기여되지 않았다면 도대체 어디로 흘러든 것일까?

우선 1972년부터 2000년까지 연준의 대차대조표는 연 180억 달러, 총 5,000억 달러가량 확대되었다. 지난 21년 동안은 연 3,620억 달러, 총 7조 6,000억 달러 늘어났다. 중앙은행이 해마다 20배 더 많은 명목화폐를 경제에 주입할 때 그 돈은 어디론가 이동했을 것이다. 다음 도표에서 명료히 알 수 있듯 2000년 이후에 발행된 그 돈의 대부분은 국내 생산을 활성화하는 데 쓰이지 않았다. 이 미스터리의 실체는 무엇일까?

■ **1972~2012년, 국내생산품 총가치(고정 달러 기준)**

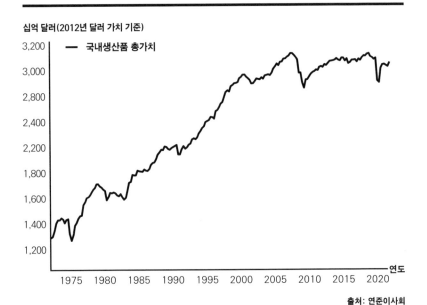

출처: 연준이사회

사실은 미스터리랄 것도 없다. 연준의 정책에 의해 손쉽게 창출된 신용은 대부분 월스트리트 협곡을 떠나지 못한 채 온갖 종류, 규모, 형태, 기간의 자산을 부풀렸다. 이러한 자산 인플레이션 쓰나미의 선두에는 나스닥-100 기술주가 있었는데, 이는 단순히 투기꾼들이 성장주를 둘러싼 과대 선전, 신기술, '디스럽터'disrupter'*에 홀라당 넘어간 탓이었다.

돈이 몰리는 흐름

결국 연준발 인플레이션은 주식시장의 종합주가지수와 묻지마 투자자들에 의해 팽창된 퇴직연금 401(k) 계좌 속에 모습을 감추었다. 걷잡을 수 없는 연준발 인플레이션이 반격을 위해 10년 동안 주식시장 파티 뒤에 도사리고 있었던 것이다. 그 징후는 주식 가격과 기업 이익 흐름의 관계가 깨진 데서 포착할 수 있다.

통화 팽창이 일어나지 않는 건전화폐 세계에서는, 주가가 회사의 미래 현금흐름을 고스란히 반영하는가 하면 회사 성장률이 실물경제의 장기 성장률 2~3%로 꺾이게 된다.

성장주의 대명사 나스닥-100 기술주들도 이러한 법칙에 예외일 수 없다. 대부분 고성장 혁신과 발명은 기술의 변위displacement를 의미할 뿐 근본적인 경제 수치와 기업 수익의 변화까지 내포하지는 않는다. 버기

---

* 기존 시장의 질서에 큰 변화를 가져오는 회사

휩 buggy whip *이 내연기관 자동차의 가속 페달과 같은 기술로 전환된 것을 떠올려보라. 일단 기존 기술이 수년에 걸쳐 새 기술로 전환되고 나면 고성장 기업의 성장은 실질 GDP 성장에 묶이게 된다. 신기술을 보유한 디스럽터 기업들의 높은 성장률에는 최종 수요 급증이 아닌, 기존 기술에서 새 기술로의 단발성 전환만 반영되기 때문이다.

같은 맥락에서 보면 페이스북 Facebook 은 빠르게 성장해온 기업임에도, 수익과 이익의 대부분을 차지하는 광고 수요의 성장 속도는 전체 GDP보다 실제로 약간 느리다.

옥외광고판, 신문, 잡지, TV에서 페이스북으로의 광고 전환이 마침내 끝나면 페이스북의 성장률은 연 2~3%로 수렴될 것이다. 수십 년간 거듭 증명되었듯 광고 시장의 먹거리는 그것들이 전부이다. 페이스북 창업자 마크 저커버그 Mark Zuckerberg 는 이 사실을 잘 알고 있다. 그래서 이제는 사명을 '메타 Meta'로 바꾸고 가상현실에서 기상천외하고 환상적인 새로운 사업을 구축하려 한다. 수요는 아직 입증할 수 없지만 말이다.

전자상거래도 비슷하다. 아마존 Amazon 매출은 금융위기 직전 최고점을 찍은 2007년 이후에 연 28% 증가한 반면, 총 소매 매출은 아마존 매출의 10분의 1밖에 안 되는 연 2.8% 증가하는 데 그쳤다. 이 커다란 격차는 기술의 변위 즉 소매 판매 채널이 오프라인 매장에서 전자상거래로 전환된 한 차례 기술 혁신 덕분이었다.

하지만 아마존은 오프라인 소매 시장을 전자상거래로 완전히 대체

---

* 말 채찍

하지 못하며 전자상거래 판매에 지속적으로 방어 가능한 독점권을 가지고 있지도 않다. 제프 베이조스 Jeff Bezos가 달을 정복한다 해도 결국에는 아마존 성장률 역시 연 2~3%로 꺾일 것이다.

실제로 아마존이 벌어들이는 이익의 가장 큰 부문은 전자상거래가 아닌 클라우드 컴퓨팅 사업인 아마존웹서비스 AWS이다. 하지만 개별 장치에서 클라우드로 전환된 것도 단발성이긴 매한가지이다. 이 이전이 끝날 즈음 서비스형 소프트웨어 SaaS 같은 획기적인 아이템의 성장률도 한 자릿수에 그칠 것이다.

이것은 전혀 새로운 이야기가 아니다. 초반에 빠르게 성장해도 나중에는 성장을 지속하기 어려운 유명 레스토랑 체인, 소매점, 피트니스클럽과 같은 서비스 사업을 통해 우리는 너무 높은 PER이 바보 같은 게임일 뿐이라는 사실을 잘 알고 있다. 결국 모든 고성장 기업은 측면으로는 매력적인 신사업이라는 무기를 든 경쟁자의 공격을, 정면으로는 한 자릿수 GDP 성장률 철칙의 공격을 받는다.

다음 페이지에서 해당 내용을 심도 있게 다루겠지만 일단 핵심은 이렇다. "주식시장을 뜨겁게 달구는 기업의 성장이 기초적인 GDP보다도 못하게 될 때 투기꾼들도 주식에서 얻을 수 있는 부에서 멀어진다."

그저 그런 미래

만약 자산 인플레이션이 연준의 화폐 발행으로 끊임없이 부채질된다면, GDP 성장률로 꺾이기까지는 자칫 수십 년이 걸릴 수도 있다. 그러나 하늘을 찌르는 PER은 결국 경쟁의 관성과 평평한 경제 성장에 견디지 못하고 박살나기 마련이다.

바로 이때가 악착같이 불어난 자산 거품이 걷히는 시점이다. 나스닥-100의 기술주 거품은 미국의 산업 기반이 상당 부분 중국으로 옮겨간 1995년 즈음부터 본격적으로 생성되었다. 미래의 역사학자들이 21세기 초 기술주 호황과 불황을 이야기한다면, 호황의 시작점으로는 1995년 8월 9일을 꼽을 것이다. 이날 인터넷 브라우저 소프트웨어를 최초로 대중화에 성공시킨 넷스케이프 커뮤니케이션^{Netscape Communications}이 나스닥에 상장되었다. 그리고 첫 거래일에 주가가 두 배 이상 껑충 뛰어올랐다.

하지만 넷스케이프 실적은 높게 오를 리 없었고 한껏 치솟은 PER은 한낱 먼지가 되었다. 얼마 지나지 않아 초기 브라우저 시장에서 차지하고 있던 압도적인 점유율은 경쟁사인 마이크로소프트^{Microsoft}의 인터넷 익스플로러에 빼앗겼다. (인터넷 익스플로러도 1등을 유지하지는 못했다.) 급기야 넷스케이프는 서비스를 중단했고, 화려한 기업공개^{IPO} 데뷔전을 치른 지 13년이 지난 시점에 넷스케이프 브라우저와 고객 제품에 대한 기술 지원을 종료했다.

넷스케이프는 사람들에게 끝내 실망을 안겨다 준 기술주의 전형으로 남아 있다. 어떤 기업에서든 사업 부문에서든 영원한 고성장 엔진은 없다. 이 대목에서 자산 가치가 이익 성장의 근저와 근본적으로 분리될 때 비로소 성장이 꺾인다는 사실을 유추할 수 있다. 기업 재무 측면에서 넷스케이프의 장기 수익률은 너무 높게 자본화되어 있었다.

길고 긴 대인플레이션 안식년 내내 연준은 화폐를 찍어내며 PER 급등을 쉬쉬해왔다. 월스트리트 딜러 시장에 갖다 부은 대규모 유동성은 상품·서비스 가격보다는 주식·채권 가격에 대부분 흡수되었다. 1995년 1월 이후 26년 동안, 실질 GDP가 고작 81% 상승하는 동안 인플레이션을 반영한 나스닥-100 지수는 1,570% 뛰어올랐다. 연간으로 보면 각각 2.3%, 11.3% 상승했다.

자산 가격과 근본적인 이익 사이에 벌어지는 커다란 격차야말로 인플레이션의 민낯이며 아무리 그 심각성을 강조해도 지나치지 않다. 워

■ 1995~2021년, 인플레이션 조정 후 나스닥-100 vs 실질 GDP

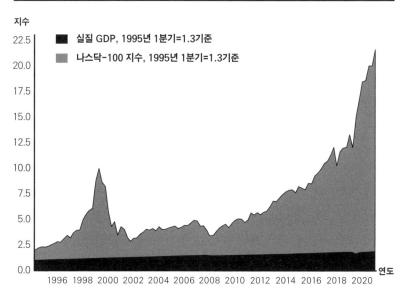

출처: 나스닥; 노동통계국(BLS), 경제분석국(BEA)

싱턴에서 가동된 지옥의 인플레이션 기계는 이렇게 사악한 일을 저지른 것이다.

나스닥-100에 상장한 수많은 기업이 있지만, 그중 지난 25년 동안의 GDP보다 19배 빠르게 성장할 수 있는 기업은 없다. 1995년에 주가가 심하게 저평가되었다면 모르겠지만, 실제 그렇지도 않았다. 물론 그러한 기업들은 GDP보다 19배 빠르게 성장하기는커녕 그 근처도 가지 못했다. 그 대신 PER이 화폐 홍수와 신용 쓰나미에 힘입어 급등하면서, 미지근한 이익 성장과 치솟는 자산 가치 사이의 격차는 말도 안 되게 벌어졌다.

이를테면 지난 3년 동안 나스닥-100 주당 이익이 278달러에서 386달러로 증가했고 연간 상승률로 치면 11.5%를 보였다. 반면 해당 기간 나스닥 지수는 7,000포인트에서 15,000포인트 이상으로 2배 넘게 올랐다. 이에 따라 PER도 25.3배(2018년 6월 기준 최근 12개월)에서 39배(2021년 6월 기준 최근 12개월)로 껑충 뛰었다.

거대한 통화 웅덩이

지금껏 가장 극단적이고 가장 오래 지속된 통화 부양이 정점에 다다른 시점에, 나스닥-100 기업들의 PER이 최근 이익 성장률의 약 4배라는 것은 광기에 가깝다. 여기서 우리는 주식시장 인플레이션이 곧 붕괴를 앞두고 있음은 물론, 더 중요하게는 1995년 이후로 연준이 명목화폐를 수없이 찍어내면서도 인플레이션 척도인 CPI가 증가하지 않았던 이유를 알 수 있다. 주식시장은 밀려드는 인플레이션을 흡수한 거대한 통화 웅덩이였던 것이다.

연준의 하수인이자 무한 낙관론자인 월스트리트 금융인들은 금리가 그 어느 때보다도 낮기 때문에 하늘을 찌를 듯 높은 PER이 타당하고 또 적절하다고 주장한다. 그들에게 높은 PER은 그저 초저금리에 따라오는 당연한 한 쌍인 걸까?

그러나 그렇게 생각해서는 안 된다. PER은 이익의 현재 가치를 최대한 반영하는 지표인 데 반해, 저금리는 폐단을 불러올 수 있는 비용이다. 약삭빠른 캐리트레이더들은 하룻밤 새에 95% 레버리지를 일으켜 레포 Repo(환매조건부채권) 시장에서 증권을 보유하기 위해 금리를 이용하는데, 실제로 그들은 금융시장에 단단히 고정된 저금리 덕택에 레버리지에 아무런 대가도 치르지 않는다.

PER과 채권 수익률을 비교가능한 대상이라고 본다면 다음 질문에 답해보자. 오늘날 10년 만기 미국 국채의 비정상적인 실질 수익률 -1.5%는 처음부터 유지가능한 것인가? 아니면 전환기였던 1995년 때와 비슷한 수준의 실질 수익률은 장기 채권 수익률 그리고 주식 자본환원율 및 PER까지 대표할 수 있는가?

질문에 답이 고스란히 있다. 답은 명백하다. 현재 실질 수익률이 2.5%만 되었어도 10년 만기 국채는 오늘날의 1.5%가 아니라 명목상 5% 혹은 그 이상에 근접했을 것이다.

정직하고 지속가능한 채권 수익률 5%인 환경에서는 나스닥-100이

앞서 이야기한 15,000포인트와 39배 근처도 가지 못했을 것은 말할 필요도 없다. 이와 더불어 연준이 어떻게든 결국 금리를 정상화한다면, 넘쳐흐르는 통화를 가둬두고 있는 거대한 주식시장 웅덩이는 허리케인 카트리나 때 미시시피 제방이 무너진 것보다 더 빨리 붕괴할 것이다.

더 많은 기업을 포함한 S&P500 지수에서도 마찬가지이다. 2021년 7월 말에 또 사상 최고치를 돌파했을 때 주당순이익(일반회계원칙(GAAP)에 의거해 미국 증권거래위원회(SEC)에 제출해야 하는 수익으로 일반회계원칙에서 절대 벗어나서는 안 된다)은 153달러 75센트였고, PER은 미친 듯이 높은 약 29배였다.

넷스케이프가 나스닥 데뷔전을 치른 1995년 8월의 PER이 몇 배였는지 돌이켜보자. S&P500 지수는 544(2021년 7월 말 4,419의 12%), 수익은 주당 34달러 40센트, 따라서 PER은 15.8배였다. 그렇게까지 옛날도 아닌 때의 일이다.

당시 10년 만기 국채의 실질 수익률이 2~3%였다는 점을 고려할 때, 오랜 역사와 경제적 논리 둘 다 감안하면 15.8배의 PER은 납득할 만한 수준이다. 하지만 실질 수익률이 다음 25년에 걸쳐 바닥으로 고꾸라지면서 PER은 꾸준히 상승했다. 금융위기 직전인 2007년 10월에 주가가 최고점을 찍었을 때 PER은 19.4배로 증가했다. 팬데믹 직전 2019년 12월에는 23.3배로 더 높이 치고 올라갔다.

■ 1985~2021년, 10년 만기 국채의 실질 수익률

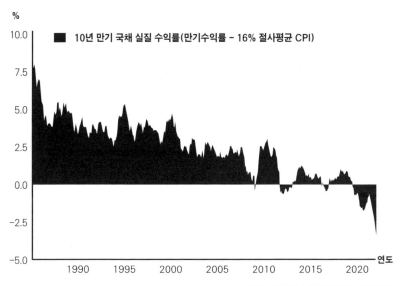

출처: 클리블랜드연방준비은행, 연준이사회

7장

90조 달러의 거품

▼

꼭 재무학 전공자여야만 넷스케이프의 PER 이면에 담긴 의미를 파악할 수 있는 건 아니다. 월스트리트 투기꾼과 개인 투자자 들은 금리가 매우 낮기 때문에 PER이 높은 건 당연하다고 되뇔지도 모른다. 그러나 이것은 반복적 자기 최면에 불과하다. 중앙은행이 '일시적 인플레이션'이라는 거짓말을 끝내 거두어들일 수밖에 없는 순간이 오면, 그 어떤 것도 글로벌 주식시장에 낀 90조 달러의 거품이 붕괴하는 것을 막을 수 없다.

6장 마지막에 등장한 '10년 만기 국채의 실질 수익률' 도표가 어떻게 연준의 관심 밖으로 벗어날 수 있었는가를 생각하면 의아할 따름이다. 연준이 인플레이션 공식 목표치를 채택한 2012년 이래로 2020년까지 10년 만기 물가연동 국채의 평균 수익률은 겨우 0.19%였다. 첫눈에 보기에도 어처구니가 없다. 인플레이션과 세금을 감안하면 사실상 제로(0)인 수익률을 얻으려고 10년 동안 자신의 돈을 묻어두려는 투자자가 과연 있을까?

실제로 1986년부터 2006년까지 10년 만기 국채의 평균 실질 수익률이 연 3.47%였는데, 미국 경제는 그 수익률을 유지하고도 무너지지 않았다. 이쯤에서 한 가지 의문이 든다. "전체 금융 시스템의 벤치마크benchmark 채권이 보여주는 현재 실질 수익률이 건실한 경제를 이룩한 21년 동안의 평균 수익률 3.47%의 20분의 1밖에 안 되는데, 연준은 이렇게 수익률을 깎아서 무엇을 달성하려 했는가?" 경제적 기준에 전혀 합당하지 않은 현재 수익률이 실질 GDP 성장에 아무런 도움이 되지 못했다는 것만큼은 분명하다. GDP가 2007년 4분기에서 2021년 2분기 사이에 연평균 1.53%로 찔끔 올랐으니 말이다.

거듭하여 말하지만 근래에 상품·서비스 인플레이션이 경제를 압도할 때까지 연준이 달마다 1,200억 달러의 사기성 짙은 신용을 창출한 진짜 이유는, 성장 촉진을 위해서가 아니었다. 그들은 소설『모비 딕Moby-Dick』속 인물들의 광신 수준에 이를 만큼 로플레이션에 집착해 지금 당장 보이는 현실은 외면하고 있는 상태다.

한편으로 연준은 자신들의 정책을 통해 자산 가격을 끌어올렸지만 "자산 가격은 PCE 디플레이터 집계에 포함되지 않아 권한 밖의 요소이다."라는 터무니없는 근거로 자산 인플레이션을 단호히 외면해왔다. 짜여진 틀 안에서 수동적으로 대처하는 연준은 꾸준히 오르고 있는 생활 물가까지 방치했다. 연준의 소관 밖인 특수 요소들 덕에, 신문 헤드라인에 발표되는 소비자 물가 상승률이 대인플레이션이 잠자고 있는 동안 잠시 억눌렸다. 하지만 언제까지나 그럴 수는 없는 법이다.

수면 아래 도사린 괴물

수년간 지속된 세탁기나 자동차 등 내구자 물가의 하락은 이제 끝났다. 글로벌 공급망이 심히 교란되었는가 하면, 워싱턴 의원들이 트럼프 전 대통령의 기조를 이어 중국과의 무역 전쟁에 합의했다. 1995년에서 2019년 사이 내구재 물가는 줄곧 하락했던 데 반해 2021년 1월에서 6월 사이에는 14.6% 비율로 치솟았다.

뜨겁게 달구어진 물가 상승률을 코로나19 기저효과 때문이라고 일축해서는 안 된다. 내구재 CPI는 2년 동안 연 6.6%, 3년 동안은 연

■ 2012~2021년, 내구재 CPI 연도별 변화

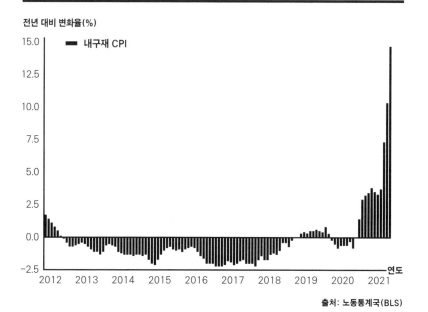

출처: 노동통계국(BLS)

4.6% 올랐다. 수년간 저인플레이션 시대를 이끈 주요 원천은 아무런 예고도 없이 사라졌다.

이러한 국면 전환은 언젠가 마주해야 할 일이었다. 인플레이션이 평균 수준의 물가 상승률 아래에 줄곧 잠복해 있는 동안 물가 바구니를 구성하는 다른 주요 항목들의 가격이 꾸준히 그리고 위험하게 상승해왔기 때문이다. 어리석은 연준 사람들이 말한 대로 중산층을 진심으로 걱정했다면, 21세기에 들어설 무렵부터 로플레이션에 관한 장광설을 늘어놓았을 리 없다. 실제로 에너지, 원자재, 내구재 외에 연준이 자랑스럽게 내세운 목표치 2%대를 초과하지 않은 CPI 항목은 찾기 힘들다.

CPI를 구성하는 대표 항목들을 대상으로 지난 21년 동안의 연평균 물가 상승률이 어땠는지 살펴보자. 이 항목들은 21년 동안 각 평균치에서 약간만 벗어났을 뿐이다.

2000년 1월 ~2021년 6월, CPI 대표 항목의 연평균 물가 상승률

- 담배 및 흡연 제품: 5.8%

- 병원 서비스: 5.4%

- 교육용 서적 및 용품: 4.4%

- 등록금 및 보육료: 4.2%

- 의료 케어 서비스: 3.7%

- 케이블 및 위성 TV: 3.3%

- 가계 운영: 3.3%

- 육류, 가금류, 어류, 계란: 3%

- 식비(외식): 2.9%

- 주택임차료: 2.7%

- 교통 서비스: 2.6%

- 영화, 극장, 콘서트: 2.6%

- 의사 및 전문 의료진: 2.6%

- 전력 유틸리티: 2.6%

- 자가주거비: 2.6%

- 가스 유틸리티: 2.5%

- 개인 관리 서비스: 2.5%

- 식비(가정): 2.1%

여기에 나타난 2~4% 수준의 연 증가율은 비교적 왜곡 없이 측정된 결과이다. 같은 21년 동안 증가율이 조금 더 낮았던 지표로는 2.16%의 절사평균 CPI와 1.86%의 PCE 디플레이터가 있는데, 이 둘은 값싼 수입품과 노동통계국의 수상쩍은 계산법에 의해 축소된 수치에 불과하다.

2020년 2월까지 물가가 연 0.93%씩 하락했다가 다시 급반등한 내구재 외에도 지나치게 품질조정되어 고개를 갸웃하게 만드는 항목이 더 있다. 예를 들어 CPI상에서 신차 가격은 1990년 이후로 연 0.6%밖에 오르지 않은 데 반해, 수년 동안 미국에서 가장 인기 있던 자동차인 토요타 캠리 LE의 가격은 그보다 3배 높은 1.8% 올랐다.

CPI와 표시 가격 사이에 괴리가 발생한 이유는, 노동통계국이 헤도닉 기법을 활용한 품질조정을 어림짐작으로 했기 때문이다. '품질조정'

은 상품과 서비스가 전보다 확실히 개선되었다는 노동통계국의 판단 하에 개선된 품질만큼의 비용을 가격 상승에서 제외하는 기법임을 기억하자. 비슷한 예로 온갖 기능이 탑재된 최신 스마트폰 가격은 최소한의 기능뿐인 20년 전 휴대폰과의 품질 차이만큼의 비용을 차감해 책정하는 방식이다.

헤도닉 기법을 적용하는 바람에 2005년부터 2015년까지 10년 동안 CPI의 컴퓨터, 주변 장치, 관련 용품의 물가가 무려 11% 낮아졌다. 정보기술, 하드웨어, 서비스의 관련 범주에서도 물가가 같은 기간 연 5% 하락했다. 이러한 기술 제품이 기능, 속도, 사용자 편의성 측면에서 눈에 띄게 발전한 건 맞지만, 그 변화를 정량화한다고 해서(이전보다 발전한 제품에 대해 우리가 느끼는 주관적 가치 상승분을 관료의 추측으로 정량화한다고 해서) 물가 상승이 완화되는 건 아니다.

최근 통계 전문 웹 사이트 스태티스타 Statista에서 표준 데스크톱컴퓨터의 가격 추세를 주제로 심층 분석한 내용을 보면, 위 내용을 명쾌하게 이해할 수 있다. 동일한 10년 동안 고객의 은행 계좌에서 인출된 청구액의 감소율은 CPI 산출에 반영된 금액 감소율의 겨우 3분의 1이었다. 다시 말해 순수한 가격 지수는 노동통계국에서 발표된 수준보다 훨씬 디플레이션이 적다고 할 수 있다. 제품이 좋아진 건 맞지만 실제 가격은 그렇게까지 저렴해지지 않았다.

품질조정과 저비용 생산국가에서 수입한 디플레이션의 결과로 신문 헤드라인에 공개된 CPI 수치는 양호했다. 연준이 자산 가격을 그렇게 부풀리고도 인플레이션이 충분하지 않다고 말할 수 있었던 이유가 바로 이것이다.

하지만 거리낌 없이 화폐를 발행했던 연준조차 더는 어찌할 수 없는 위기가 찾아왔다. 25년 간 내리 지속된 디플레이션이 끝나면서 내구재 물가가 급등했을 뿐 아니라 에너지 가격도 큰 반전을 보였다. 2000년 1월 이래로 에너지 물가가 연 3.35%씩 올랐다. 상식적으로 생각해봤을 때 지난 20년간 물가가 2배 이상 뛴 것은 굉장한 인플레이션이라고밖에 할 수 없다.

에너지 물가는 크게 두 차례에 걸쳐 급등했다. 1차 때 연준은 문제를 외면했고, 2차 때는 허술한 목표제를 제시했다. 2008년 7월 유가 피크까지 8년 동안 에너지 지수는 연 11% 가까이 올랐다. 2012년 1월 연준이 인플레이션 목표를 입맛대로 설정한 이후로는 에너지 지수가 연 0.53%가량 하락했다.

물론 이 21년에 걸친 글로벌 에너지 시장의 극심한 변동 주기는 연준 때문에 발생한 일은 아니었다. 2008년 유가가 배럴당 150달러까지 올라 정점을 찍은 후로 10년 동안 연준은 로플레이션에 관해 안타까운 척하는 스스로의 태도에 떳떳했다. 실제로 유가 폭등이 이미 지수에 반영되어 있었기에 나올 수 있는 반응이었다. 결국에 연준이 인플레이션 목표를 설정했던 유일한 동기는 2008년 7월 유가 피크 이후의 산술적 하락이었다. 유가 하락 추세는 전체 인플레이션 지수에 큰 하방 압력을 가할 것이었기 때문이다.

물론 지금은 대세가 바뀌었다. 유가는 2020년 1월 코로나19 대유행이 오기 전 최고점에서 6.4% 상승했다. 이에 대처하기 위해 연준은 명확히 규정되지도 않은 일정 기간 동안 2%라는 누적 평균치를 반영하는 측정법으로 전환했다. 이 대목에서 목표치를 훨씬 초과하는 현재 연 3~5%의 물가 상승률을 애써 감추려는 연준의 태도를 엿볼 수 있다. 더 본질적으로는 애초에 버냉키가 추진한 인플레이션 목표 정책이 처음부터 허튼수작이었다는 것을 알 수 있다.

21세기에 접어들고 첫 10년 동안 날뛰었던 에너지 인플레이션은 여전히 소비자 물가의 상당 부분을 차지한다. 21세기가 되었을 무렵과 비교해 2021년 6월 가구 중위소득은 겨우 65% 오른 데 반해, 소비자가 지불하는 에너지 가격은 103% 더 증가했다. 그런데도 연준의 통화 신학자들은 인플레이션 목표가 아직도 달성되지 않았다고 우긴다.

문제는 앞에서 열거한 바와 같이 과거에 연평균 물가 상승률이 2~4%였던 항목들이 지금도 2~4% 오르고 있다는 것이다. 더군다나 지난 10년 간 PCE 디플레이터를 고정시키는 닻이었던 에너지와 내구재 물가 또한 공격적인 속도로 치고 올라가는 중이다. 지난 9년 동안은 물가 하락세가 뚜렷했고 상승세는 기껏해야 미미한 정도로만 나타났지만, 최근에는 식품을 제외한 전반적인 상품 가격이 전년 대비 15.6%, 2년 누적 기준으로는 연 5%가량 올랐다.

슈링크플레이션 이즈 백

영리한 마케터가 상품 가격 상승을 눈속임하는 순간, 소비자는 더 이상 숨을 곳이 없다. 무시무시한 '슈링크플레이션shrinkflation'이 돌아왔다. 가격 인상을 감추기 위해 상품의 크기는 작아지고 중량은 가벼워지며, 두께는 얇아졌다.

두루마리 화장지 세트가 전과 같은 너비와 길이에 전과 동일한 가격을 달고 진열되어 있다고 치자. 아마 세심한 소비자라면 유난히 굵어 보이는 심지에 주목할 것이다. 휴지의 겹수나 두께가 전보다 상당히 얇아져 가격 상승분이 감추어진 것이다.

온라인 커뮤니티 레딧Reddit에서는 가격은 유지한 채 휴지 두께만 얇아진 것과 같은 슈링크플레이션을 폭로한다. 동일한 가격에 포장이나 상품에 변화가 있는 시중 상품들을 수두룩 공개했는데 그중 일부만 옮겨보았다.

- 냉동 지퍼락 매수: 54매 → 50매

- 키블러 클럽 크래커 봉지 수: 20봉지 → 16봉지

- 도리토스 중량: 9.75온스 → 9.25온스

- 토스티토스 중량: 15온스 → 13온스

- 치리오스 허니넛 시리얼 패밀리 사이즈 중량: 19.5온스 → 18.8온스

- 페브리즈 방향제 용량: 9.7온스 → 8.8온스 (알루미늄 캔 → 플라스틱)

- 커클랜드 키친타월 총 면적: 85평방피트 → 74평방피트

- 스파게티 소스 중량: 32온스 → 24온스

- 케이크 믹스 중량: 16온스 → 14.25온스

- 얇은 슬라이스 치즈: 더 얇아짐

- 스카트 키친타월 총 면적: 43.6평방피트 → 39.6평방피트

- 클로락스 물티슈 개수: 85개 → 75개

- 키위 구두솔 크기: 나무 손잡이 부분의 크기가 많이 작아짐

- 기꼬만 일본 간장 용량: 15액량온스 → 10액량온스

- 스코츠 어스그로 브라운 피복 봉지: 크기가 25퍼센트 줄어듦

개인적으로는 기발한 포장법이나 마케팅에 반대하지도 않을뿐더러, 힘들게 번 돈으로 구매하는 상품 변화에 관심 갖지 않는 소비자들에게 슈링크플레이션을 해결해줄 보모 국가nanny state*가 필요하다고 생각하지도 않는다.

그런데 진지하게 의문이 든다. 과연 정부에게는 전국의 소매점과 웹 사이트에 나온 수백만 개의 상품을 샅샅이 조사해 쉴 새 없이 변하는 상품 크기와 양, 가치 제안value proposition의 흐름을 쫓아갈 수 있는 능력이 있는가? 한 상자에 20봉지 들어있던 크래커에 16봉지만 든 것을 포착해 가격을 25% 올릴 수야 있겠지만, 얇아진 휴지와 같이 계속해서 미세하게 변하는 상품은 어떻게 알아챌 수 있을 것인가? 품질이나 내구성의 저하를 비롯해 휴지처럼 더 미묘한 기법으로 가격 상승을 감춘 상품들의 표시 가격을 과연 노동통계국이 충분히 끌어올릴 수 있을까? 가능성은 희박하다.

CPI 바구니 안에는 자식이나 손주가 있는 사람은 누구나 아는 최고

---

* 유모가 아기를 돌보는 것처럼 국민의 삶을 지나치게 간섭하고 통제하는 국가

의 디플레이션 항목도 있다. 그건 바로 중국 제조업체가 장악한 어린이 장난감 시장이다. 1978년부터 1996년까지 수많은 장난감이 미국 국내에서 제조되었을 당시 CPI 산출에 적용된 장난감 가격이 매년 3.1% 올랐으나, 1996년 중반 이후로는 무려 77% 폭락했다. 25년간 장난감 가격은 연 6.6% 고꾸라졌다.

■ **1978~2021년, 장난감 소비자물가지수**

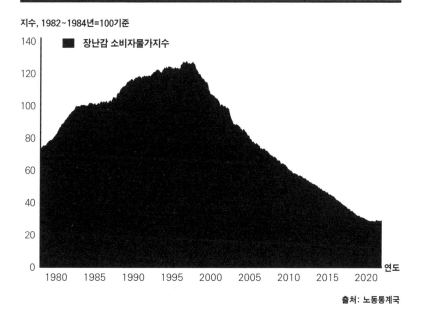

지수, 1982~1984년=100기준

출처: 노동통계국

이렇게 추락한 가격은 CPI를 전반적으로 낮추는 데 일조했지만, 2021년 지금 중국에서 생산되고 있는 장난감의 품질이 1978년에 미국에서 생산되던 상품과 조금이라도 같다고 믿는 사람이 있을까? 자동차 에어백과 같이 품질이 향상되었다는 명목 하에 모든 표시 가격이 소위 품질조정을 통해 하향 조정된 상품이 있었는가 하면, 우리가 구매하는 다른 상품들의 품질은 거꾸로 하락해왔다. 슈링크플레이션과 중국산 싸구려로 인해 상품 바구니가 몰라보게 바뀌었다. 물론 더 안 좋은 방향으로 말이다.

시장 기반의 역동적 자본주의 경제가 지닌 가장 큰 장점 중 하나는, 쉽고 정확한 정량화가 불가능한 방향으로 지속적으로 혁신하고 진화한다는 것이다. 상품·서비스의 마켓 바스켓market basket에 기초한 일반적인 물가지수는 정확히 측정하기 어렵다. 항목에 가중치를 부여해 물가를 측정하는 방법은 불가능에 가깝다.

그래서 인플레이션 목표치를 2%로 설정하고 소수점까지 관리하는 일은 버냉키 같은 경제학자를 가장한 수학자만이 시도할 수 있었던 무의미한 짓이다. 인플레이션이 엉성하고 제멋대로 측정된다는 단순한 사실을 생각하면, 중앙은행이 왜 정량적 목표를 세우고 미신 떠받들듯 열성적으로 좇았는지 도무지 납득할 수 없다.

오래 전 과거 세대와 당대 중앙은행가 계통 사람들이 관리해야 했던 건전화폐의 핵심적인 특징은 세월이 흘러도 안정적으로 유지되는 구매력이었다. 이전에 살펴보았듯 연준 초창기 시절 발행된 달러는 1921년에서 1946년까지 그 가치가 변하지 않았다. 따라서 당시 인플레이션 목표는 암묵적으로 제로(0)에 가까웠다고 할 수 있다.

1914년 연준이 출범하기 전에도 제로(0) 인플레이션은 기본 풍조였다. 1860년부터 1900년까지 연평균 인플레이션율은 0.25%에 불과했다. 미국 남북 전쟁이 거대한 인플레이션 여파를 남겼지만, 전투가 끝나고 전쟁 자금 마련을 위해 돌렸던 인쇄기 가동이 중단되자 인플레이션은 즉시 수그러들었다. 1841년 추수기 무렵 시카고 곡물 시장에서는 밀을 부셀당* 78센트에 판매했다. 1903년까지 여전히 부셀당 80센트였고, 의회가 연준의 창설을 논의하기 시작한 1913년 8월에도 86센트에 그쳤다.

간단히 말해 장기적인 물가 안정에 대한 전통 개념과 세밀하게 조율된 인플레이션 목표에 대한 현대 케인스주의 관념은 서로 정반대 세계에서 태생했다. 전통 개념은 화폐 가치의 엄격한 보전에 주안점을 두는 한편, 현대 케인스주의 관념은 중앙은행의 정책을 통한 딜러와 투기자의 보호에만 중점을 둔다.

아이러니하게도 인플레이션 목표를 향한 연준의 집착은 자본주의 번영에 불공평하고 파멸적인 자산 인플레이션이라는 최악의 광란을 초래했다. 게다가 중국과의 무역 거래와 월스트리트가 펌프질한 자산 인플레이션 배후에 숨어 있던 상품·서비스 인플레이션이 뒤늦게 모습을 드러냈다.

중국에 반소비자적 관세를 부과한 트럼프 전 대통령과, 중국과 그렇게나 싸우고 싶어 하는 바이든 대통령의 오랜 측근들을 생각하면 경제의 앞날이 몹시 불길하다. 2012년 1월부터 연준이 저물가에 대해 탄식을 쏟아낸 긴 세월 동안, 수입 물가의 꾸준한 하락세는 상당 부분 중국

---

* 오늘날의 30L

이 주도했던 탓이다.

연준은 2012년에서 팬데믹 직전인 2020년 1월 사이 수입 물가가 연 1.6%씩 떨어진 하락세를 반기지 않았다. 인플레이션율(PCE 디플레이터 기준)이 하락세에 눌려 신성불가침한 목표치에 약간 못 미쳤다는 게 그 이유였다. 연준은 이면에 있는 진실을 알아채지 못했다. 미국이 중국에 산업 기반을 수출하고 값싼 제품을 수입했던 거래는 어떤 식으로든 영속할 수 없었다. 다시 말해 수입 물가 하락세는 언젠가 뒤집힐 몇 안 되는 '저물가' 추세 중 하나였다. 그런데도 연준은 헤드라인에 보도되는 부족한 인플레이션율에 사로잡혀 이것을 높이는 데만 급급했다.

2012년부터 2019년까지 발표된 낮은 인플레이션율은 저품질 저가격 상품 때문이었다. 버냉키의 열띤 상상 속에서 만들어진 근거 없는 거시경제학 디플레이션 때문이 아니었다. 통화 정치국이 2012년 이후 보고된 인플레이션의 구성 요소를 조사하는 데 힘썼더라면 2% 목표치에 다다르지 못했다고 분노할 일도 없었을 테고, 대공황 폐해를 극복하기 시작하면서부터 오랜 세월에 걸쳐 제로금리정책^{ZIRP}과 양적완화^{QE}를 연장하기 위해 갖가지 핑계를 댈 필요도 없었을 것이다.

수입 물가는 2020년 1월 이후로 7.1% 상승했고 2020년 12월 이후 연 8.8% 올랐다. 아직까지 물가 하락의 조짐이 전혀 보이지 않으며 앞으로도 하락하지 않을 것이다. 그럴 만한 이유가 있다. 중국은 잉여 노동력을 소진했다. 베트남도 처지는 비슷하다. 값싼 재화를 대량으로 수출할 만한 기반을 갖춘 저임금 국가는 이제 거의 남지 않았다.

연준은 스스로 조장한 월스트리트 투기 세계에서 '일시적인' 저물가

지수

수입물가지수(최종소비재), 2012년 1월=100기준

102.5
100.0
97.5
950.
92.5
90.0
87.5
85.0
82.5
80.0

2013 2014 2015 2016 2017 2018 2019 2020 2021 연도

출처: 노동통계국(BLS)

시대의 요소인 값싼 수입품·내구재·원자재와 높지 않은 단위노동비용을 지금까지 풍족히 누렸다. 그 유효기한이 만료되어간다는 사실을 조금도 인지하지 못한 채 말이다.

미련한 케인스주의자들은 그 많은 화폐를 발행하는 동시에 유입되는 (실제 신뢰하지도 않지만 그런 척하는) 데이터를 해석하느라 미묘한 변화를 속속 놓쳤다. 이를테면 2012년 1월에 인플레이션 목표제를 추진하고부터 2019년까지 유독 임금비용이 높지 않았던 원인 중 하나가 낮아진 임금 평균치와 고임금 일자리의 해외 이전이었는데, 연준은 이러한 변화를 포착하지 못했다.

2007~2008년 대침체 이후 일자리 회복은 레저·관광, 교육·헬스케어, 임시직, 저임금 산업 등 비수출 부문의 저임금 직종에 압도적으로 집중되었다. 그 결과 2012년 1분기와 2019년 4분기 사이 연평균 주급 상승률이 2.5%에 그쳤는데, 전체 노동력이 저임금 구조로 서서히 변하고 있던 것이 일부 원인이었다. 사실 임금 데이터를 다른 산업과 비교해보면 양호한 추세는 사라진다. 같은 기간 레저·관광 산업의 평균 주급이 연 3.1%나 올랐지만 그래봤자 2019년 말까지 제조업의 39%, 모든 생산업의 35%에 불과했다.

이와 동시에 중국 교역재 가격이 엄청난 압력을 몰고 온 탓에 미국 제조업 주급은 명목상 연 2%밖에 오르지 않았다. 즉 고임금 부문의 임금 인상은 중국 수입품으로 인해 억제되었다. 한편 전체 고용에서 저임금 일자리 비중이 늘었기 때문에, 저임금 부문의 주급 증가는 임금 인상의 탑라인 수치를 전반적으로 낮추었다.

이랬던 형세가 지금은 완전히 뒤집히고 있다. 워싱턴이 지출한 막대한 경기 부양비, 퍼주기식 실업 급여, 임대비·모기지·학자금 대출 채무자 대상의 모라토리엄moratorium으로 인해 근로자들은 노동 시장에서 이탈했다. 그 결과 레저·관광 종사자의 임금 상승률이 지난 1년간 10% 이상 치솟았다.

값싼 수입품에서 오는 압력도 완화되면서 제조업 임금 상승률이 50% 증가했다. 2012년 1분기와 2019년 4분기 사이에 제조업 주급이 연 2%밖에 오르지 않았던 것에 비해 2021년 10월까지는 5.4% 증가했다.

민간 부문의 주급 인상이 상승가도에 올라탔다. 2019년 4분기와

2021년 2분기 사이에 급여가 연 6.3% 뛰어올라 지난 40년 동안 최고치를 경신했다. 2.5%에서 6.3%로 단숨에 뛰어오른 급여 인상률은 단위노동비용에 연쇄 반응을 일으켰다. 민간 부문의 단위노동비용이 2016년부터 2019년까지 연평균 1.7% 증가한 것에 비해 지난 4분기 동안은 연평균 4.8%나 올랐다.

핵심 경제 요인들은 연준의 끊임없는 머니펌핑을 반영한다. 실제로 2021년 3분기에 측정된 단위노동비용의 연 증가율 7.9%는, 1971년 중반 캠프데이비드에서 닉슨이 건전화폐를 배신하고부터 2007년 4분기 이후 연준이 머니펌핑 총력전에 나서기 직전까지 36년 동안 기록한 연 증가율 3.5%의 2배가 넘는 수준이다.

이 역사적 기록을 통해 단위노동비용이 절정에 다다른 뒤 무슨 일이 뒤따르는가를 알 수 있다. 1971년 2분기부터 인플레이션이 최고조에 달한 1980년 4분기까지 단위노동비용은 무려 연 7.1% 증가했다. 같은 기간 CPI도 이를 바짝 쫓아 마침내 8.3% 증가율로 치솟았다.

1995년부터 2019년까지 이어진 대인플레이션 안식년은 사실상 모든 면에서 끝났다. 연준의 극찬을 받는 PCE 디플레이션의 두 가지 주요 부문의 물가가 '일시적'으로 낮았던 시대는 이제 물러갔다. 두 부문의 물가는 동시에 오르고 있다. 2012년부터 2019년까지는 재화와 서비스 물가의 향방이 각각 하락, 상승으로 엇갈리면서 PCE 디플레이터 상승이 억제되었지만 이제 그런 시대는 막을 내린 것이다.

2020년 1분기 이후 PCE 디플레이터의 내구재 부문은 연 5.6% 오른 반면, 서비스 부문은 지난 10년 동안 지속적으로 발표된 상승률보다 약간 높은 연 3%를 꾸준히 유지했다. 더욱이 서비스 지수 중 신뢰성이 부족한 자가주거비 항목의 단기적 하락세도 2020년 짧은 정체기를 지나 상승에 점점 속도가 붙기 시작했다. 팬데믹 봉쇄 전 2년 동안 자가주거비는 연 3.7%, 주택임차료보다 약 0.5% 높게 증가했다.

2021년 4월에 전년 대비 자가주거비가 1.8%로 하락해 주택임차료를 밑돈 적이 있기는 했다. 자가주거비의 가중치가 14%인 만큼 PCE 디플레이터는 자가주거비에 영향을 받아 하락했지만, 짧은 하락은 오래 가지 않았다. 집값이 연 20% 혹은 그 이상 솟으면서 주택임차료도 폭발하고 있다. 2021년 3분기에 주택임차료는 연 3.9%, 자가주거비는 연 3.7% 올랐다.

서비스 인플레이션의 원동력인 의료케어 서비스 항목도 마찬가지다. 2000년부터 2019년 4분기 코로나19 팬데믹 직전까지 해마다 3.8% 증가했다. 하지만 2020년 2분기 이후부터는 의료 현장에 대혼란이 닥치는 바람에 정부에서 발표한 의료 인플레이션이 1%로 둔화되었다.

이것이 지속될 수 있는 수준이라고 생각할 수도 있겠지만, 그렇다면 그 유명한 플로리다 늪지대 사기 사건*에 버금가는 내막을 들려주어야 할 것 같다. 2017년 4분기부터 2019년 4분기까지 추세는 연 3.7%였다. 2020년 2분기 이후로 측정값이 낮았던 이유는, 의료 체계에 가해진 코로나19 초기 충격을 2020년 2분기에 선반영했기 때문이다. 이때 의료케어 서비스 항목의 인플레이션은 연 6%를 기록했다.

-----

* 사용할 수 없는 늪지대를 개발가능한 땅이라고 잘못 표시한 부동산 사기

소비자에게 단연 나쁜 소식이지만 금융 투기자들과 수백만 명의 401(k) 퇴직연금 투자자들에게도 확실히 꺼림칙한 신호이다. 단기간 내에 연준은 통화 급브레이크를 거는 수밖에 없을 것이다. 지금까지 통화정책을 추진했던 것보다 훨씬 더 빠르고 강력하게 말이다.

이 시점에서 FANGMAN(페이스북, 애플, 넷플릭스, 구글, 마이크로소프트, 아마존, 엔비디아가 이루는 거대한 기술주 집합체) 주식들에 가해질 린치에 관해 이야기를 하지 않을 수가 없다. FANGMAN은 연준의 끝없는 머니펌핑을 대부분 흡수한 주식시장 웅덩이의 중심에 있다.

연준이 인플레이션 공식 목표를 채택할 당시 FANGMAN 시가총액은 1조 1,600억 달러였다. 2012년 6월 발표된 최근 12개월 순이익은 750억 달러였고, 뒤이은 9년 동안은 2,750억 달러로 증가해 연 성장률 15.5%을 기록했다.

2012년 중반에도 FANGMAN 주식들의 PER은 이미 17.7배였지만, 현재는 39배까지 뻥튀기되었다. 연준이 초래한 유동성 홍수 말고는 어떠한 원인도 없었다. 이 때문에 월스트리트 투기꾼들과 개인 투자자들이 "저금리 시대에 높은 PER은 정당하다."는 허튼 생각을 받아들이며 온갖 위험을 무릅쓰고 너도나도 주식 열풍에 뛰어들었다. 이것이야말로 진정한 문제인 것이다.

그 결과 FANGMAN 시가총액은 최근 10조 달러까지 치솟았다. 9조 달러라는 엄청난 상승분은 2012년 중반 이후 월셔5000^{Wilshire5000} * 주식

---

* 거래되는 모든 주식의 포괄적 주가지수

의 총 상승분의 약 30%에 이른다.

주식시장의 폭탄은 곧 터질 것이다. FANGMAN은 연준의 막대한 유동성이 가장 많이 고여 있는 곳이다. 다음 페이지에서 자세히 설명하겠지만 FANGMAN 주식에는 PER 20배도 과하다. 한 자릿수 GDP 성장률 철칙의 길로 부단히 나아가고 있기 때문이다.

끝에 가서 연준이 무리한 채권 매입을 중단하고 금리를 그나마 합리적 수준으로 올리면, 그러니까 일시적 인플레이션이라고 부르는 책략이 실패하면, FANGMAN에 갇힌 5조 달러 이상의 거품은 한순간에 빠질 것이다.

작가 어니스트 헤밍웨이Ernest Hemingway가 "파산은 서서히 그러다 갑자기gradually and then suddenly 진행된다."라고 표현했듯, 수십 년에 걸친 무서운 머니펌핑의 청구서가 예고 없이 한꺼번에 들이닥쳐 시장과 투자자들을 충격의 도가니에 빠뜨릴 것이다.

THE GREAT
MONEY
BUBBLE

8장

카지노에서 탈출해야 할 때

▼

　지난 수십 년에 걸쳐 발생한 대규모 통화 인플레이션이 주로 자산 가격 상승으로 그 모습을 드러냈다는 것은 두말할 필요가 없다. 그 영향이 누적되어 결국 월스트리트는 오늘날 평범한 미국인들의 부와 행복에 명백한 위협 대상이 되었다. 주식, 채권, 옵션, 밈 주식, 암호화폐 등 이 모든 것은 연준의 쉴 새 없는 머니펌핑으로 인해 정상 수준을 넘어 뻥튀기되고 타락해왔다.

　자산 인플레이션은 1971년 8월 이후 명목화폐 초기 시절과는 사뭇 달리 1990년대 중반부터 폭발하기 시작했다는 사실 또한 주목해야 한다. 명목화폐 시대 초반에는 상품·서비스 인플레이션이 두드러지게 나타났다. 당시 미국인들이 겪었던 인플레이션은 몹시 고통스러웠는데, 볼커 의장은 이 치명적이고 위험한 인플레이션을 제압해냈다.

　하지만 그 후 볼커의 뒤를 이은 의장들은 자산시장에 공급된 통화의 해악을 분별하기 어렵게 만들었다. 변곡점은 1995년이었다. 값싼 수입품에서 불거진 디플레이션 수입 파동이 미국 경제에 거세게 일자, 연준이 들이부은 유동성이 실물경제에서 금융시장으로 쏠리기 시작했다.

근본 원인이 무엇인지 알아보자. 1971년부터 1990년 중반까지 명목화폐가 등장한 첫 25년 동안 명목 GDP는 연 8%씩 성장했고, 같은 기간 윌셔5000 시가총액은 1971년 9,000억 달러에서 7조 2,000억 달러까지 연 8.4%씩 증가했다.

결과적으로 국민소득(명목 GDP) 대비 주식시장 자산 비율이 1971년 80%에서 1996년 87%로 소폭 상승했을 뿐 크게 달라지지는 않았다. 장기간에 걸쳐 자산시장 가치는 국민소득 성장이 주도했으므로 둘의 연관관계는 타당했다.

1995년까지 25년 동안 상품·서비스 인플레이션은 틀림없이 명목 GDP 성장에 반영되었다. 상품과 서비스에 대한 초과 국내 수요를 흡수할 저비용 해외 생산기지가 없었던 까닭이다. 명목화폐 시대 초창기 인플레이션은 명목 GDP와 주식시장 가치에 모두 드러났다. 따라서 달러가 더 이상 금에 고정되지는 않았어도, 소득 대비 주식자산 비율이 과거 추세와 비슷하게 유지될 수 있었다.

1996년 12월 그린스펀은 지금까지도 악명 높은 '비이성적 과열irrational exuberance' 경고를 날리고는 스스로 그 사실을 망각했다. 그 후 미국 주식의 시가총액은 2021년 8월 초 기준으로 46조 달러까지 폭등했고 GDP는 시가총액에 비해 크게 뒤처졌다. 지난 25년 동안의 주가 상승액 38조 8,000억 달러와 비교해 명목 GDP 증가액은 14조 5,000억 달러에 불과했다. 다시 말해 현재 주식시장이 정상 궤도를 벗어나 국민소득의 2배로 평가되고 있는 것이다.

엄청난 주가 상승은 지난 16개월에 걸친 팬데믹 봉쇄 때 모두 발생했다고 봐도 무방하다. 미국 경제가 봉쇄에 커다란 충격을 받은 탓에, 정부는 구제금융과 정부지원금으로 6조 달러 이상의 재정을 투입했고 공황과 붕괴를 겪을 리는 없다고 확신했다.

하지만 경제적 합리성을 거스르는 결과가 나타났다. 실업수당 청구 건수가 6,000만 건에 달할 만큼 미국 경제가 붕괴 위기에 처했음에도, 2019년 12월 이후 시가총액은 13조 달러나 증가했다. 정부가 각종 지원금을 시중에 뿌렸지만 GDP 연 증가액은 1조 달러에 그쳤다.

보다시피 현대 경제 최악의 혼돈 속에서 금융경제의 성장은 실물경제보다 13배 더 컸으며 모든 역사적 지표를 하찮아 보이게 만들었다. 13조 달러의 시가총액 증가액만으로도 벌써 1999년 11월 주식시장 전체 가치를 뛰어넘는다. 이에 비하면 2000년 닷컴버블과 2007년 주택거품의 최고점은 상대적으로 미미해 보인다.

정리하자면 1996년 12월 그린스펀의 악명 높은 발언 이후 주식시장은 맹렬히 타올랐고 25년 동안 온갖 투기가 난무했다. 남은 선택지는 하나다. 주식시장이라는 카지노에서 지금 당장 벗어나야 한다.

윌셔5000 시가총액과 GDP 대비 비율

- 1996년 12월: 7조 2천억 달러, GDP의 87%
- 2000년 3월: 13조 1천억 달러, GDP의 130%
- 2007년 10월: 15조 6천억 달러, GDP의 106%

- 2019년 12월: 33조 달러, GDP의 152%

- 2021년 8월: 46조 달러, GDP의 200%

문제의 본질은, 광적인 머니펌핑이 이루어진 지난 25년간 주식시장 가치가 6.3배 증가한 데 반해 국민소득은 2.7배밖에 오르지 않았다는 점이다. 이 극심한 차이는 통화 인플레이션이 부른 위험하고 지속 불가능한 결과이므로, 주식시장은 결국 처참한 쑥대밭이 되고 말 것이다. 일각에서는 월스트리트가 미국 경제의 개선된 펀더멘털을 지렛대 삼아 미래에 더 나은 실적을 일구어 내리라고 전망하지만, 전혀 가능성이 없는 주장이다.

오히려 그 반대의 가능성이 훨씬 높다. 실질 GDP 성장률 추세는 이미 극도로 악화되어 2007년 4분기 이후로는 평균 1.5%까지 떨어졌다. 이 성장률은 그린스펀의 '비이성적 과열' 경고로 인해 주가가 급등하기 전 수십 년간의 성장률의 3분의 1밖에 안 되는 수준이다. 게다가 경제적 성과가 부진했던 지난 25년 동안의 머니펌핑은 실물경제에 영원히 남을 상처를 주었다. 전에 살펴보았듯 거대한 미국 산업 경제가 대부분 중국으로 넘어갔으며 그즈음 부채가 폭발적으로 불어나면서 레버리지 비율이 터무니없이 높아졌다.

1996년 그린스펀이 과열되는 주식 투기를 시장에 경고할 무렵, 공공부채와 민간 부채의 총합은 21조 달러로 GDP의 250%에 달했다. 1971년 8월 이전 안정적이었던 평균치 150%를 훌쩍 넘어선 비율이었다.

언론에서 마에스트로^{maestro}라 불리던 그린스펀은 우리에게 경고의 메시지만 던지고는 어떤 조치도 취하지 않았다. 그리고 사태는 걷잡을 수 없이 번져 나갔다. 오늘날 미국의 가계, 기업, 정부, 금융기관이 진 부채는 GDP의 370%를 돌파해 85조 9,000억 달러까지 이르렀다. 최근 25년 동안 시가총액이 국민소득에 매이지 말았어야 했다는 그런 발상을 하다니 어처구니가 없다.

전에 언급했듯 시장 가치의 폭발을 합리화하는 주장의 근거로 초저금리가 제시되곤 한다. 하지만 추정컨대 중앙은행 역시도 오늘날 명목 이자율 1.5%와 실질 이자율 -3~4%가 인위적이고 일시적인 요행일 뿐 어떤 가치를 평가하기에 오래도록 지속가능한 기준이 아님을 알고 있을 것이다. 주식시장 붕괴의 한복판에는 세 단어 즉 '거대하고 복합적인 인플레이션massive multiple inflation'이 있다. 현재 월스트리트는 폭발성 금융 유독 가스로 가득 차 있다. 일단 불이 붙으면 월스트리트 거리의 한쪽 끝에서 다른 쪽 끝까지 전체가 폭발할 것이다.

다음에는 무슨 일이?

30여 년에 걸쳐 연준이 자산 인플레이션을 부채질한 결과, 주식 가격과 채권 가격이 선을 넘었다. 이제는 풍요로웠던 날들이 저물고 길고 긴 세월 동안 투자자들이 실망하고 손해 볼 일만 남았다.

구체적으로 그 대상은 수십 년 이어져 온 상승장에서 롱포지션을 취한 낙관주의 투자자나 콜옵션을 매수한 공격적 투자자가 될 것이다. 그들이 이 사실을 알아챌 무렵에는 이미 너무 늦은 후일 것이다. 앞으로 다가올 미래에는 FANGMAN, S&P500, 나스닥-100, 다우, 상장지수펀드ETF에 풋옵션을 매수해 숏포지션*을 취해야만 돈을 벌 수 있다.

이유는 간단하다. 부채 더미에 짓눌려 허덕이는 실물경제의 수입과 이익은 과대자본화되었으며, 실물경제가 현재 부풀려진 자산 가치를 따라잡으려면 시간이 오래 걸릴 것이기 때문이다. 기업의 영업이익이 고군분투하며 성장하더라도 꾸준히 오르고 정상화되는 금리 때문에 각종 평가배수는 향후 몇 년 동안 미끄러져 내릴 것이다.

1987년 중반에 시작되었던 사이클을 되짚어보면 월스트리트에 곧 닥칠 대반전을 예상할 수 있다. 그 당시 그린스펀은 연준의 실권을 쥐자마자 금융억압과 함께 부의 효과 정책이라 부르는 주식시장 과보호 시대를 열었다. 그 무렵 S&P500의 PER은 약 12배였다. 즉 실물경제와 금융시장은 모두 건실했고 두 부문은 합리적으로 결부되어 있었다.

이에 맞게 1987년 2분기 미국 GDP도 4조 8,000억 달러였으며 윌셔 5000 기준 주식시장의 총가치는 3조 달러였다. 즉 주식시장은 실물경제 GDP의 62%였다.

오늘날 끔찍한 모순과 이에 따른 파멸적 결과는, 그린스펀계 통화정책자들이 그의 정책이라면 가리지 않고 따르는 바람에 발생했다. 그린스펀 취임 이후 34년 동안 그린스펀의 정책을 아무런 책임 의식 없이 수행했던 것이다. 이 때문에 실물경제와 상장 주식 시가총액 사이의 지

---

* 주식 하락에 베팅

속 불가능한 커다란 격차는 점점 심화되었다.

그 사이 명목 GDP는 375% 증가해 22조 7,000억 달러에 다다랐다. 반면 윌셔5000 시가총액은 자그마치 1,400% 증가해 46조 3,000억 달러에 이르렀고, 상승률로 보면 명목 GDP의 4배나 되었다. 그린스펀이 연준에 합류할 무렵만 해도 주식시장은 GDP의 60%에 불과했지만, 지금은 정상 범위를 넘어선 204%에 이른다.

여기서 잠깐, 1987년 GDP 대비 시가총액 비율이 적절했다고 하자. 그러면 윌셔5000 시가총액은 오늘날 46조 달러가 아니라 14조 달러여야 한다. 과대평가된 주식가치 32조 달러는 다모클레스의 검처럼 금융 시스템 위에 매달려 경제를 위협하고 있다.

실정은 대략 그렇다. 연준이 리먼브라더스 파산 이후 화폐 발행 카드를 꺼내고부터 GDP와 시가총액의 간극은 점점 위험하게 벌어졌다. 금융위기 직전 버블이 피크에 달한 2007년 10월부터 윌셔5000의 시가총액은 32조 달러 가까이 증가한 반면, GDP를 뒷받침하는 국민소득은 고작 8조 달러 늘어났다.

현재의 상황은 터무니없다. GDP 대비 시가총액 비율은 기필코 낮아져야 한다. 신기록을 경신해서는 안 된다. 결국 이익 창출과 성장을 뜻하는 미국의 경제력이 금융위기 이래로 급격히 약화되었다. 금융위기 직전 2007년 4분기부터 실질 GDP 성장률은 과거 추세의 절반에도 훨씬 못 미치는 연 1.5% 수준에 정체되어 있다.

2007년 10월, GDP 대비 시가총액은 106%였다. 그런데 불과 14년 만에 204%로 껑충 뛰었다. 미국 경제성장률은 반토막 났는데 시가총액은 2배 커진 것이다. 어떻게 봐도 납득하기 어려운 기록이다.

따라서 주식시장이 경제 성장보다 저 멀리 앞서간다는 것을 고려해 본다면 장기적으로 앞날에 어떤 결과가 초래될지 뻔하다. 그린스펀과 그의 추종자들이 화폐 공급이라는 만행을 저지르고 이어 후임 의장들이 자산 가격을 근본적으로 왜곡하고 부풀리고 위조해 자산과 국민소득과의 관계가 전부 어그러졌다. 이 관계가 건전해질 때까지 자산 가격은 장기간에 걸쳐 정체되거나 떨어질 것이다.

설명을 덧붙이자면, 윌셔5000 시가총액이 GDP의 62%가 되려면 GDP가 75조 달러는 되어야 한다. 2007년 4분기부터 명목 GDP 연평균 증가율이 3.3%인 점을 감안한다면, 75조 달러에 도달하기까지 족히 38년은 걸린다는 이야기다.

즉 심히 과대평가된 주식시장은 2060년에나 달성할 수 있는 경제를 앞당겨 이용한 셈이다. 2060년까지는 방구석 투자자들이 기대한 대로 연수익 30%, 100%, 1,000% 대박을 터뜨리기는커녕 한 푼도 벌지 못할 것으로 보인다.

주식시장과 GDP의 관계가 상호 간 적정 비율로 복귀한다 해도, 도박꾼들과 투기꾼들에게 조금씩 그리고 끊임없이 주입된 유동성 문제가 38년에 걸쳐 마냥 순탄하게 해결되지는 않을 것이다. 미래는 훨씬 더 예측불가능하고 변덕스러우며 심지어는 극단적으로 전개될지도 모르기 때문이다.

그렇다고 해도 경제는 합리적 상태로 회귀해야 한다. 지금은 실물경제와 금융시장 사이의 단절이 너무도 극심하다. 이를테면 2021년 8월

산업생산지수는 2007년 10월 때와 정확히 같았다. (14년 내내 무슨 일을 한 건가!) 반면 윌셔5000 시가총액은 2007년 10월 때의 4배였다. 이에 누군가는 미국 경제가 점차 서비스 집약적으로 변해가고 제조업 기반이 중국으로 이전되었다는 갖가지 근거를 들이밀며 합리화할지도 모르겠다. 아니면 산업생산지수는 실제 물리적 생산량을 나타내지만 윌셔지수는 2007년 4분기 이후로 26% 물가 상승(GDP 디플레이터 기준)까지 내포하고 있지 않느냐고 반문할 수도 있다. 그러나 다음의 차트를

■ 2007~2021년, 윌셔4500 종합지수 * vs 산업생산지수

출처: 윌셔 이사회

---

* 윌셔4500 종합지수: 미국에서 거래되는 전체 종목을 포함한 윌셔5000에서 S&P500 종목을 제외한 주가지수

보고 이러한 주장이 옳은지 다시 고민해보자. 14년 동안 주식시장의 대표 척도는 312% 증가했는데, 미국 경제의 제조업·에너지업·광업·유틸리티 생산업을 모두 포괄한 생산지수는… 전혀 증가하지 않았다.

지난 수십 년간 미국의 비금융 부문에서 발생한 막대한 레버리지는 62%에서 204로 증가한 GDP 대비 시가총액 비율로는 설명될 수 없다. 기업 대차대조표에 무슨 일이 발생했던 건가?

1972년 기업 부채는 6,340억 달러로 미국 산업 생산의 총가치 1조 3,800억 달러의 46%에 불과했다. 그러나 2007년에는 10조 1,000억 달러까지 치솟아 산업 생산의 총가치 3조 1,500억 달러의 321%에 다다랐다. 2020년에는 17조 7,000억 달러로 껑충 뛰었다. 산업 생산 가치가 크게 나아지지 않았는데도 부채는 이렇게 치솟았다. 미국 비즈니스 경제에서 연준발 마구잡이식 대출이 한창이던 작년 말, 비즈니스 부문의 레버리지 비율은 정상 궤도를 이탈해 GDP의 592%를 기록했다.

미국 비즈니스 경제는 50년 전보다 13배 더 많은 수준의 레버리지를 떠안고 있다. 따라서 성장과 이익은 세월이 흐르면서 조금씩 줄어들 것이고, GDP 대비 시가총액 비율도 앞서 본 그래프처럼 끝없이 고공행진하지 않고 내리막길을 걸을 것이다.

주어진 도구가 망치뿐이라면…

망치만 들고 있는 수리공의 눈에는 모든 문제가 못으로 보인다는 말이 있다. 마찬가지로 화폐 인쇄기를 소유한 케인스주의 연준 사람들에게는 항상 유동성이 부족해 보일 것이다.

애석하게도 연준의 유동성 소방 호스에는 뚜렷한 목표점이 없다는 게 심각한 문제다. 실제로 오랫동안 표면적으로 심화된 자산 가격 급등의 문제가 현재 급물살을 타면서 전 세계 금융 시스템을 고통으로 몰아넣고 있다. 오늘날 대규모 거품은 주요 중앙은행들의 동시다발적 조치로 촉발되었으며, 그 범위는 전 세계를 아우른다. 이 탓에 그야말로 무시무시한 유동성 과잉 사례들이 셀 수 없이 많이 생겼다.

이를테면 중국의 거대 부동산 개발사 헝다Evergrande 그룹은 예수부채와 미지급 구매대금 등 부채만 3,000억 달러를 짊어진 시한폭탄이다. 이를 머나먼 나라의 탈선일 뿐이라며 가볍게 넘겨서는 안 된다. 헝다 그룹을 괴물로 만든 초저금리 부채는 월스트리트와 다른 어느 곳에도 존재한다는 사실을 잊어서는 안 될 것이다.

헝다 그룹은 건전한 금융을 조롱거리로 만들 만큼 무모하게 많은 빚을 기반으로 성장했다. 예를 들어 헝다는 10년 전인 2011년 말 매입채무 대금 지급을 513일 지연시키며 영업 및 기타 부채 90억 달러를 일으켰다. 2020년 말에는 매입채무 대금 지급을 976일 연기하며 1,490억 달러의 영업부채를 발생시켰다.

과거 기업 재무에 대한 상식이 조금이라도 있는 사람이라면, 헝다의 어마어마한 부채는 있을 수 없는 일이라고 판단했을 것이다. 하지만 중앙은행이 수십 년 동안 화폐를 찍고부터는 미국을 비롯한 세계 경제에 모두 헝다 그룹과 비슷한 사례가 속속 생겼다. 헝다의 고수익 자산관리 상품을 어리석게 매입한 8만여 명의 투자자, 협력사 및 공급업체는 지금 꼼짝없이 발이 묶여 있다. 이 난관을 어떻게 헤쳐 나갈지는 중국 정부에 달려 있다. 아무튼 그들은 회사의 막대한 영업부채나 순부채의 진실을 제대로 알아차리지 못했다. 순부채는 2011년 50억 달러에서 850억 달러로 치솟았는데, 이 850억 달러도 납품업체에 대금 지불을 지연하며 200억 달러의 부채를 상환한 뒤 남은 부채액이었다.

주로 미국인이 많은 외국인 투자자들은 헝다 그룹의 달러 채권을 200억 달러 이상 사들였다. 이들은 리스크를 반드시 고려해야 하며, 수익률만 무분별하게 좇는다면 재앙을 맞이할 수 있다는 교훈을 지금이라도 깨달아야 한다. 당시 돈을 베팅한 미국인들은 폰지사기 자금으로 지어올린 수천 채의 고급 고층 아파트를 둘러싼 수상쩍은 자본 사정을 전혀 눈치채지 못했다. 연준의 통화정책 담당자들이 수익률을 노리는 미국 투자자들을 중국으로 떠민 것이나 다름없었다. 자국의 안전한 우량 채권에 투자해봤자 아무런 수익도 남지 않았기 때문이다. 그래서 그들은 눈을 질끈 감고 중국산 투기 상품과 미국산 거품 상품을 있는 대로 마구 사들였다.

헝다 그룹은 지금까지 중국 GDP의 29%를 차지하는 대규모 부동산 개발 부문에서 선두를 달리는 막강한 기업으로, 부채와 미지급금 관련해 앞서 언급한 수치들은 모두 당연히 기업 공시에 정확히 나와 있었다. 헝다 그룹이 140만 채의 미건축 아파트에 대한 수백억 달러의 예수부채 바다 위에 표류하고 있다는 내용도 당연히 공시되어 있었다.

기업의 재무 실태가 이토록 심각한데, 미국에서 연간 지어지는 주택

숫자를 다 합한 규모의 미건축 주택에 대해 상환이 거의 1,000일이나 미루어진 미지급금과 지불능력을 초과하는 채무가 발생한다면, 아무리 안정적이고 지속가능한 '경제 최강국'이라 해도 과연 경제가 정상적으로 작동할 수 있겠는가?

월스트리트는 헝다 그룹처럼 거대한 빚더미에 나앉게 된 중국식 자본주의를 왜 그렇게 오랫동안 예찬했을까? 2000년 중국 GDP는 1조 2,000억 달러였고 공공부채와 개인 부채의 합산액은 1조 7,000억 달러였다. 하지만 현재로 빨리감기하면 그 수치들은 각각 14조 7,000억 달러와 49조 3,000억 달러로 불어난다.

이보다 더 중국 경제의 현실을 여실히 보여주는 수치는 없을 것이다. 지난 20년에 걸쳐 명목 GDP가 12배 증가한 데 비해 부채는 무려 29배나 늘었다.

13조 5,000억 달러 증가했다고 알려진 명목 GDP가 통계적 속임수에 불과하다는 것, 그리고 이것이 심각한 낭비와 잘못된 투자를 상징적으로 담아내고 있다는 것을 잘 모르는 사람이 많다. 그러나 국가 부채가 20년 동안 매년 거의 20%씩 증가하며 레버리지 비율이 GDP의 140%에서 355%로 높아지면 경기는 경착륙할 수밖에 없다는 건 누구나 아는 사실이다.

중국이 세상 어디에도 없는 최대의 폰지사기국란 사실을 인식하지 못한 월스트리트의 근시안적 판단은 이것으로 그치지 않았다. 실제로 각국 중앙은행이 자산 가격을 너무 오랫동안 끌어올린 탓에 중국 경제나 헝다 그룹의 괴이한 경제 속성은 대놓고 세계로 전염되고 있다. 그

럼에도 판단력 흐린 월스트리트 낙관론자들은 모든 게 순조롭게 흘러
가고 있다고 떠벌린다.

우주까지 간 가치평가

주식시장에 역사상 가장 크고 위험한 투기 버블이 발생했다. 많은
면에서 주식시장은 1929년 대공황 때와 2000년 닷컴버블 사태의 블로
우오프탑 Blow-off Top * 때보다 훨씬 치명적이며, 그 이전에 발생한 영국의
전설로 남은 남해회사 South Sea Company 버블과 네덜란드 튤립 버블 때보다
도 더욱 위태로울 것으로 보인다.

게다가 주식 버블은 고공행진하는 기술주부터 대형주 집합체인
S&P500, 분야별 ETF, 온갖 투기 광기로 오염된 시장 주변부에 이르기
까지 구석구석 침투했다. 시장 주변부에서는 주식토론방 개인 투자자
들의 숏스퀴즈 Short Squeez ** 에 의한 주가 폭등, 초보 투자자들의 스마트폰
앱을 통한 게임화된 거래, 밈주식 등의 투자 광기가 발생한다.

전기차 제조업체 테슬라 Tesla 는 월스트리트를 장악하며 무지성 투기
를 끌어모으는 대표 기업이다. 중요한 단일 평가지표인 잉여현금흐름
대비 시가총액은 2019년 6월(최근 12개월) 29배에서 2021년 9월에는 저
세상 비율 470배로 치솟았다.

---

* 주가가 급등한 뒤 급락하는 현상
** 공매도 투자자가 주가 상승을 예상할 때 손실을 줄이기 위해 다시 그 주식을 매수하는 것

그러면서 상상도 할 수 없는 일이 벌어졌다. 지난 2년 동안 테슬라 시가총액은 500억 달러에서 1조 2,000억 달러로 자그마치 2,300배 폭발했다. 그런데 정작 잉여현금흐름은 26억 달러로 겨우 2배 증가에 그쳤다. 여기서는 순이익이 아닌 현금흐름이 인용되었는데, 테슬라에는 제대로 된 순이익이 없기 때문이다. 지난 10년간 테슬라가 발표한 변변찮은 당기순이익은 그나마 탄소배출권 판매 덕분이었다. GM, 포드Ford, 크라이슬러Chrysler, 토요타Toyota 등 자동차 기업들은 자신들의 내연 기관 자동차를 미국 소비자에게 판매할 권리를 유지하기 위해 테슬라의 탄소배출권을 강제로 사야 했기 때문이다.

이 아이러니한 상황은 눈이 휘둥그레질 정도로 놀랍다. 2021년 10월 기준 테슬라 시가총액은 토요타, 폭스바겐Volkswagen, GM 등 전체 글로벌 자동차 기업 시가총액의 170%에 달했다. 그러나 정작 테슬라는 그들의 값비싼 자동차 판매를 통해서는 별다른 소득을 얻지 못하고 있다. 그나마 미미한 수준으로 존재하는 이익은 정부 보조금, 즉 자동차 판매로 풍부한 이익을 얻은 경쟁사들의 주머니에서 빠져나가는 세금에서 나오는 것이다.

소속 산업군에서 제대로 된 이익을 내지 못하는 컬트주 종목에는 테슬라만 있는 것이 아니다. 오늘날 거대하고 복합적인 자산 인플레이션은, 엄청난 수익성 덕에 오를 일밖에 남지 않았다고 하는 대형성장주뿐만 아니라 다른 부문에서도 보편화되었다. 연준에서 시작된 인플레이션이 주식시장의 심장부까지 파고든 탓에 기술 강자 애플을 비롯한 다른 기술주들도 과대평가되었다. 애플은 뜨겁게 달아오른 FANGMAN의 중심에 우뚝 서 있다.

9장

애플과 파월풋

▼

오늘날 기업의 이익과 가치평가배수는 별개가 되었다. 애플의 사례를 살펴보자. 2015년 6월 독보적인 기술 제품들을 내세운 애플은 7,150억 달러의 가치를 평가받았다. 여기에는 연매출 2,240억 달러, 순이익 507억 달러가 반영되었다.

PER이 14.1배로 생각보다 높지 않았던 데는 다 그만한 이유가 있었다. 빅테크 기업 애플의 막대한 규모에는 본질적 한계가 있었기 때문에 성장률도 둔화되고 있었던 것이다. 앞으로 수익이 확대될 것이란 기대감도 크지는 않았는데, 그 기대감은 척 맞아떨어졌다. 그로부터 6년 뒤인 2021년 6월 매출은 3,470억 달러, 순이익은 868억 달러에 그쳤다.

물론 이것도 많은 수익이긴 하지만 성장률로 치면 평범한 수준이다. 실제로 6년간 애플의 매출 성장률은 연 4%, 순이익 성장률은 연 6.8%에 불과했다. 기업 재무와 주식가치평가의 통상적 기준에 따르면, 2015년 6월 애플의 시가총액 7,150억 달러와 PER 14.1배는 이후 매출과 이익이 완만하게 성장한 것을 고려하면 적당했다고 볼 수 있다.

그러나 유동성이 넘쳐흐르고 초저금리를 이용한 캐리트레이더가 활개를 치기 시작했다. 제롬 파월 전 연준 의장의 이름을 딴 '파월풋 Powell put'에 대한 기대가 만연하고, 트레이더 행세를 하는 1,800만 명의 투자자가 마치 카지노에 있는 것처럼 스마트폰으로 쉴 틈 없이 주식을 매수하는 주식시장에서 일반적인 가치평가 기준은 메모리홀 memory hole 속으로 던져졌다.

근래의 애플 시가총액은 3조 달러로 6년 새 무려 2조 3,200억 달러 증가했고, 회계원칙 GAAP에 따르면 2021년 9월 기준 순이익은 947억 달러, PER은 31.7배였다. 그 사이 PER은 2배 증가한 것이다.

또한 지난 6년간 시가총액은 연 25% 가까이 성장한 반면, 이익은 겨우 연 10% 증가했다. 여기서 PER이 2배나 증가했다는 사실을 간과해서는 안 된다. 2015년 6월 PER 14.1배에 해당하는 오늘날 적정 시가총액은 1조 3,400억 달러밖에 되지 않는다. 시가총액 증가분 2조 3,200억 달러는 2015년 6월 이후 이익 성장으로 인한 증가분 6,250억 달러와 복합적인 인플레이션으로 인한 증가분 1조 7,000억 달러에서 나왔다. 결과적으로 막대한 증가분의 73%에 해당하는 1조 7,000억 달러는 지난 6년간 캘리포니아 쿠퍼티노 Cupertino에 있는 애플 본사가 아니라 워싱턴 DC 연준 본부에서 창출된 것이다.

애플이라는 회사 하나가 S&P500 시가총액 37조 1,000억 달러의 8%를 차지하고 있다. 이 시가총액 괴물 기업은 평균 주가, ETF, 인덱스형 뮤추얼 펀드를 이례적 수준으로 끌어올렸다. 헤지 펀드의 투기 자금부터 순진한 밀레니얼 세대의 쌈짓돈까지 모조리 빨아들여 근대 역사 통틀어 돈을 가장 많이 집어삼킨 유일한 종목이 되었다. 규모만 크지, 성장은 저조한 기업의 주가수익비율이 어째서 31.7배나 되는가? 30~40%에 달한다는 전설적 수준의 마진이 중국의 심장부에 깊숙이 자리한 12개 이상의 광대한 폭스콘 공장에서 나온다고는 하지만, 중국 경제는 부동산 폰지사기 그 자체이지 않은가?

중국 정부가 마음만 먹는다면 폭스콘 공장에서 나오는 애플의 높은 마진율을 증발시키는 건 일도 아닐 것이다. 심지어 이것이 중국 경제에 큰 타격을 가하지도 않는다. 애플과 제조 계약을 맺은 폭스콘의 임금계산서 금액은 중국 GDP의 0.2% 미만에 불과하기 때문이다. 또한 중국 시장에서 차지하는 애플 브랜드 제품의 점유율은 8% 미만에 지나지 않으며, 점점 격해지는 미국과의 무역, 정치, 잠재적인 군사 냉전 때문에 그마저도 계속 떨어지고 있다.

애플의 PER이 급등한 주요 원인 중 하나가 연준이 주도한 어마어마한 규모의 금융공학이라는 점에도 주목할 필요가 있다. 애플은 자사주를 소각하고 주가를 부양하는, 즉 자사주 매입을 통해 현금흐름과 대차대조표 크기를 인위적으로 변경하는 방식의 전형을 보여주었다.

2015년 9월과 2021년 6월 사이, 애플이라는 커다란 수익 기계가 연구개발과 자본지출을 제외하고 5,070억 달러의 현금흐름을 창출했다. 연구개발과 자본지출은 애플의 지배력을 강화한 주요 투자 채널로, 지난 6년에 걸쳐 각 부문에 840억 달러와 760억 달러가 투입되었다. 여기서 요지는 1,600억 달러가 사업에 재투자된 후에도 해당 기간 잉여현금흐름은 겨우 3,470억 달러였다는 것이다.

애플은 그 기간 동안 자사주 매입에 거의 3,390억 달러를, 배당금에 770억 달러를 지출했다. 즉 잉여현금흐름의 120%인 4,160억 달러를 주식시장에 다시 투입한 것이다. 더군다나 690억 달러의 현금 부족분은 대부분 대출로 조달되었다. 실제로 애플이 보유한 총 부채는 2015년 630억 달러에서 현재 1,240억 달러로 증가했다. 인류 역사상 가장 수익성이 뛰어난 기업이 주식 투기 열풍에 힘입어 잉여현금흐름을 전부 쏟아붓고도 모자라 610억 달러를 차입해 월스트리트 카지노에 뿌렸다. 무슨 말이 더 필요할까?

2012년 중반까지 미국 경제는 대침체에서 손실된 GDP를 회복해 그 이전보다 3% 높은 GDP를 유지했다. 이와 동시에 대침체 때 사라진 민간 부문 일자리 880만 개의 57% 이상을 복구했다. 당시 미국 자본주의는 지속가능하고 정상적인 확장의 길을 걷고 있었으며 보조 지원이라든지 연준의 더 큰 '부양책' 같은 건 필요하지 않았다.

월스트리트 금융가도 마찬가지였다. 월셔5000 시가총액은 14조 5,000억 달러로 GDP의 87%를 차지했다. 이는 앞서 설명한 1996년 12월 그린스펀이 비이성적 과열을 경고한 무렵 발표된 비율과 같으며 1971년 8월 수준의 80%를 약간 웃돌 뿐이었다. S&P500의 주가지수는 1,360포인트, 주당순이익은 87달러였다. 즉 15.5배로 산출되는 PER은 주식시장의 통상적 기준에 근접한 수준이었다.

시장을 주도하는 FANGMAN 주식가치도 그 당시에는 합리적이었다. 주식가치는 1조 1,600억 달러로 미국 전체 주식이 거래되는 월셔

5000 시가총액의 8.3%였으며, FANGMAN 총 순이익 750억 달러를 기준으로 계산한 PER은 15.5배로 납득할 수 있는 수준이었다.

연준은 이때 화폐 인쇄기를 진정시키고 금융시장과 금리를 정상화했어야 했다. 그러나 2012년까지 4년 동안 버냉키는 연준의 대차대조표를 8,900억 달러에서 2조 9,000억 달러로 팽창시켜 전체 채권의 수익률 곡선을 물가 상승률 아래로 밀어 넣었다.

2012년 6월 CPI가 전년 대비 1.65% 상승했을 때, 벤치마크 채권인 미국 10년물 국채 수익률은 1.6%에 불과했다. 장기 성장을 위해서는 시장 주도의 가격 발견이 중요한데, 이것이 제대로 작동하지 않았다. 이 탓에 투자자들은 장기 저축에서 적절한 물가조정 수익을 얻을 수 없었고, 월스트리트는 다시 정직한 카지노로 돌아갈 수 없었다.

당시 연준을 이끌던 벤 버냉키, 제롬 파월, 재닛 옐런, 제임스 블라드 James Bullard 등 케인스주의 교수와 정부 관료 들은 긁어 부스럼을 만들었다. 2012년까지 펀치볼을 치우고도 남았을 이전 세대 의장들의 견해에 눈길조차 주지 않았다.

오히려 그들은 저금리 기조를 더 세게 밀고 나갔다. 다음 9년 동안 박약한 근거를 잇따라 늘어놓으며 화폐 인쇄기의 열기를 식힐 새도 없이 돈을 찍어냈다. 2020년 팬데믹 봉쇄 때는 연준과는 전혀 무관하게 엄연한 공급측 문제가 지배했는데도 화폐 발행을 감행했다. 그들은 어떤 회복도 확신할 수 없는 팬데믹 침체기 때, 전 의장 버냉키의 긴급 신용 투입 기조를 따라 5조 9,000억 달러를 연준의 대차대조표에 주입했다.

그들은 대차대조표를 다시 정상 수준으로 되돌려놓았어야 했다. 버냉키가 당시에 약속하고 2012년 초 연준 이사로 취임한 파월이 공개적으로 주장했던 것처럼 말이다. 여기에서 정상적인 수준이란 약 1조 달러를 의미하는데, 이것은 프리드먼이 강조한 연간 표준 성장률 3~4%를 충분히 감안한 규모이다.

하지만 현실 속 대차대조표는 축소되지 않고 13.2%의 연평균 복합 성장률로 확대되었다. 이제껏 9년 동안 증가율이 이만큼 높은 적이 없었다. 1970년대 인플레이션 때도 이 정도는 아니었다. 케인스주의자들이 내세우는 거시경제 기준으로 봐도 폭발 그 자체였다. 반면 실질 GDP 성장률은 겨우 2%, 현대 역사상 가장 낮은 성장률(10년 치 평균 기준)을 기록했다.

연준의 수장들은 노동 시장과 개선되는 성장률에 대해 떠들면서도 "실물경제가 2% 성장할 때 연 13.2%로 불어난 유동성은 전부 어디로 가고 있었나?"라는 명명백백한 문제는 외면했다. 물론 연준은 답을 할 수 없을 테지만, 올바른 대답은 "유동성이 대부분 월스트리트로 흘러들었고 이로 인해 자산 가격이 끝없이 상승했다."일 것이다.

윌셔5000 시가총액만큼 이 상황을 잘 대변하는 지표가 없다. 2012년 6월에 14조 달러였던 시가총액은 2021년 12월에 48조 달러까지 증가했다. 9년 동안 공교롭게도 시가총액이 34조 달러만큼 어마어마하게 증가할 때 GDP는 겨우 3조 2,000억 달러 증가했다.

상상하기 힘든 일이다. 주식시장은 실질 GDP보다 약 11배 증가했다. 달리 말해 그 9년 동안의 미친 듯한 머니펌핑으로 윌셔5000 시가총액은 소득, 이익, 성장 전망, 펀더멘털과 관련한 어떠한 이유도 없이

GDP의 87%에서 204%까지 치솟았다. 시장을 아찔하리만치 높은 수준으로 끌어올린 요인은 오로지 중앙은행발 투기 광풍과 비합리적인 PER 증가였다.

이러한 사실은 투기 열기 한복판에 있는 FANGMAN 주식에서 뚜렷하게 드러난다. 근래에 FANGMAN의 총시가총액이 무려 10조 달러인데 반해, 2021년 6월을 기준으로 최근 12개월 동안의 순이익은 2,890억 달러밖에 되지 않았다. FANGMAN의 PER이 34.6배까지 치솟았는데도 9년에 걸친 순이익 성장률은 겨우 연 16.2%였다. 심지어 FANGMAN에서 애플을 뺀 나머지 6개 기업의 PER만 해도 37배에 달한다.

같은 기간 동안, 애플을 제외한 나머지 6개 기업의 순이익은 365억 달러에서 2,020억 달러로 매년 21% 뛰어올랐다. 하지만 이와 같은 일이 다음 9년에도 재현될 가능성은 조금도 없다. 순이익이 압도적으로 증가할 수 있던 것은 레거시 미디어에서 구글과 페이스북으로 단발성 광고 전환한 덕택이었다. 소매 판매가 오프라인 매장에서 아마존 온라인 채널로, 정보처리 서비스가 개별 장치에서 마이크로소프트·아마존의 클라우드로 이전된 것도 마찬가지의 맥락이다.

예를 들어 2000년과 2020년 사이 총 글로벌 광고 지출이 4,710억 달러에서 5,870억 달러로 증가했다. 두 번의 경기 순환이 이루어지는 동안 해마다 1.1%씩 완만한 성장률을 보인 셈이다. 2012년과 2020년 사이에도 연간 성장률은 2.4%로 그다지 높지 않았다. (참고로 인플레이션이 반영되지 않은 수치다.)

이와 대조적으로 같은 기간 구글과 페이스북의 합산 순이익은 110

억 달러에서 1,020억 달러로 연 28%씩 증가했다. 그러나 총 광고 지출 증가율 대비 10배가 넘는 온라인 광고계 거물들의 순이익 증가율은 향후 수년간 다시 볼 수 없을 것이다. 지레짐작으로 하는 말이 아니다. 2020년에 글로벌 광고 총지출에서 온라인 광고의 비중은 이미 54.3%에 해당하는 약 3,200억 달러에 이르렀다. 이중 구글과 페이스북이 가장 커다란 몫을 차지했다. 나머지는 TV가 1,520억 달러, 신문이 320억 달러, 광고판이 290억 달러, 라디오가 260억 달러, 잡지가 180억 달러를 구성한다.

향후 8년간 전체 광고 지출이 연 2.2%씩 추가로 증가한다면, 그리고 2020년 레거시 미디어에 사용된 2,630억 달러 중 50%를 디지털 광고가 가져가게 된다면, 2028년까지 총 디지털 광고 지출은 5,600억 달러에 이를 것이다(경기침체나 여타 경제 혼란이 없는 경우에 한해서). 그러나 이는 구글과 페이스북이 지난 9년간 순이익에서 올린 성장률의 4분의 1인 7%에 불과하다.

좌·우파 정치세력이 광고 기반의 두 소셜미디어 거물을 겨냥해 규제 협공을 펼치고 있는 까닭에 재정적 리스크가 증대되는 건 당연한 일이다. 한마디로 구글과 페이스북의 연 28% 이익 성장이 무한히 이어질 확률은 제로에 가깝다.

비슷한 종류의 단발적 성장 문제는 다른 FANGMAN 멤버들에도 적용된다. 지속적인 고성장을 가로막는 이 명백한 장애물은 누구나 알고 있는 사실이다. 연준의 유동성에 광분하며 카지노에 빠진 이들이 진실을 외면할 뿐이다. 2012년 중반 이후 FANGMAN 주식가치 상승분인 9

조 달러는 윌셔5000 주식가치 상승분의 무려 30% 가까이 차지했다.

보다시피 주식시장은 일촉즉발 위기에 처해있으며 특히 FANGMAN 기업들은 거대하게 배출된 유동성이 집중적으로 쏠리는 웅덩이었다. FANGMAN의 적정 PER은 16배 미만이다. 다시 말해 연준이 전례가 없는 유동성 잔치를 벌여 위험으로 빠지기 시작하기 직전인 2012년 중반 때의 PER이 딱 적절하다. 왜냐하면 FANGMAN의 성장률은 GDP 성장률로 수렴된다는 철칙을 향해 끊임없이 나아가고 있기 때문이다.

FANGMAN에 집중된 카지노 투기 열기의 강도는 S&P500에 속하는 다른 493개 종목과 비교 해봐도 알 수 있다. S&P500 시가총액은 2012년 6월에 12조 2,000억 달러에서 36조 3,000억 달러로 증가했고, FANGMAN 시가총액 상승액은 S&P500 상승액의 38%를 차지한다.

달리 말해 그 9년 동안 493개 주식의 시가총액이 11조 1,000억 달러에서 26조 4,000억 달러로 2.4배 상승한 데 반해, FANGMAN의 시가총액은 9배 증가했다.

주구장창 상한가 행진을 이어가는 FANGMAN 주식가치가 9조 달러 상승한 사실이 왠지 낯설지 않다면, 그 이유는 이 영화 같은 이야기를 과거에 목격한 적 있기 때문이다. 21세기에 접어들 무렵, 광란의 닷컴버블 이전에 기술주 4대 기수로 불리는 마이크로소프트, 델Dell, 시스코Cisco, 인텔Intel의 시가총액이 8,500억 달러에서 1조 6,500억 달러로 치솟은 적이 있었다.

2000년 3월 주식 버블이 피크일 당시 4대 기수의 PER을 살펴보면 마이크로소프트는 60배, 인텔은 50배, 시스코는 192배로 과도하게 높았다. 오늘날 PER이 30배인 페이스북, 68배인 아마존, 54배인 넷플릭스, 96배인 엔비디아[NVIDIA]와 다를 바 없다.

위대한 기업들도 버블 피크에서는 극심한 과대평가를 피할 수 없다. 시스코의 시가총액은 5,250억 달러의 정점을 찍고 난 뒤 2년 후 750억 달러로 급락했다. 그즈음 기술주 4대 기업의 시가총액도 1조 2,500억 달러(75%)가 증발했다.

극적인 붕괴의 원인은 매출과 이익의 폭락 때문이 아니었다. 오늘날 FANGMAN과 마찬가지로 기술주 4대 기수도, 주춤하는 성장에 주가만 그칠 줄 모르게 올랐던 미성숙한 대형주였던 것이다.

누가 봐도 고평가된 아마존

밸류에이션은 중요하다. 현재 버블 사이클에서 가장 높이 치솟은 아마존의 밸류에이션은 너무할 정도로 과하다. 나중에 또 설명하겠지만, 과연 아마존이 1조 7,000억 달러의 시가총액에 상응하는 수익을 낼 수 있을지 강한 의구심이 든다. 거대한 전자상거래 사업은 새로운 수익을 창조하기 어렵기 때문이다.

4,430억 달러의 매출에서 차지하는 수익 290억 달러 가운데 상당 부분은 AWS 클라우드 사업에서 나온다. 이 사업은 단발성 기술 전환의 전형으로 머지않아 GDP 성장률로 꺾이는 한계점에 다다를 것이다.

주식이 하늘을 찌를 듯 치솟을 때 바로 이어질 단계는 스카이다이빙

뿐이라는 사실을 꼭 기억하자. 이를테면 1998년부터 2000년까지 나스닥-100의 주가지수는 24개월간 최고치인 4,700포인트까지 300% 증가하면서 마치 무에서 유를 창조한 듯했다. 그후 얼마 지나지 않아 2000년 3월 27일을 기점으로 블로우탑 현상이 나타났다. 20거래일 후에 주가지수는 30% 폭락했고 그 이후 3,000포인트 선에서 오랫동안 횡보하며 저가 매수를 노렸던 투자자들이 마지막으로 유입되었다. 그들은 완패했고 최후의 희생자가 되었다.

2002년 10월까지 주가지수는 최고치의 85%만큼 폭락했다. 800포인트는 그 이전 1996년 12월 때보다 낮은 수치였다. 그린스펀이 처음으

■ 1998~2002년, 나스닥-100 블로우오프탑 그리고 붕괴

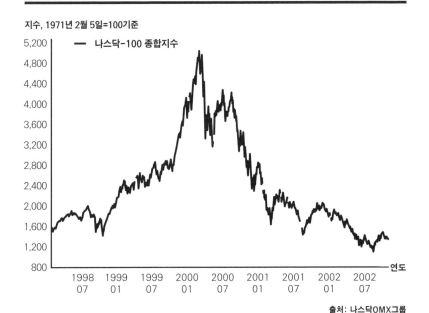

지수, 1971년 2월 5일=100기준

출처: 나스닥OMX그룹

로 비이성적 과열을 경고했지만, 통화정책의 마에스트로로 불리는 본인을 포함해 아무도 그 경고를 신경 쓰지 않았을 무렵이었다.

본 게임은 아직 시작되지도 않았다. 가까운 미래에 나스닥-100에 블로우오프탑 현상이 발생하게 될 것이다. 이번에는 16,000포인트대 고점에 도달하기까지 시간이 꽤 걸렸지만, 불과 2020년 3월 23일까지만 해도 7,000포인트였다. 이 무렵부터 미국 경제가 봉쇄로 충격 받아 연준이 밤낮 없이 인쇄기를 가동하기 시작했다.

그로부터 18개월이 흘렀지만, 실물경제는 여전히 400만 개 이상의 일자리 부족에 시달리고 있으며 GDP는 겨우 2019년 4분기 수준에 도달했다. 반면 주식은 100% 상승해 개미 투자자들은 전례 없는 서커스 랠리 sucker's rally * 에 몰려들고 있다. 2000년 초에도 이와 같은 일이 있었는데 곧이어 혼을 쏙 빼놓을 정도의 쇠퇴가 뒤따랐었다.

전문가들은 이번에는 진짜 다를 거라며 애플, 구글, 페이스북 등 강건한 이윤 창출 기업만큼은 2000년 닷컴버블 때와는 같지 않을 거라고 강력히 주장한다. FANGMAN은 금융계의 아틀라스**와 같아서, 막대한 수익이라는 어깨로 거품 가득 낀 주식시장을 버텨내며 절대 무너질 리 없는 것일까?

전문가들의 말이 위안이 될 수는 없다. 2000년 3월 윌셔5000 시가총액이 7조 달러에서 거의 14조 달러로 부풀려졌던 동력은 웹밴 Webvan

---

* 개인 투자자들이 몰려 단기적으로 급등한 주식시장
** 그리스 신화에 나오는 신으로 지구를 양어깨에 짊어진 강인한 거인을 뜻함

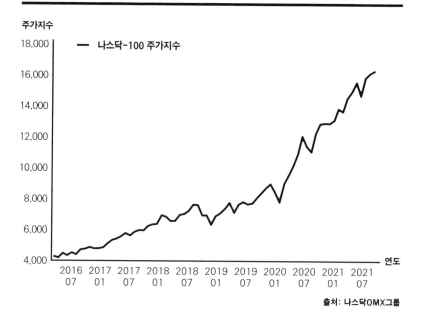

주가지수

이나 코즈모 ^{Kozmo}, 펫츠닷컴 ^{Pets.com}과 같은 기업 때문이 아니었다. FANGMAN과 맞먹는 기업들, 그러니까 현대에 가장 혁신적이며 수익성이 뛰어난 4대 기수(마이크로소프트, 델, 시스코, 인텔)가 그 시대의 주가 상승을 주도했다.

문제는 지나친 과대평가였다. 2000년 3월 27일 마지막 남은 순진한 투자자들이 주식시장에 뛰어들 무렵 월스트리트에 순식간에 6조 달러가 풀려 밸류에이션이 극단적으로 치솟았다. 그때 시스코의 가치는 5,000억 달러, 순이익은 26억 달러였다. 150억 달러의 매출에 비하면 결코 초라한 수준은 아니었으나 PER 192배는 어떻게 봐도 터무니없는 수치였다.

시스코의 매출과 이익은 꺾이지 않고 오늘날 각각 550억 달러와 102억 달러에 이르렀다. 그러나 이 자체가 문제였다. 연평균 순수익 성장률이 21년 내내 6.7%에 묶여 있다. 걸어 다니는 수준의 성장률로는 아찔하게 높은 PER이 지속될 수 없다. 실제로도 시가총액이 2,350억 달러로 떨어져 반토막이 났다. 20년이 지난 지금까지도 그리고 미래에도 시스코 가치는 2000년도 수준으로 회귀할 수 없을 것이다.

결국 PER은 정상화될 수밖에 없다. 시스코의 PER은 192배까지 무섭도록 팽창했지만 닷컴버블 붕괴와 함께 추락하면서 현재는 23배까지 떨어졌다.

마이크로소프트의 상황은 시스코보다 조금 나은 형편이지만 레퍼토리는 크게 다를 바 없다. 마이크로소프트는 과거에도 워싱턴주 레드먼드 Redmond 의 최대 기업이자 기술 강기업이었고 현재도 그렇다. 2000년 3월에 매출 230억 달러와 순이익 92억 달러를 기록했고, 20년이 지난 2020년 3월에는 매출 1,390억 달러와 순이익 460억 달러를 발표했다. 그러나 연평균 성장률로 치면 매출과 순이익 각각 9.4%와 8.4%로 극적인 성장을 이루지는 못했다.

2000년 3월 마이크로소프트의 PER은 60배였는데, 이렇게 높은 PER을 달성한 후에는 성장률이 아무리 준수해도 시가총액 성장률이 뒤처질 수밖에 없다. 2020년 3월 마이크로소프트 시가총액은 1조 1,400억 달러로 2000년 3월보다 겨우 연 3.7% 상승했다. 20년 장기 투자가 아닌 단타로 수익을 기대하는 요즘 젊은 온라인 투자자라면 분명 이런 종목은 거들떠도 안 볼 것이다. 알려진 바와 같이 오로지 2020년 3월 이후 연준이 쏟아부은 4조 달러 때문에 PER이 36배까지 다시 치솟고 시가총액이 1조 달러 증가했다.

다음은 인텔이다. 인텔은 지금까지 설립된 기업 중 가장 위대한 최첨단 기술 기업 중 하나이지만, 가치평가 측면에서 절대적 교훈을 주었다. 2000년도 버블 피크 때 인텔의 시가총액은 3,000억 달러를 찍은 데 반해 매출은 330억 달러, 순이익은 105억 달러에 머물렀다. 수년간 이어온 기술 혁신과 시장 지배력에도 PER이 30배는 넘지 못했다.

2021년 6월 기준으로 인텔의 매출은 과거 21년 동안 780억 달러로 2배 이상 뛰었고 순이익은 거의 190억 달러에 달했지만, 성장률로 치면 각각 4.1%와 2.8%밖에 되지 않았다. PER이 11.7배까지 고꾸라진 이래로, 2000년 봄에 인텔에 쇄도했던 소액 투자자들은 2000년 9월 때보다 25% 낮은 시가총액에 지금까지 발이 묶여 있는 실정이다.

지구를 떠나지 못한 주가

이제 아마존이라고 불리는 중력을 거스르는 로켓 우주선을 다시 살펴보자. 현재 아마존은 닷컴버블 시절 마이크로소프트와 맞먹는 위상을 지닌 세계 일류 혁신 기업이다. 2021년 9월을 기준으로 최근 12개월의 순수익은 263억 달러, 시가총액은 순수익의 65배인 1조 7,100억 달러이다.

2021년 아마존 CEO 제프 베이조스는 우주여행을 위해 개인 로켓 우주선을 타고 강력한 중력을 2분간 벗어났지만, 아마존 주가는 지구에서 탈출하질 못하고 있다. 팬데믹 봉쇄 덕에 매출이 4,580억 달러로 불어났음에도 불구하고 전자상거래 거물 기업의 PER 배수는 실질 GDP 성장의 중력으로 인해 상승할 기미가 보이지 않는다.

아마존은 더 이상 스타트업이 아니다. 세워진 지 28년 된 기업이다. 하지만 아이폰이나 개인용 컴퓨터같이 최종 수요를 폭발시키는 창조적 제품을 만들어내지는 못했다. 그 대신 매출의 89%는 상품 소싱, 이동, 보관, 배송과 관련한 일에서 발생한다. 이 부문은 지난 10년간 명목 달러 기준으로 연 2.2% 성장하긴 했지만, 성장을 가속화할 거시경제적 기반은 없는 게 현실이다.

아마존은 무너져가는 오프라인 소매 세계에서 점유율을 순조롭게 늘려가고 있지만, 65배의 PER은 단지 일회성 상승일 뿐 영구적으로 지속되기는 어렵다. 그리고 이 온라인 전환을 통한 '성장'은 오프라인 시장의 반격 대상이기도 하다. 이 반격은 집 안에서 보내는 시간이 늘어날 수밖에 없는 팬데믹 당시 사람들이 오프라인 쇼핑을 온라인으로 전환하면서 일시적으로 완화되었을 뿐이다.

이를테면 월마트의 전자상거래 매출은 몇 년 전 온라인 소매업체 제트닷컴 Jet.com 을 인수한 이후 폭발적으로 성장했다. 회계연도 2021년에 전자상거래 매출은 2018년 수준의 6배에 달하는 650억 달러를 기록했다. 이와 마찬가지로 타켓 Target 의 전자상거래 매출은 현재 200억 달러를 넘어섰으며 빠르게 성장하고 있다. 대형 소매기업인 홈 디포 Home

Depot, 로위스Lowe's, 콜스Kohl's를 비롯해 전자상거래의 레드오션에서 생존한 다수의 여타 기업도 모두 마찬가지다.

이 모든 기업은 전자상거래 업무를 위해 어떻게 하면 현존하는 거대한 자산 기반을 활용할 수 있는지 학습하고 있다. 예를 들어 월마트는 4,700곳의 매장을 소비자의 상품 픽업 장소로 이용하고 4시간 이내 무료 배송 옵션까지 제공한다. 또한 전자상거래를 수행하기 위해 147곳의 물류센터와 6,200대의 트럭, 세계 유수의 글로벌 소싱 시스템을 아우르는 광대한 물류 시스템을 이용 중이다.

확실히 2020년 코로나19 봉쇄 쇼크 탓에 아마존 북미 지역의 소매 매출이 전년 대비 40% 치솟았다. 소비자들은 정부의 명령과 감염에 대한 두려움 때문에 오프라인 매장 방문을 포기했다. 아마존의 매출이 두드러지게 성장한 까닭은 오로지 전자상거래로의 한 차례 전환 때문이었다. 2020년 팬데믹은 소매 채널이 온라인으로 이전되는 여정을 빠르게 완성시켰다.

지난 2년 동안 북미 지역 내 온라인 소매 판매의 연 성장률은 20%에 조금 못 미쳤다. 아마존이 기술 전환을 마쳤고 부채를 짊어진 미국의 가계가 매년 소매 상품에 기껏해야 2~3% 더 지출한다는 점을 고려하면, 앞으로 그 성장률은 곧 한 자릿수로 접어들 것이다.

순이익이나 세전이익이 낡은 개념이라고 생각하는 사람들은 잉여영업현금흐름에 기반한 이야기에도 귀를 닫는다. 근 30년을 영업하고도 아마존의 잉여현금흐름은 여전히 매우 적다. 2021년 6월까지 12개월 동안 잉여영업현금흐름은 70억 달러에 불과했다.

그 배경을 살펴보자. 아마존은 영업을 통해 593억 달러의 현금흐름을 창출했으나 놀랍게도 523억 달러가 다시 자본지출로 흘러나갔다. 물론 엄청난 매출과 시가총액에 비해 잉여현금흐름은 매출의 1.5%로 우스울 만큼 적다. 그런데 잉여현금흐름배수는 244배나 된다!

주가가 미친 듯이 높은 아마존 주식을 매입한다면 배당 수익률은 0.4%밖에 되지 않는다. 하지만 그조차 순전히 이론적인 얘기이다. 아마존은 배당금을 한 푼도 지급하지 않는다는 사실을 아는가?

차라리 오늘날 10년 만기 미국 국채에 투자한다면 훨씬 더 나은 수준인 1.5% 수익이라도 얻을 수 있다. 심지어 미국 정부는 수익을 현금으로 지불한다. 어느 누가 제프 베이조스의 끊임없는 제국 건설과 과대망상의 위험에 빠져들겠는가?

이러한 관점은 아마존의 취약한 수익성에 관한 중요한 포인트를 우리에게 던져준다. 2011년에서 2021년 6월 사이(최근 12개월 기준), 아마존의 순매출은 480억 달러에서 4,430억 달러로 폭등한 반면, 잉여영업현금흐름은 20억 달러에서 70억 달러로 증가한 게 고작이었다. 매출은 3,950억 달러의 엄청난 폭으로 증가한 데 반해 잉여현금흐름은 겨우 50억 달러로, 매출 증가분의 1.2% 수준으로 는 것이 전부다. 실제로 아마존은 클라우드 사업인 AWS를 제외하면 수익을 창출하지 못하고 있다. 2021년 9월(최근 12개월 기준) 잉여영업현금흐름 547억 달러를 창출한 뒤 569억 달러를 자본지출에 썼다. 즉 최종 잉여현금흐름은 마이너스 23억 달러인 것이다.

THE GREAT
MONEY
BUBBLE

10장

정직한 시장

▼

연준에 의해 가격 발견 기능이 파괴되어 잘못된 신호가 깜박이는 곳이 바로 주식시장이다. 정직한 자유시장이었더라도 제프 베이조스는 수익성 없는 성장 기계를 얼마든지 돌릴 수 있었겠지만, 기업가치는 수익에 알맞게 평가되었을 것이다. 아마존이 260억 달러라는 역사상 가장 높은 잉여현금흐름을 창출한 회계연도 2020년에 만약 PER이 합리적으로 15배였다면 시가총액은 1조 7,000억 달러가 아닌 5,000억 달러였을 것이다. 베이조스의 개인 주식 역시 2,000억 달러가 아닌 500억 달러 수준이었을 것이다!

베이조스는 통찰력이 있는 훌륭한 자본주의적 혁신가·창시자·시장교란자로 수천억 달러의 순자산에서 동기를 얻는 사람임이 틀림없다. 그의 순자산이 1,500억 달러 더 낮았다면, 분명 그의 사업 전략은 더욱 수익지향적이었을 수도 있다.

만약 전자상거래 사업의 가치평가가 적정 수준에서 이루어졌다면 오프라인 시장에 대한 베이조스의 공격은 훨씬 덜 위협적이고 덜 저돌적이었을 것이다. 그리고 합리적 수익이 공시되었어야 하니 고객에게 엄청난 편의성을 제공하는 온라인 쇼핑과 실시간 배송 서비스가 수익과 무관할 만큼 지나치게 빠르고, 독단적이며 난폭한 방식으로 정직한 자유시장을 침투하지도 못했을 것이다. 가격 정책도 덜 약탈적이었을 것이다.

아마존의 막대한 주식 거품이 붕괴하기 전까지는 회사의 성장 전략이 변하지 않을 듯하다. 사실 아마존이 특이한 경우는 아니다. 오히려 모든 부문이 완전한 투기 광기에 휘말려 있다는 점에서 아마존은 주식시장 전체를 비추는 렌즈라 할 수 있다.

억만장자 투자자 워런 버핏Warren Buffett 의 오랜 영혼의 멘토이자 존경받는 증권 분석가인 벤저민 그레이엄 Benjamin Graham과 데이비드 도드David Dodd는 주식시장을 할인 메커니즘으로 보아야 한다고 주장하면서, 단기적으로 주식시장은 투표 기계 a voting machine 와 같지만, 장기적으로는 체중계 a weighing machine 와 같다고 저술했다. 하지만 오늘날 기준에서 둘 다 틀렸다. 주식시장은 그저 가상의 도박판에 불과하다.

30년간의 머니펌핑 정책에 취한 월스트리트 카지노에서 흘러나오는 매우 잘못된 가격 신호 탓에, 베이조스의 전자상거래 사업 전략은 무모할 수밖에 없었다. 2012년 이후 아마존 주가는 세계 3대 중앙은행(미국 연준, 일본은행 Bank of Japan, 중국은행 Bank of China)의 대차대조표 확대와 거의 정확히 발맞춰 상승했다.

지독하게 고평가된 아마존은 현재 주식 사이클에서 손꼽히는 거품 종목이다. 연준이 불러일으킨 것은, 아마존 투자자들이 상상하는 조지 프 슘페터 Joseph Schumpeter 식 창조적 파괴가 아니라, 파괴적 금융공학의 사례에 지나지 않는 사악한 비즈니스 모델과 무모한 매출 성장 기계이다. 다시 말해 아마존은 중앙 통화정책으로 인해 경제적 번영이 아닌 쇠퇴를 경험할 또 하나의 사례인 셈이다.

아마존 주식은 언젠가 꺼질 거품으로 가득 차 있다. 일단 매도 공세가 시작되면 최근 몇 달 동안 득달같이 달려들어 주가를 부풀렸었던 수많은 모멘텀 투자자 momentum traders*들은 뒤도 안 돌아보고 와르르 빠져나올 것이다. 이에 비하면 2000년 3월 닷컴버블 사태는 확실히 아무것도 아닌 일처럼 보인다. 주식시장에 환상을 품어서는 안 된다. 원래 주식시장은 상장 기업들의 수익과 성과를 평가하고 가치를 매기고 자본화하면서 주식 발행인과 투자자 자본이 거래되는 장이지만, 이러한 주식시장의 기능은 이미 사라진 지 오래다.

오늘날 주식시장에는 투기성 투자, 인덱스펀드, ETF, 트레이딩로봇, 온라인트레이딩 등 온갖 투자 기법들이 우후죽순 생기면서 기존 유가증권과 파생상품이 꽤히 불안정해지고 있다. 이러한 변화는 기업 수익이 아닌 각국 중앙은행의 정책과 유동성 주입에서 비롯되었다. 이제 투자의 성공을 좌우하는 건 경제가 아니다. 그때그때 경제 통계에 따라 달라지는 연준의 향방과 정책에 대한 다른 거래자들의 반응을 얼마나 정확히 예상하느냐가 관건이다.

---

* 차트를 통해 기술적으로 매매하는 투자자

예를 들어 최근 월간 고용 보고서는 얼마나 많은 일자리가 생기고 사라졌느냐에 대한 모호한 경제적 의미가 아니라, 신문 헤드라인에 발표되는 경제 수치가 연준의 무시무시한 '테이퍼링 Tapering' 조기 시작의 방아쇠를 당길 정도로 근접한가에 중점을 두었다. 간단히 말해 시장에서는 실물경제의 생산과 수익을 진단하지 않고, 월 1,200억 달러씩 신용을 창출하는 중앙은행의 움직임이 과연 지속될 수 있을지의 여부를 전망한다. 그러니 기업 수익을 평가할 때 굳이 고민하지 않아도 된다. 터무니없는 가치평가는 시장의 지배자 아마존을 포함한 FANGMAN에 힘입어 주식시장 중심부까지 파고 들었다.

이보다 더 좋을 순 없다

코로나로 멍든 2020년부터 소매 기업들은 고객과의 접촉 없이 가정집 문 앞에 택배 상자를 내려놓기만 하면 되게 되었다. 그들에게 2020년은 천국에서 내려온 만나 manna* 와도 같았다. 아마존의 전자상거래 사업은 3,407억 달러의 매출을 기록했는데, 이는 대다수 UN 회원국의 GDP를 능가하는 수준이다. 그러나 소싱과 운송, 창고, 피킹, 패킹 그리고 배송과 배달 활동에서 얻은 모든 영업이익은 94억 달러, 즉 매출의 2.7%밖에 되지 않는다.

---

* 기독교 성경에서 이스라엘 민족이 이집트를 탈출해 굶주리며 광야생활을 할를 떠돌 때 하느님이 내려준 생명의 음식

아마존은 귀속순이익 82억 달러에 해당하는 매우 낮은 세율 12%를 적용받는데, 아마존 입장에서 이보다 더 좋을 수는 없는 상황이다. 해외 부문을 포함한 지난 3년 동안의 성과에서 아마존은 수익성 없는 활동만 일삼는 거품 기계이자 정상 소매업 생태계를 뒤흔든 파괴자였다. 전자상거래 해외 부문의 누적 매출이 2,450억 달러였지만 누적 비용은 무려 2,480억 달러였다.

북미에서도 폭발적인 매출이 이익 증가로 이어지지는 않았다. 내수 시장의 전자상거래 실적은 다음과 같다.

- 2018년: 매출 1,414억 달러, 영업이익 73억 달러 또는 마진 5.2%
- 2019년: 매출 1,708억 달러, 영업이익 70억 달러 또는 마진 4.1%
- 2020년: 매출 2,363억 달러, 영업이익 86억 달러 또는 마진 3.7%

엄청난 매출액은 소매 거래가 오프라인에서 온라인으로 전환한 덕이었다. 마진이 줄어든 이유는 시장 점유율을 높이기 위해 수익성 없는 매출을 다시 비용으로 지불하는 사업 모델에 결함이 있기 때문이었다.

어찌됐든 전자상거래로의 단발성 전환은 거의 막바지 단계에 이르렀다. 글로벌 전자상거래 사업에서 얻은 초라한 순이익 82억 달러는 이제 바닥권에 묶여 더 이상 상승하지 못하고 있다. 순이익 82억 달러에 해당하는 PER을 관대하게 17배라고 가정하면 시가총액은 1,400억 달러가 된다. 이쯤에서 한 가지 질문이 떠오른다. "2021년 8월에 기록한 시가총액 중 나머지 1조 5,600억 달러는 어떻게 설명할 것인가?"

AWS의 클라우드 사업은 2020년에 454억 달러의 매출을 기록하며 120억 달러(세율 12% 적용)의 세후 수입을 창출한 고성장 수익 부문이다. 그러나 클라우드 사업 덕에 나머지 시가총액 1조 5,600억 달러가 가능했다 쳐도 PER 130배는 가당치 않은 수치다.

　　AWS의 성장률이 높을 수 있던 것도 로컬 서버와 퍼스널 컴퓨팅에서 클라우드로의 단발성 전환 때문인데, 결국은 GDP 성장률로 꺾이게 될 운명이다. AWS 자체가 기술을 창조하는 사업이 아니기 때문에 특히 더 그럴 것이다. AWS의 무차별 공격은 거대 서버 시설과 첨단산업 업체에서 구매하는 수많은 첨단기술 장비로 이루어진 막대한 자산을 기반으로 이루어질 뿐이다. AWS에 PER 30배를 부여하더라도 전체 시가총액은 3,600억 달러밖에 되지 않는다. 시가총액이 이 장 초반에 언급한 5,000억 달러일 수는 있겠지만, 지독하리만치 높은 1조 7,000억 달러는 절대 될 수 없다.

　　우리는 미친 듯한 과대평가 시대에 당도했다. 과대평가를 이끈 유동성 포화 시장에서는 어떤 대가를 치러야 하는지는 잊은 채 성장에 대한 숭배를 당연하게 여긴다. 끊임없는 성장이라는 무지개 끝에 황금 항아리가 정말로 있다면, 아마존의 황금 항아리는 어디에 있단 말인가?

　　다시는 없을 전자상거래 호황 속에서 매우 낮은 법인세율의 도움을 받고도 순이익이 82억 달러에 불과한 것은, 딱 잘라 말해 주식시장이 정직하지 않다는 사실을 증명한다. 아마존은 머지않아 소매 시장을 거의 다 정복해 규모의 경제를 실현해야 한다. 하지만 아마존의 약탈적 사업 모델을 생각하면 일말의 가능성도 없어 보인다. 마치 모든 것을 빨아들이며 몸집을 불려 나가는 공상과학 소설 속의 괴물처럼, 전자상거래 괴물도 수익성 없는 매출에 가치만 1조 7,000억 달러로 불어났다. 이것은 주식시장이라는 고삐 풀린 카지노의 광기를 표상한다.

이마존의 전자상거래 수입은 모두 물류 센터, 물류 시스템 인력, 직영 배송 트럭, 배송 드론 개발비로 다시 빠져나가고 있다. 이 때문에 2021년 9월까지 1년 동안 자본지출이 영업현금흐름을 초과했다. 또 다른 지출 요인은 실시간 배송 서비스이다. 현재 일자리를 잃은 학생과 영화 산업 종사자는 기꺼이 자신의 스쿠터로 밀키트를 배달하고 있다.

한편 전자상거래의 핵심에는 무료 배송 및 기타 다양한 혜택이 제공되며 연간 회비가 119달러인 프라임 멤버십 제도가 있다. 미국 내 프라임 멤버십의 추정 회원 수는 7년 전 4,000만 명에서 현재 1억 4,700만 명으로 늘어났다. 전 세계적으로 치면 2억 명 이상까지 비약적으로 증가했다. 아마존은 현재 매년 약 250억 달러의 멤버십 수입을 거두어들이고는 있지만, 만약 이 수입을 전자상거래 재정에서 빼면 이 거물 기업의 실체가 더 투명하게 밝혀진다.

아마존은 무수히 많은 상품을 배송하면서 발생하는 커다란 손실을 250억 달러 이상의 멤버십 수입으로 메꾼다. 멤버십 수입을 제외한 전자상거래 수입은 2020년도 운영비 3,320억 달러보다도 적은 3,150억 달러일 것이다.

그간의 경영 방침을 비추어 볼 때 베이조스는 배송 서비스에서 잃은 마진을 결코 채우지 않을 것으로 보인다. 치명적 결함을 지닌 아마존 사업 모델은, 주식시장 카지노가 또 다른 버전의 '벌거벗은 임금님'이라는 사실을 깨닫게 하는 중요한 기폭제가 된다. 실제로 투기꾼들이 아마존의 역대급 매출에 축배를 들고 있지만, 회사 내부는 통제력과 질서를 잃고 있다는 사실이 점점 분명해지고 있다. 이를테면 2009년 이후 급여 대상자가 2만 5,000명에서 130만 명으로 폭발했다.

고용 증가율 43%는 매출 증가율 25%보다 훨씬 높은 탓에 직원 1인당 매출은 10년 전 100만 달러 이상에서 현재 30만 달러로 급감했다. 예전 주식시장은 상장 기업의 현재 수익과 장기 전망을 시가총액으로 평가하는 기능을 했는데, 아마존을 보면 이러한 가격 발견전 기능이 소멸되었다는 증거로 볼 수 있다.

캐시 우드와 미쳐가는 ARK

모든 금융 감염병은 FANGMAN과 같이 S&P500과 나스닥-100의 중심부에 있는 주식 가격 폭등에서 발생한다. 주식시장 주변부는 수익이 전혀 없는 깡통주식, 수없이 생겼다 사라지는 밈주식, 암호화폐 등의 투기가 일색이다. 금융 감염이 이 주변부까지 퍼졌다면 이제 우리는 미쳐버린 투기 왕국에 살고 있다고 감히 말할 수 있다.

합리적인 성인이라면 소위 이러한 '시장'에 발을 디뎌서는 안 된다. 그러나 주식시장에 대한 맹목적 믿음이 대중 사이에 퍼져 있어, 보잘것없는 경력의 오래된 트레이더들도 2020년에는 상당한 투자 금액을 유치해 운용자산^AUM을 33억 달러에서 450억 달러로 불리며 눈부신 성적을 거두었다. 그것도 단 1년 만에 말이다.

긴급 경고등이 깜빡이고 경고 사이렌이 울려야 한다. 건전화폐 세계에서는 도저히 일어날 수 없는 시나리오이며, 아무리 노련한 자산운용사라고 해도 단 12개월 만에 14배의 수익을 내기란 불가능하다. 그런데 캐시 우드Catherine Wood 는 고공행진하는 아크인베스트먼트ARK 에서 무모함이라는 개념에 완전히 새로운 정의를 부여하는 8개 종목의 ETF를 출시했다. 펀드 세계에서는 순이익·현금흐름의 현재 가치와 미래 가치를 반영하는 전통적 개념을 조롱하는 무익한 투기 플레이가 난무했다.

그녀는 테슬라, 줌 비디오 커뮤니케이션Zoom Video Communication, 텔라닥 헬스Teladoc Health, 로쿠Roku 에 주력했고, 그 결과 2020년 한 해 동안 주가가 149% 상승해 개인 투자자들이 엄청나게 몰렸다. 이 4개 주가가 급등한 것은 단순 광기 때문이었다.

4개 종목 합산 시가총액은 2020년 초 1,170억 달러로 시작해 연말에는 8,460억 달러로 치솟았고 2021년 8월에는 9,000억 달러까지 이르렀다. 지난 20개월 동안 9배 가까이 치솟으며 미쳐 날뛴 종목들의 투자 성적표는 확실히 경이롭게 보인다. 그러나 이면을 들여다보면 개미 투자자들은 죽음의 절벽 끝으로 향하고 있다.

이유는 이렇다. 2020년 초, ARK의 주력 펀드 '빅4' 기업은 10억 1,000만 달러의 순손실을 기록했다. 빅4의 PER은 팬데믹이 시작된 해에 -117배였다. 뼈아픈 손실의 상당 부분은 테슬라 때문이었다. 테슬라의 손실액은 탄소배출권 판매 수익을 포함하면 8억 7,000만 달러, 그것을 제외하면 15억 달러였다. 한편 2019년에 빅4 중 그나마 수익을 조금이라도 낸 기업은 줌이었다. 2020년 1월 순이익은 1,600만 달러, 시가 총액은 180억 달러, PER은 1,125배였다.

핵심은 간단하다. 가격 발견이 정직하게 작동하는 세계라면, 어떠한 펀드매니저도 포트폴리오의 상당 부분을 적자 기업 세 개와 최고점에서 거래되는 기업 하나로 구성하지는 않을 것이다. 2020년 말까지 빅4의 순이익이 8억 9,500만 달러로 미미하게나마 회복되었지만, 정직한 시장이었더라면 시가총액이 8,460억 달러까지 폭발하지는 않았을 것이다. 결국 전체 평균 PER은 불안정하고 지속 불가능한 1,000배까지 치솟았다. 노련한 자산관리사라면 두 번 생각할 필요도 없이 탈출해야 하는 수준이 아닌가?

이 상황에서도 연준은 2021년 말까지 매월 1,200억 달러의 명목화폐 유동성을 시장에 갖다 부었다. 그 결과 ARK 펀드를 보유한 다이아몬드 손(절대로 주가를 팔지 않을 거라고 외치는 용감무쌍한 투자자)들은 완강히 버티며 이 고평가주들을 더 많이 쌓아나갔다. 8월 초 현재 빅4 시가총액이 9,000억 달러까지 상승할 수 있던 것은 말도 안 되는 가치평가 때문이었다. 빅4의 각 PER은 다음과 같다.

- 테슬라: 330배
- 줌: 129배
- 로쿠: 230배
- 텔라닥: 무한대(순손실 7억 7,300만 달러)

본론은 아직 시작도 안 했다. 무모함에는 한계가 없다는 것을 보여주기 위해 최근 캐시 우드는 2021년 두 얼간이의 기적이라고 할 수 있는 로빈후드^{Robinhood}와 코인베이스^{Coinbase}에 무게를 가득 싣고 있다. 두 기업의 시가총액은 올해 IPO 이후 1,100억 달러에 근접했다. 그런데 그들의 수입은 로빈후드 앱의 소액 투자자들이자 암호화폐 세계 동지들이 지불한 수수료에서 나오며 심지어 순이익도 크지 않다.

이를테면 로빈후드 영업이익은 2021년 1분기 동안 투기꾼의 유토피아라고 할 수 있는 환경에서도 1억 달러밖에 되지 않았다. 그러니까 1분기 동안 워싱턴 정치인들이 6,000억 달러 이상의 경기 부양책을 쏟고 연준이 매일 40억 달러의 잉여현금을 월스트리트 협곡으로 부었는데도, 영업이익은 고작 그 정도였다.

광란의 물결

뒤이어 방구석 투자자들 사이에서 주식 도박 광풍이 불었다. 쇄도한 거래 수수료는 24시간 도박장 로빈후드의 금고로 들어갔다. 로빈후드의 연 순이익 추정치는 3억 달러, PER은 무려 160배였다. 이처럼 로빈후드가 과대평가되기는 했어도, 최소한 수익의 80%는 회사의 주식과 옵션 거래에서 발생했다. 반면 코인베이스는 1분기 동안 18억 달러의 총수익을 기록했는데, 사실상 예수금을 제외하면 아무 실용 목적도 없는 광기 어린 암호화폐 거품에서 나온 수익이었다.

더 심각한 문제가 있다. 20대 젊은 투자자들은 주식시장의 민주화 같은 어리석은 관념을 믿으며 자신이 속고 있다는 사실을 깨닫지 못할지도 모른다. 또한 금융당국이 시스템을 운용하는 데 방해가 된다고 판단되면 아무리 합리적이고 매력적인 암호화폐라도 얼마든지 소멸시킬 수 있다는 사실 역시 젊은 투자자들은 알지 못할 것이다.

그러나 진정한 투기 광기는 무엇보다도 캐시 우드 같은 협잡꾼을 신뢰할 수 있는 존재로 대우하는 주류 금융 언론을 통해 느낄 수 있다. 최근 《월스트리트저널》에서 발행한 기사는 무모한 그녀의 도박을 참된 투자 전문가의 예술로 묘사하고, 캐시 우드의 추종자들을 소개하는 데 잉크를 아끼지 않았다:

> 펀드매니저 캐시 우드의 팬들은 웹 사이트를 개설해 그녀의 투자 행보를 추적한다. 버락 오바마 얼굴이 들어간 'Hope' 포스터 스타일의 티셔츠에 그녀의 사진과 주력 ETF의 티커심볼 ticker symbol * 을 담아 판매한다. 소셜미디어에서는 그녀를 '캐시 엄마 Mamma Cathie' '캐시 이모 Aunt Cathie'라 부르고 한국에서는 '돈나무 언니 Money Tree'라고 부른다.

밈이 될 법한 종목에 대한 그녀의 관심은 모두에게 주목받고 있으며, 트위터와 금융 소식 채널 어디에서든 그녀의 존재감은 대단하다. 그래서 그녀는 자신의 메시지를 트위터와 유튜브 그리고 팟캐스트를

---

* 주식을 식별하는 코드

통해 차세대에 직접 전하는 테슬라 최고경영자 일론 머스크^{Elon Musk}, 벤처케피털리스트 차머스 팔리하피티야^{Chamath Palihapitiya}, 바스툴 스포츠^{Barstool Sports} 창업자 데이비드 포트노이^{David Portnoy} 등 시장 인플루언서들과 어깨를 나란히 할 수 있었다.

그러나 이 세 사람보다 더 정신 나간 위선자는 찾아볼 수 없을 것이다. 캐시 우드는 오늘날 조증에 빠진 시장에서도 가장 촉망 받는 투자 회사 소유주인데, 왜 믿지 못할 회사에 투자하고 있는 것일까?

그녀가 왜 계속 테슬라에 몰두하는지 생각해보자. 그녀는 테슬라 주가가 3,000달러를 넘어설 것이라 주장하는데, 이는 오늘날 말도 안 되는 주가에서 한 번 더 껑충 뛰어야 도달할 수 있는 수준이다.

일단 그것이 가능할지 알아보자. 대량생산 자동차 기업 토요타는 자동차 설계 기술, 공장 자동화, 최고의 품질관리 기법, 정교한 공급망을 통한 유통 등을 앞세워 세계적 규모로 거의 완벽하게 운영된다. 이 막강한 일본 자동차 제조업체는 2021년 6월에 연 매출 2,880억 달러와 연 순수익 280억 달러를 창출했다. 그 결과 PER은 9.1배, 시가총액은 2,530억 달러였다.

이처럼 가치평가가 인색했던 것은 세계 1위 제조업체가 이익을 얻지 못하기 때문이 아니다. 실제로 지난 10년간 토요타 순이익은 2011년 24억 달러에서 오늘날 280억 달러로 뛰었고, 순이익 성장률은 연 30%로 기술 강자 애플까지 앞질렀다. 이런 중요한 사실들을 검토하는 이유는 캐시 우드가 테슬라에서 (아직은) 실현될 수 없는 실적으로 뜬구름 잡는다는 사실을 강조하기 위해서다. 테슬라가 3,000달러의 주가를 달성하기 위해서는 안정화된 상태에서 연간 1조 6,500억 달러의 매출과 1,650억 달러의 순이익을 창출해야 한다. 이는 세계 최고를 달리는 토요타의 순이익보다 무려 6배나 많은 수준이다.

그렇게 눈이 번쩍 뜨일 만한 성적을 올리려면 테슬라 순수익률은 토요타처럼 10%여야 하고 PER은 20배여야 한다. 아니면 테슬라 수익은 자동차 전체 시장의 2배가 되어야 한다.

그런 테슬라의 발행 주식 수가 9억 9,000만 주나 된다는 사실을 아는가? 숫자놀이가 따로 없다. 테슬라 주식의 광기에 현혹되지 않은 사람이라면 숨은 진실을 똑바로 인지해야 한다. 공교롭게도 6월까지 12개월 동안 글로벌 자동차 제조업체의 매출은 1조 3,800억 달러에 불과했다. 다시 말해 테슬라 주가가 3,000달러일 때 매출은 전체 산업의 120%가 되어야 한다!

인플레이션 폭풍

자동차 산업 매출총계 1조 3,800억 달러에는 토요타, 폭스바겐/아우디, 다임러 Daimler, GM, 포드, 닛산 Nissan, 혼다 Honda, 마쓰다 Mazda, 스바루 Subaru, 르노 Renault가 포함되어 있다. 게다가 이 10개 자동차 기업의 전 세계 총이익은 최근 12개월간 810억 달러였다. 테슬라가 전기차 제조업체로서 주당 3,000달러의 가치를 얻으려면 전체 산업의 2배 되는 이익을 창출해야 한다.

게다가 캐시 우드는 비트코인이 50만 달러에 달할 것이라고 주장하기도 했다. 만약 그렇게 되면 비효율적이고 허술한 거래 수단이자 위험하고 변덕스러운 가치 저장 수단의 시가총액은 자그마치 10조 달러에 이를 것이다.

요컨대 월스트리트 카지노는 곧 휘몰아칠 인플레이션 폭풍에 맞닥뜨렸을 때 근면성실한 미국인의 부를 지킬 수 있는 곳이 아니다. 30년 동안 이어온 연준의 머니펌핑으로 인해 PER은 지속할 수 없을 만큼 치솟았고 가치평가는 괴이할 정도로 높았다.

이것이 바로 끔찍한 21세기식 통화 인플레이션이다. 워싱턴에서 시작된 지옥의 인플레이션이 미국 자본주의 경제에도 엄습한 것이다.

빠져나갈 길은 없다

2008년 12월 이후 연준은 아주 오랫동안 시장을 애지중지 보호하면서 금융시장과 실물경제에, 그리고 특히 아직 부모로부터 독립도 못한 젊은 소액투자자들 사이에서 주식 숭배 분위기를 조장했다. 10년 넘게 거의 모든 자산 가격이 거침없게 솟구친 것을 보아온 지금 시점에서 투기꾼들은 중앙은행을 철썩 같이 믿으며 시장이 절대 조정되지 않으리라 생각한다.

그 바람에 바이더딥 심리가 모든 자산군asset class에 팽배하게 되었다. 계속해서 이익을 얻는 투자자들이 늘어나면서, 거래의 움직임이 한쪽으로 쏠렸다. 결과적으로 적정 가격의 안전한 투자처는 이제 없다. 끝내 인플레이션 폭풍이 닥치면 피난처는 없을 것이다.

그렇지만 이것이 오늘날 투기 세력의 사냥을 가로막을 수는 없다. 부동산, 암호화폐, 원자재 등의 자산군과 예술품, 골동품, NFT^{nonfungible token} 등의 대체 투자는 급락한 주식 가격과 채권 수익에서 오는 손실을 막기 위한 대비책으로 제시되고는 있지만 모두 부질없다. 사실상 연준이 배출한 신용은 자산 가격뿐만 아니라 금융 도박의 판돈에도(아무리 독창적인 상품일지라도) 침투했기 때문이다.

이러한 현상을 두고 월스트리트 용어로 '유일한 상관관계' 즉 운명공동체라고 한다. 자산 가격들이 거의 동시에 오르고 떨어지기 때문에 피난처라든지 반대 상관관계에 있는 자산에 위험을 분산할 수 있는 방법은 없다. 명목화폐 급류로 인해 모든 배가 닻을 내리기에 안전한 지점에서 멀어졌다. 앞으로 거친 유동성 파도를 헤쳐 나가려면 수십 년간 시장을 부패시키고 자산 가격을 조작한 주범이 바로 각국 중앙은행이라는 사실부터 이해해야 한다.

자산 가격이 경제·금융의 펀더멘탈에서 분리되기 시작한 시점은 2008년 12월 주식시장이 저점 이후, 즉 버냉키가 화폐 발행기를 영구적으로 가동하기 시작한 이후 크게 튀어 오를 때였다. 그 후 나스닥-100에서 다시 한번 반등한 거품 종목들의 주가는 무려 1,250% 상승했다. 13년 동안 해마다 끊임없이 22.5% 오른 셈이다.

나무가 하늘 높이까지 자란다고 믿는 주식 숭배자들의 생각이 놀랍지 않은가? 같은 기간 명목 GDP는 연 3.5% 증가하는 데 그쳤다. GDP

는 노동과 생산으로 이루어진 평범한 활동을 통해 창출된 경제적 가치를 측정하는 지표이다. 그런 GDP는 왜 부를 손쉽게 달성하는 연준의 금융 급행열차처럼 빠르게 달리지 못했는가? 주가지수는 일상 경제보다 6.5배 빠르게 상승했다. 투자자들은 그저 가끔 손가락만 움직이며 '매수' 버튼만 누르면 될 일이었다.

주식을 비롯한 자산시장의 가치는 경제적 생산, 수입, 수익 등 근본적 기반으로부터 완전히 분리되는 메커니즘 안에서 결정되어왔다. 여기서 중요한 진실은, 아무리 화려한 기술주와 성장주의 집합체인 나스닥-100의 메커니즘도 다른 자산시장과 별반 다를 바 없다는 것이다. 한마디로 시장의 머슬메모리 muscle memory *는 독성의 금융 병원체에 감염되었다. 그리고 이 병원체는 재정적 합리성, 신중성, 심지어 상식까지 소멸시켰다.

결과적으로 모든 자산 가격이 너무나도 급진적으로 고평가되었다. 폭발을 목전에 앞둔 인플레이션이 터지고 이로 인해 공황 상태에 빠진 연준이 후퇴해 경기가 급강할 때면, 수익의 운명공동체들도 함께 폭락할 것이다. 모든 자산 가격은 지난 수십 년 동안 소득보다 과잉 성장했다. 앞으로는 장기간 조정되면서 저성장의 늪에 빠지게 될 것이다.

자산 가치가 뒤집히고 나면 으레 그렇듯 할인 종목 코너가 생길 텐데, 다른 때와 달리 이번에는 할인 상품이 없을 것이다. 소득과 이익이 급락한 자산 가치를 따라잡는 데도 족히 수십 년은 걸리는 탓에 현금,

---

* 비유적 표현으로 여기서는 결국에는 상승하리라는 경험적 믿음을 뜻함

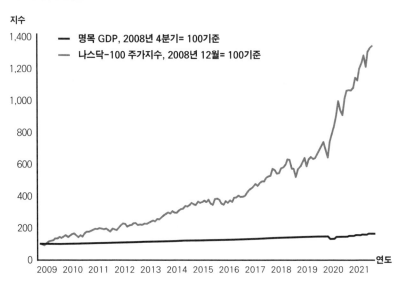

지수

— 명목 GDP, 2008년 4분기= 100기준
— 나스닥-100 주가지수, 2008년 12월= 100기준

출처: 나스닥OMX그룹, 경제분석국(BEA)

국채, 금 형태의 자본을 지키는 일이 무엇보다 중요하다.

나스닥-100과 GDP를 비교해보면, 자산 가격과 GDP 사이의 단절을 단적으로 알 수 있다. 연준 이사회나 월스트리트는 자산 가격과 소득 간의 불균형이 지닌 의미를 그다지 심각히 받아들이지 않았다. 그 심각성은 이렇게 정리할 수 있다. 덴마크에서는 12.75년 동안 경제 소득과 이윤이 고작 55% 성장했는데 선행 주가지수가 1,250%나 증가하는 상황을 두고 경제가 심각하게 썩어가고 있다고 판단한다. 현격히 차이 나는 두 지표는 합리적 재정에 관한 모든 원칙을 위반한다.

주어진 그래프는 다음의 두 사실을 암시한다. 첫째, 가격 조정이 곧 이루어질 것이다. 둘째, 지난 30년 동안 밈, 유언비어, 궤변을 통해 자산 가치가 급격히 치솟은 데 대한 업보를 치러야 한다는 것이다.

경기침체의 방아쇠는 '비일시적' 인플레이션

지금까지 살펴보았듯 지난 수십 년간 연준이 일으킨 맹렬한 통화 인플레이션은 자산 가격의 급등으로 그 모습을 드러냈다. 하지만 연준은 상품·서비스 인플레이션이 애초에 잘못 설정한 목표치 2%를 넘지 않는다는 이유로 화폐 발행을 당연하게 여겼다. 물론 그 이전에 월스트리트에 신용이 넘쳐나게 된 원인은 통화 발행이 실물경제에 이롭다는 케인스주의적 발상 때문이었다. 케인스주의자들이 막대한 통화 부양책과 금리 억제 기조를 철회한다면 월스트리트 금융가에 격렬한 분노를 촉발할지도 모른다는 두려움도 한몫했다.

말하자면 그들은 스스로를 궁지로 몰아넣고 있다. 가격이 조정되려고 할 때마다 화폐라는 헤로인을 월스트리트에 새로이 주입했는데, 이를 통해 저가 매수자들은 성대한 보상을 받았다. 자산 가격은 더 높은 곳에 다다랐으며 중앙은행가는 '여전히 부족한 인플레이션'을 주제로 한 특집 기사에 단골처럼 등장했다.

우리는 전반부에서 물가 지표들을 조금만 분석해 보아도 실제로 인플레이션이 부족하지 않다는 사실을 파악했다. 발표된 물가지수(CPI, 16% 절사평균 CPI, PCE 디플레이터, 생산자물가지수(PPI))는 중국을 비롯한 저임금 국가에서 들어오는 값싼 상품에 의해 일시적으로 낮아졌다.

최근 몇 달 사이 물가를 낮게 고정시킨 닻이 빠르게 수명을 다해가고 있다. 그래서 다들 깊은 경기침체를 예상한다. 인플레이션이 2% 아래로 떨어지리라고 전망하는 이는 아무도 없다. 연준의 명성을 유지해준 '일시적 인플레이션'이라는 주장은 완전히 뒤집히고 있는 것이다.

최근 발행한 월간 소비자물가지수와 생산자물가지수 보고서는 오류에 빠진 주장의 진실을 들려준다. "지금껏 발표된 물가는 목표치를 훨씬 상회하는가 하면 상품·서비스 인플레이션은 장기간 높게 유지될 것이다." 따라서 불명예스럽게도 연준이 임금-가격-비용의 악순환 고리를 끊어내며 상품·서비스 인플레이션을 막기 위해 기존 기조를 철회하고 어쩔 수 없이 화폐 인쇄기를 중단하는 일은 시간문제이다.

10여 년 동안 열띠게 지속된 머니펌핑은 당연히 멈출 때가 되었지만 월스트리트는 아직 그럴 준비가 안 된 것처럼 보인다. 연준이 금융 수축으로 급선회하려는 불가피한 조치는 특히 월스트리트와 연준을 종교처럼 받드는 젊은 투자자들에게는 청천벽력과도 같을 것이다. 상품·서비스 인플레이션의 열기가 고조된 탓에 위기는 빠르게 다가오고 있다. 지난 2년 동안의 연평균 물가 상승률은 2020년 봄부터 시작한 코로나 봉쇄의 기저효과로는 해명할 수 없다. 바닥을 쳤던 2020년 때와 반등했던 2021년 때의 물가 상승률을 평균을 낸 값이기 때문이다.

2021년 9월 3.4% 증가한 소비자물가지수와 2년 누적으로 연 8.9% 증가한 생산자물가지수는 이 책 앞부분에서도 설명했듯 인플레이션 안식년의 종료를 의미한다. 과연 그럴까 하는 의심이 들 수도 있다. 그러나 발표되는 경제 지표들 아래에 도사린 물가의 실체를 보면 그런 의심은 싹 사라진다. '저물가' 신화에 대한 연준의 믿음을 지지한 일시적 요인이 남김없이 증발했다.

서비스 인플레이션은 여느 때처럼 매년 3% 오르고 있다. 2012년 1월 2% 인플레이션 목표치가 설정되고 연준이 그 목표치에 강박적으로 집착한 이후로 특히 더 오르고 있다. 하지만 서비스 물가를 상쇄하면서 물가 상승률을 마법처럼 2% 아래로 유지시켜준 내구재와 수입품 물가 하락은 이제 끝났다. 내구재 물가는 2020년 1월 이래로 연 10.2%씩 상승하고 있는 동시에 중국 수입품 물가도 극적인 반전을 보인다.

2012년 1월부터 2020년 1월까지 거의 매달 중국 수입품 물가는 연평균 1% 미만의 하락률을 보이는 동안, 연준은 인플레이션 목표치를 달성하지 못한다고 투덜거렸다. 그런데 이는 사실 연준이 원한 바였다. 물가가 이렇게 하락한 이유는 연준의 정책이 내수에 영향을 미쳐서가 아니었다. 오히려 연준의 공격적인 머니펌핑에 대응하는 베이징의 방어적 태도 때문이었다. 미국 소비자에게 바치는 대외 원조 선물이라고도 할 수 있겠다.

앞서 살펴보았듯 위안화 가치 상승을 막고 그럴듯하게 지어진 자국의 수출 공장이 유휴 상태가 되지 않도록 중국인민은행은 수조 달러를 퍼내고 이를 자국 통화로 교환했다. 그러니까 노동자들의 이마에 맺힌 땀방울을 심히 고평가된 미국 채권과 다른 금융 자산과 맞바꿔 수출품 가격을 하락시켰던 것이다. 그러나 이제 값싼 노동력이 바닥난 중국은 달러 자산의 축적이 바보 같은 짓이었음을 깨달았다. 중국 내 임금과 비

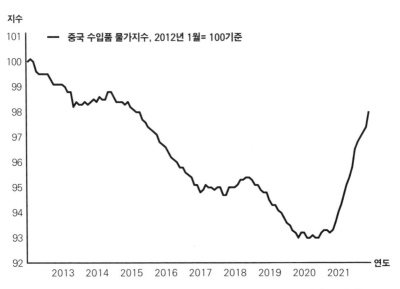

지수
101 ── 중국 수입품 물가지수, 2012년 1월= 100기준
100
99
98
97
96
95
94
93
92
　2013　2014　2015　2016　2017　2018　2019　2020　2021　연도

출처: 노동통계국(BLS)

용이 빠르게 오르고 있다. 위안화 가치는 2019년 9월 이후 10% 올랐다.

　미국 내 중국산 수입품 물가는 수직으로 상승했고, 이미 2012~2019
년 동안 하락한 폭의 50%가 복구되었다. 수입품 가격을 끌어올리는 공
급망 비용과 운송 비용의 급등은 말할 것도 없다.

　인플레이션 충격이 다가오고 있지만 소비자물가지수는 적어도 가까
운 미래에는 1970년대처럼 두 자릿수로 상승하지 않을 것이다. 그 대
신 인플레이션은 연준 내부에서, 그리고 이들과 한통속인 월스트리트
에서 터질 것이다. 디플레이션이 한 차례 해외에서 수입되었을 때를 제
외하면 국내 인플레이션이 그들의 생각만큼 낮았던 때가 없었다. 국내

서비스·비내구재·내구재·수입품 등 전 부문의 인플레이션이 최고치를 향해 갈 것이다.

그리고 머지않아 연준은 내부에서 합의한 사항을 포기하게 될 것이다. 가까이 닥쳐오는 연 3~5% 인플레이션이 누그러질지에 대한 공개적 논쟁을 해봤자 결국 현 기조를 철회해야 할 게 분명하다. 채권 매수가 조기에 종료되고 뒤이어 채권 수익률 곡선 전반에 걸쳐 금리가 상승하면, 주식 숭배자들의 무사안일주의는 산산조각 나게 된다.

보다시피 인플레이션은 블로우오프탑을 향해 달려가고 있다. 그러나 그 양상이 1970년대 후반처럼 주로 원유·원자재·소비재·서비스 물가가 아닌 매우 부풀려진 자산 가격에서 나타나고 있다. 자산 가격은 2008년 봄 이후 연준의 대대적인 금리 인하 덕분에 하늘 높이 떠 있다. 연준이 금리를 인상하면 가까운 장래에 자산 가격을 지탱하는 인플레이션 구조물이 폭삭 무너질 것이다.

오늘날 경제는 1970년대 '그 시절 인플레이션'을 재현하지 않는다. 당시에는 상품·서비스 인플레이션이 주를 이룬 데 반해, 자산 인플레이션은 물가 급등 초기에 적정 수준으로 책정되었다. 결과적으로 상품·서비스 인플레이션 수치가 두 자릿수까지 치솟기는 했지만, 인플레이션 폭풍을 이겨내고 더 나아가 부를 쟁취하기 위한 투자처가 비교적 많았다.

더 이상 부동산은 헤지 수단이 아니다

어르신 세대가 겪은 인플레이션의 시작과 끝인 1970년 4분기부터 1980년 4분기까지를 살펴보자. 그 기간 매년 소비자물가지수는 8.1% 증가했고, 금리는 살인적인 수준으로 높았다. 1980년 말 달러 가치는 그보다 10년 전의 46%에 불과했다.

당시의 인플레이션은 저축자들을 잔인하게 내몰았다. 하지만 그들의 부를 보존하고 증진시킬 수 있는 방법까지 없애버리지는 않았다. 같은 10년 동안 가계 부동산 가치는 훨씬 높아져 매년 13% 증가하다시피

■ 1970~1980년, 인플레이션이 반영된 부동산 실질가치

출처: 연준이사회, 노동통계국(BLS)

했다. 결과적으로 인플레이션이 최절정이었던 1980년 말, 인플레이션이 반영된 부동산 가치는 1970년 말보다 54% 더 높았다. 부동산은 탁월한 인플레이션 헤지 수단이었던 것이다.

사람들은 쉽게 간과하지만 부동산이 헤지 수단이 될 수 있었던 주된 이유는, 적정 수준으로 책정된 10년 만기 국채와 모기지 금리로 인해 1970년대까지의 부동산 가격이 합리적이었기 때문이다. 예를 들어 1963년과 1972년 사이 10년물 물가 연동 국채 수익률은 평균 2.2%였다. 부동산 가격은 현재처럼 저렴한 모기지 부채로 인해 비경제적인 수준까지 치솟지 않았다. 그래서 인플레이션 강풍이 불어 닥쳤을 때 사람들은 부동산에 투자할 수 있었다.

이와 반대로 지금의 부동산은 초저금리 모기지 부채로 인해 매우 고평가되어 있다. 그러므로 이번에는 부동산이 헤지 역할을 하지 못할 것이다. 인플레이션 정점을 앞두고 금리가 급격히 오르면 부동산 가격은 하락할 것이기 때문이다.

물론 지난 10년 동안 부동산 가치가 엄청나게 상승한 핵심 이유는 벤치마크 10년 만기 국채의 실질 수익률에 대해 연준이 무시무시하게 금리 인하를 압박했기 때문이었다. 다음 도표에서 볼 수 있듯 과거 일반적 수준의 실질 수익률은 점차 사라졌다. 1990년대 실질 수익률은 평균 3% 이상이었고 2000년에서 2012년 사이에는 대침체의 저점을 제외하고 대부분 2%를 초과했다.

그러나 2012년 1월 인플레이션 목표가 공식 채택된 이후(2014~2015년과 2017~2018년에 실질 수익률이 아주 살짝 플러스(+)였던 짧은 기간을 제외하

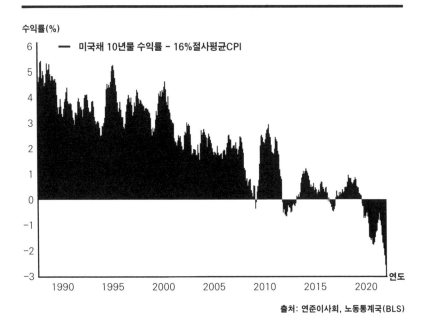

출처: 연준이사회, 노동통계국(BLS)

고) 물가 조정 수익률은 제로(0) 아래로 떨어졌으며 그 이후 마이너스(-) 영역에 깊이 잠겼다. 2021년 6월 실질 수익률은 -1.68%로 터무니없이 낮았다. 인플레이션의 큰 편차 없이 비교적 안정적으로 낮게 계산되는 16% 절사평균 CPI를 통해 계산한 값인 데도 그렇게 낮았다. 연준이 선호하는 PCE 디플레이터로 계산하면 실질 수익률은 -2.6%로 더 떨어진다. 어느 쪽이 되었든 한 가지는 확실하다. 벤치마크 국채보다 수익률이 낮은 금융 상품은 과대평가 되었다고 봐야 한다는 점이다. (참고로 벤치마크 채권의 수익률은 부동산 투자자가 사용하는 자본환원율을 통해 직간접적으로 계산된다.) 다시 말해 금리, 자본환원율, PER이 합리성과 지속 가능성을 다시 갖추게 되면 주식, 채권, 부동산에 투자한 원금 가치는 장기간 하락할 것이다.

결과적으로 최근 몇 년 동안 리츠^{REITs}(부동산 투자신탁)의 화려한 수익은 부동산 고유의 특성이나 리츠만의 사업 플랫폼 덕분이 아닌 초저금리에서 기인한 너무나 당연한 결과였다.

2012년 1월부터 현재까지의 시가총액이 300억 달러에서 1,300억 달러에 이르는 가장 큰 상장 리츠 9개는 아래와 같다. 이 기간에 배당금과 주가 상승액을 합한 총평균 투자 수익률은 332%였다.

연평균 수익률은 16.7%로 매력적이다. 그중 데이터센터 회사인 에 퀴닉스^{Equinix}의 연수익률이 27.1%로 가장 높았고 국내 최대 쇼핑몰 소유주인 사이먼 프로퍼티^{Simon Property Group}의 수익률이 4.3%로 가장 낮았다.

가장 큰 리츠 9개의 연간 투자 수익률 (2012~2021년)

- 아메리칸타워American Tower (통신): 20.0%

- 크라운 캐슬Crown Castle (통신): 20.1%

- 프로로지스Prologis (물류): 21.0%

- 사이먼 프로퍼티Simon Property Group (쇼핑몰): 4.3%

- 에퀴닉스Equinix (데이터센터): 27.1%

- 퍼블릭 스토리지Public Storage (셀프 스토리지): 13.3%

- 웰타워Welltower (헬스케어): 10.0%

- 아발론베이Avalon Bay (부동산임대): 10.1%

- 디지털 리얼티 트러스트Digital Realty Trust (데이터센터): 14.3%

• 9개 리츠의 연평균 수익률: 16.7%

아메리칸타워를 대표로, 이 모든 리츠가 2012년부터 어떻게 상당한 투자 수익을 거둘 수 있었는지 살펴보자. 아메리칸타워는 미국과 아시아, 라틴아메리카, 유럽 그리고 중동 전역에 걸쳐 18만 개 이상의 기지국을 소유하고 있다.

기지국은 원래 사업 수익률이 낮은 자본집약적 사업이다. 이를테면 2020년 아메리카 타워는 총자산 472억 달러를 보유했지만 세전 수입은 18억 2,000만 달러에 불과했다. (리츠는 일반적으로 법인 소득세가 면제된다.) 자산 대비 사업 수익률(세전)은 3.9%로 특별히 내세울 만한 성과는 아니었다. 이를 통해 기지국을 통한 사업이 아닌 자본환원율과 레버리지에 강력한 힘이 있다는 사실을 알 수 있다.

아메리칸타워는 땅과 기지국 시설을 보유하고 있고, 그 전체를 무선 서비스 사업자들에게 임대를 놓기 때문에 실질적인 부동산 사업자라고 할 수 있다. 무선 서비스 사업자들은 아메리칸타워의 시설을 빌려서 장비를 설치하고 무선네트워크 통신 사업을 벌인다. 그러니까 아메리칸타워의 각 시장 수익이 대부분 준(準)공영제로 운영되는 상위 이동통신 사업자에서 나오기 때문에 매출이나 고객에 대한 리스크가 거의 없다고 볼 수 있다.

초저가 부채와 초고가 PER 시대에 아메리칸타워는 투자의 이슈 메이커였다. 특히 연준이 2008년 가을부터 전속력으로 화폐를 찍어내고부터 특히 더 그랬다. 2009년 1월과 2021년 7월 사이 12.5년 동안 아메리칸타워는 20%의 연투자 수익(배당금+주가 상승액)을 발생시켰다.

아메리칸타워는 기지국을 통해 안정적 사업 수익을 보장받는다. 신뢰할 수 있는 세입자를 찾아야 하는 부동산 기업의 리스크가 제거된 것이나 다름없다. 이처럼 위험이 조정된 상태에서 아메리칸타워의 연투자 수익률 20%는 더할 나위 없이 완벽해 보인다.

실상도 완벽할까? 매년 수익의 대부분은 아메리칸타워의 얼마 안 되는 배당 수익률 1.69%가 아니라 주가 상승에 달려 있다. 공교롭게도 현재 아메리칸타워의 주식가치는 1,307억 달러, 순수익은 22억 달러, PER은 59.4배에 달한다. 더 나아가 부동산 투자의 잉여영업현금흐름은 29억 3,000만 달러, 현금흐름배수는 44.7배에 이른다.

보다시피 매우 보잘것없는 잉여현금흐름에도 불구하고, 수익성 없는 기지국 사업의 평가배수는 실리콘밸리의 스타트업 수준이다. 잉여현금흐름의 성장률이 지난 20년 동안 끊임없이 낮아졌다는 사실을 고려하면 더 얼토당토않은 수치다. 최근에는 도산 위기를 간신히 모면했다.

아메리칸타워의 잉여현금흐름 연 성장률

- 2004년 9월 ~ 2010년 6월: 연 25.9%
- 2010년 6월 ~ 2018년 12월: 연 18.3%
- 2018년 12월 ~ 2021년 6월: 연 1.3%

따라서 암묵적으로 회사의 현금흐름배수는 20년 동안 고공행진을 이어갔다. 위의 성장률이 발생하는 기간에 아메리칸타워의 후행 현금흐름 배수는 다음과 같았다.

- 2004년 9월: 20.2배
- 2010년 6월: 28.3배
- 2018년 12월: 30.3배
- 2021년 6월: 44.7배

달리 말해 현재 고평가된 아메리칸타워는 연 0.44%의 빈약한 수익률을 창출하고 있는데, 이는 3~5% 사이를 오가는 현재 인플레이션율의 극히 일부에 불과하다. 두 수치의 극심한 차이는 주식 숭배 현상을 반영한다. 아메리칸타워는 놀랍도록 성장하는 기업으로 등극해 투기꾼들로 하여금 매우 높은 배수를 지불하거나 극도로 낮은 배당금과 수익을 받아들이게 했다. 그럼에도 투기꾼들은 기지국 사업에 돈을 벌어들이는 마법이 있으며 주당 이익과 주가가 미래에 왕성하게 성장하리라 믿어 의심치 않는다.

그동안 회사의 순이익과 현금흐름의 성장은 무차별적 자산 축적으로 달성되었다. 이를테면 2020년 영업현금흐름 38억 8,000만 달러는 자본지출 10억 3,200만 달러 그리고 기존 기지국 인수 자금 38억 달러와 상쇄되었다. 그 결과 9억 5,000만 적자가 발생했는데 여기서 배당금 19억 2,800만 달러까지 나갔다.

물론 투자와 배당금에서 오는 부족분을 충당하는 데 필요한 약 29억 달러를 초저금리 대출로 마련한 것은 이제 놀라운 일도 아니다. 2020

년 12월 말 기준 아메리칸타워의 부채는 357억 달러로 전년도보다 47억 달러 증가했다.

문제는 2020년만이 아니었다. 회사 운영 방식에도 문제가 있었다. 회계연도 2016~2020년에 회사의 핵심 재무 지표는 아래와 같았다.

2016~2020년 아메리칸타워 누적 재무 결과

- 영업현금흐름: 170억 1,000만 달러
- 자본지출: 44억 2,000만 달러
- 기지국 인수: 120억 5,800만 달러
- 배당금: 68억 1,000만 달러
- 투자 및 배당금 지급 후 현금흐름: −62억 9,000만 달러
- 2015년 12월 기준 부채: 171억 달러
- 2020년 12월 기준 부채: 367억 달러

아메리칸타워는 '성장'과 배당금에 필요한 자금을 조달하기 위해 거액의 돈을 빌려 주가를 부양했다. 그 결과 5년 동안 주당 주가가 96달러에서 220달러로 뛰었다. 영양학적으로 보자면 열량만 높고 영양가는 없는 칼로리는 전혀 없는 탄수화물 덩어리와 같은 셈이다. 사용 자본액에서 얻는 수익률은 특별히 자랑할 만한 성적이 못 되었고 도리어 5년 동안 하락만 했다. 주식시장 카지노에 공시된 멋진 투자 수익률은 수익 자산(기지국)을 추가로 구매하는 데 드는 자본을 값싸게 조달하도록 도와주었는가 하면, 꾸준히 감소하는 현금흐름에도 불구하고 주가

를 더욱더 높게 끌어 올렸다.

2011년 12월 이후 아메리칸타워의 부채는 72억 달러에서 362억 달러로 불어났지만, 이자비용은 2배가 채 안 되게 상승했다. 결과적으로 이자비용이 아주 낮아진 셈이다.

- 2011년 12월: 4.3%
- 2015년 9월: 3.4%
- 2021년 6월: 2.2%

카지노의 다른 많은 것들과 마찬가지로 앞서 언급한 20%의 멋진 수익률은 부채와 자산, 그리고 그것을 쌓아올리는 회사 내 금융공학자들의 3중 타격으로 빚어졌다. 연준의 지속적이고 무분별한 금리 억제는 자금조달비용을 대폭 낮추었다. 주식 투기꾼들은 금리가 절대 오르지 않을 것이며 레버리지를 통한 고성장이 영속적으로 자본화될 수 있다고 확신한다.

그러나 결국에 금리가 폭등하고 가치평가배수가 폭락하면 "레버리지 부동산 투자로 20% 수익을 무한히 낼 수 있다."는 믿음이 허위로 드러날 것이다. 이 믿음은 주식 숭배 현상이 조장한 망상에 불과하다.

현재 통화 인플레이션은 예전과는 정반대 결과를 낳았다. PER과 자본환원율에서 알 수 있듯 자산이 이미 오를 대로 올랐다. 마침내 연준이 상품·서비스 인플레이션과 사투를 벌이기 시작하면, 부동산은 이에 타격받아 헤지가 아닌 자본 손실의 무덤으로 전락할 것이다.

은행 주식도 믿을 수 없다

연준의 금리 억제 정책으로 악영향을 받은 부문에는 주가가 고공행진하는 기업들만 있는 것이 아니다. 은행 예금자들에 대한 최악의 약탈 행위도 있었다. 막대한 수익이 예금자에서 은행으로 넘어갔고, 이에 따라 은행 이익과 주가가 무리하게 상승한 것이다.

이를테면 JP모건과 뱅크오브아메리카, 씨티그룹, 웰스파고, 모건스탠리 그리고 골드만삭스까지 미국 상위 6개 은행의 총 시가총액은 2008년 겨울부터 2009년까지 이어진 금융위기 때 2,000억 달러로 바닥을 기었다. (정부의 구제금융 없이 실제 가치만 반영한 수치다.) 그러나 현재는 1조 5,000억 달러까지 증가했다. 연준의 지원으로 시가총액이 7.5배 뻥튀기된 것은 대부분 그 주식을 보유한 부자들에게 이루 말할 수 없는 기쁨이었고, 매우 높은 가치의 스톡옵션을 현금으로 바꾼 해당 은행 임원들에게는 특히 더 호사였다.

은행주를 포함해 여타 금융기관 주식에 낀 커다란 거품은 언젠가 꺼진다. 연준이 화폐 인쇄기를 멈출 수밖에 없을 때, 제일 먼저 나락으로 빠지는 종목은 인플레이션 시대에 훌륭한 투자처로 여겨지는 은행주일 것이다.

이것이야말로 정의로운 정책 방향과 합리적인 관점이다. 한편 평범한 미국인들이 입을 피해의 정도는 아무리 과장해도 지나치지 않다. 월스트리트에서는 현재 빠르게 상승 중인 물가 상승률이 은행주에 호재라고 주장하며 더 많은 거품을 생성하고 있기 때문이다. 이를테면 2023년까지 JP모건 주가가 20%, 골드만삭스가 70% 상승하리라 예견하는 게 그러한 맥락이다.

그러나 이것은 방심하고 있는 개미 투자자들에게 고평가된 주식을 떠넘기려는 큰손투자자들의 마지막 미끼이다. 일각에서는 인플레이션 속도가 빨라지면 성장과 대출 수요가 증가할 것이라고 예측하지만, 과거에 보았듯 실제로는 스태그플레이션이 발생한다. 그러니 성장과 대출 수요는 허무맹랑한 소리에 불과하다. 현실에서는 대출 수요에 제한이 걸려 은행 수익성은 급락할 것이다.

6대 금융기관의 시가총액이 1조 5,000억 달러까지 불어난 사기극에는 머지않아 닥칠 은행주의 몰락이 잠재되어 있다. 연준은 수익률 곡선상에서 특히 단기 금리를 마음대로 조정할 수 있다는 사실을 기억해야 한다. 양도성예금증서^{CD}의 수익률에서 볼 수 있듯 연준 외에 어떠한 시장 세력의 간섭도 용납되지 않을 것이다.

2009년 10월, 10만 달러 미만의 12개월 만기 예금 이자는 인플레이션율 아래로 떨어졌고, 그 후로도 계속 그 수준에 고정되어 있다. 이후 137개월 동안, 예금 이자는 단 7개월만 전년 대비 인플레이션율을 초과했는데, 초라하게도 평균적으로 0.25% 더 높은 수준이었다.

'몰수' 외에 더 적합한 표현이 있을까? 자금의 유동성을 유지하고 정크본드와 주식에 주사위 굴리기를 원치 않는 수천만 가구의 재산을 불법적으로 강탈한 것과 무엇이 다른가? 평균적으로 11년 동안 인플레이션을 반영한 수익률은 -1.40%였다.

지난 10년 동안에만 예금액의 20%는 연준이 약탈한 셈이다. 연준 총재들은 이 잔혹한 경제적 불의에 관한 책임을 조금도 인정하지 않는다. 그리고 본인들에게 기생하면서 팽창한 미국 은행 시스템을 다시 건강한 상태로 돌려놓았다고 뻔뻔스럽게 외친다.

동일한 11년 동안 은행의 순이자마진이 2009년 10월 0.37%에서 2020년 10월 0.28%로 떨어졌지만 은행이 받은 압력은 예금자들보다 훨씬 약했다. 인플레이션을 반영한 금리 스프레드(대출 이자율에서 예금 이자율을 뺀 값, 은행 수익성의 핵심)는 그래도 플러스(+)를 유지했다.

다시 말해 연준이 조작한 통화시장과 자본시장에서 개인 예금자들 본인은 정작 -1.40% 수익률(인플레이션 반영)을 얻으면서 은행에는 1.50%라는 플러스 스프레드를 얻게 도와주었던 것이다. 부의 재분배가 심히 왜곡되어 가난한 사람의 돈이 부자에게 흘러간 셈이다. 만약에 연준의 정책을 누군가가 고발한다면, 고발장에는 연준의 정책이 어떻게 성실한 예금자들을 은행 시스템의 계약 노예로 전락시켰는지에 관한 내용이 들어가야 할 것이다.

다음으로 10년간 이어온 연준의 금융 압박이 은행 시스템에 어떻게 작동했는지를 살펴보자. 2009년 4분기부터 2020년 3분기까지 양도성 예금증서의 수익률은 75% 하락한 한편, 은행 순이자마진은 19% 떨어졌다. 총 은행 자산은 79% 급등했다.

앞서 언급한 3중 타격은 은행 수익성에 큰 효과를 발휘했다. 한편 연준의 머니펌핑은 부채와 기타 채권 발행 폭발을 부추겼다. 은행들의 대차대조표 총액은 11년 동안 11조 8,000억 달러에서 21조 1,000억 달러로 확대되었다. 이러한 자산에 대한 금리와 수익률이 더 낮았음에도, 은행의 이자 총수입은 2009년 5,450억 달러에서 2021년 3월(직전 1년 기준)에는 5,760억 달러로 상승했다.

한편 은행이 예금자에게 지급하는 금리는 예금의 종류와 규모에 따라 50~70%까지 떨어졌다. 이에 은행 입장에서 예금이자비용은 2009년 1,460억 달러에서 2021년 3월(직전 1년 기준) 560억 달러로 급감했다.

한마디로 은행들은 워싱턴과 연방정부 덕분에 금융위기에서 무사히 벗어났을 뿐 아니라 10년 내리 행복을 만끽했다. 조금 전에 언급한 11년 동안 6% 증가한 이자수익과 62% 감소한 이자비용 덕분에 은행 순이자마진의 달러 수익이 급증했다.

■ 2009~2021년, CD 금리, 은행 총자산, 은행 순이자마진 변화

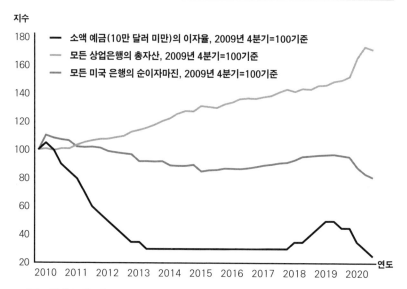

출처: 연방예금보험공사(FDIC), 연준이사회, 연방금융기관심사위원회(FFIEC), 세인트루이스 연방준비은행

만들어진 붕괴

본질적으로 은행은 기업과 정부의 부채 쓰나미에서 자신의 몫을 주워 담고 이자가 거의 제로인 예금을 모으는 것 외에는 아무것도 하지 않았는데도, 순마진이 2009년 3,990억 달러에서 2021년 3월 5,210억 달러로 증가했다. 연준의 이지머니가 모여들면서 순마진이 1,220억 달러 즉 30% 올랐다. 건전화폐와 정직한 자유시장 체제하의 금융·자본시장이었더라면 이런 일은 절대 일어나지 않을 것이다.

연준의 옹호자들은 막대한 이익 증가 덕에 은행 대출이 늘어나면 기업들, 특히 채권시장에 접근할 수 없는 소기업들이 성장과 일자리 창출에 투자할 수 있다고 말한다. 하지만 화폐 인쇄를 두고 늘어놓는 그런 식의 변명은 수십 년 동안 새빨간 거짓말이었고 이제는 촌극에 불과하다.

1990년대만 해도 대출과 리스는 전체 은행 자산의 60% 이상 차지했다. 그러나 이 비율은 20년 동안 꾸준히 감소했으며, 2020년 3월 이후 연준의 화폐 인쇄량이 대폭 늘어난 후로는 급락해 최근 3개월 동안 47%까지 떨어졌다. 은행은 기업에 직접적으로 대출해주는 대신 연준에 예치된 초과준비금과 연준이 사실상 다시 인수해주는 정부·기업 채권을 쌓아왔다.

그중 정부 채권을 살펴보자. 은행은 워싱턴 정부가 추진한 마구잡이식 대출 정책의 시녀들이었다. 2009년 4분기에는 은행 대차대조표에 미 재무부와 연방정부 기관의 부채가 1조 4,000억 달러가 있었고, 현재는 그 액수가 4조 2,000억 달러에 달한다. 실제로 연준은 은행 보유의 정부 채권을 2조 8,000억 달러 또는 195%만큼 증가시키는 데 조력했고, 그 결과 정부는 더 많은 공공 부양책과 보조금을 제공할 수 있었다.

그러면서 은행은 채권 이자수익을 얻고 사실상 제로(0)인 예금이자비용을 내며 이자놀이를 했다.

연준의 대규모 채권 매입이 어떤 부정적 영향을 끼치는지는 은행의 초과지급준비금 계정을 보면 알 수 있다. 연준은 자신들이 보유한 초과지급준비금에 대해 초과지급준비금리^{IOER} 0.15%를 은행에 지급한다.

연준은 매달 1,200억 달러의 채권을 프라이머리 딜러$^{primary\ dealer}$ 은행으로부터 매수하고 프라이머리 딜러 은행은 매도금을 다시 연준에 예치한다. 이것이 바로 연준의 초과준비금 '자산'이다. 이러한 자산은 은행자본비율 계산에 포함되지 않는다. 따라서 은행들은 은행자본 설정을이 필요로 하고 하다. 그리고 또 어느 정도 리스크를 포함하는 대출, 리스, 증권에 투자하기보다는, 연준에 예치해 60억 달러에 달하는 초과지급준비금리^{IOER}를 아무것도 하지 않고 기쁜 마음으로 쓸어 담는다.

초과지급준비금리는 연준의 광적인 화폐 발행으로 인해 화폐 시장과 은행 시스템이 얼마나 왜곡되었는가를 측정하기 위한 척도로, 거의 다른 행성의 이야기이다. 2007년 12월 이후 연준의 초과지급준비금은 무려 44,600%나 증가했다.

믿기지 않는다. 은행자본비율의 '건전성' 규제와 양적완화 하의 미친 듯한 채권 매입 비율 사이에서, 연준은 안 그래도 터질 듯한 21조 1,000억 달러의 대차대조표에 4조 2,000억 달러를 쏟아부은 것이다.

연준에 예치된 시중 은행 지급준비금 (2002~2021년)

• 2002년 12월: 72억 달러

- 2007년 12월: 94억 달러

- 2012년 12월: 1조 5,000억 달러

- 2014년 12월: 2조 4,000억 달러

- 2021년 8월: 4조 2,000억 달러

- 2007년 12월 이후 증가율: 44,600%

    결과적으로 은행 임원과 주주 들은 희희낙락하며 쉽게 돈을 벌고 있다. 금융위기 이후 2010년 1분기가 지나고부터 막대한 양의 부채가 탕감되고 은행 수익이 안정화되었다. 분기별 세전 수익이 250억 달러에서 975억 달러로 4배 증가했으며 연간으로 치면 4,000억 달러였다.

    6대 은행의 반등도 이와 비슷했다. 이들의 총 순이익은 다음과 같다.

- 2009년: 433억 달러

- 2013년: 758억 달러

- 2021년 3월(최근 12개월): 1,464억 달러

    이처럼 연준이 금리 차익거래를 장려한 덕택에 은행 이익이 압도적으로 증가할 수 있었다. 미국의 은행 시스템은 적정 수용량을 넘어 지나치게 과잉된 상태이다. 건전화폐로 운영되는 자유시장이라면, 과잉된 부분이 청산될 때까지 은행 이익은 오늘날보다 심하게 낮아질 것이다.

    기본적으로 은행은 막대한 급여, 시설비, 기술 사용료, 공급업체 지원 비용, 기타 간접비 등 다른 부문에서 더 생산적으로 사용될 수 있는

경제적 자원을 운영한다. 경제학자들은 이것을 두고 자중손실^{deadweight} loss* 이라고 하지만, 실질적으로 그것은 좀비 은행의 영속화라는 결과를 낳을 뿐이다.

불행히도 은행의 과잉에 대해서는 아직 할 얘기가 아주 많다. 연준이 부풀린 이익의 상당 부분은 대규모 자사주 매입과 배당금 지급 형태로 곧바로 월스트리트에 다시 나갔다.

2013년부터 2020년까지 8년 동안 6대 은행은 총 7,260억 달러의 순이익을 창출했고 그중에서 84%는 월스트리트에 재투입되었다. 자사주 매입에는 3,750억 달러, 배당금에는 2,310억 달러가 들어갔다.

즉 6대 은행은 주로 연준이 촉진한 이자 차익거래를 통해 월스트리트에 6,000억 달러의 현금을 다시 밀어 넣었다. 입이 떡 벌어지는 금액이 아닐 수 없다. 1조 달러의 5분의 3을 주주들에게 돌려주는 것을 정당화할 수 있을 만큼 6대 은행은 실질 가치를 창출한 것일까? 물론 그렇지 않다.

이를테면 2013년부터 2020년까지 경제가 연간 약 2% 성장하는 동안, JP모건은 2,110억 달러의 순이익을 냈고 이중 900억 달러는 자사주 매입에, 740억 달러는 배당금에 투입했다.

2008년부터 2009년까지 부실자산구제프로그램^{TARP}을 통해 250억 달러를, 연준 구제금융을 통해 수천억 달러를 지원받은 금융기관치고는 나쁘지 않은 기록이었다. 국제통화기금^{IMF} 연구에 따르면 JP모건은

---

* 특정 요인으로 인해 자원배분의 효율성이 상실되는 것

약 0.8%의 이자지급 채권이 포함된 대마불사[too-big-to-fail] 식 연준 보조금에서 지속적으로 이익을 얻는다고 한다.

JP모건은 현재 2조 7,840억 달러의 예금과 이자지급 채권을 보유하고 있어 연간 약 220억 달러에 달하는 보조금을 받고 있다. 뱅크오브아메리카도 2013년부터 2020년까지 1,420억 달러의 순이익을 냈고, 이중 78%에 해당하는 1,110억 달러를 자사주 매입과 배당 형태로 주주에게 반환했다. 대차대조표에는 2조 2,100억 달러의 예금과 이자지급 채권이 있는데, 이는 IMF의 방식에 의하면 대마불사식 보조금이 자그마치 연 176억 달러라는 것을 의미한다.

추정된 보조금 액수는 2020년 뱅크오브아메리카의 전체 순이익 179억 달러와 별반 다를 바 없으며, 그중 147억 달러를 자사주 매입과 배당금에 지출했다. 부정적인 사람들은 이것을 1차 폰지사기라 부르고 싶겠지만, 실제 그 위험성은 더 염려스럽다. 지난 10년간 JP모건의 PBR은 2배 이상, 뱅크오브아메리카는 4배 이상 뛰었다.

모건스탠리와 골드만삭스도 사정은 비슷하다. 모건스탠리는 2013년에서 2020년 사이 550억 달러의 순수익을 창출했고 여기서 74%인 410억 달러는 자사주 매입과 배당금에 들어가 월스트리트로 흘러갔다. 골드만삭스의 순수익은 627억 달러로 이중 84%인 529억 달러가 자사주 매입과 배당금으로 반환되었다.

물론 월스트리트 투기꾼들이 몰려들면서 모건스탠리의 PBR은 2011년 말 수준에서 거의 4배, 골드만삭스는 2배가 뻥튀기되었다.

연준이 화폐 인쇄기를 멈추겠다고 할 때 월스트리트의 반응은 어쩌면 생각만큼 사납거나 격하지 않을지도 모른다. 월스트리트에서 으뜸 가는 두 투자은행은 밤새 가동되는 인쇄기 덕에 워낙 거대한 이익을 이미 다 누렸기 때문이다.

다시 말해 2011년 말 버냉키가 양적완화를 두고 일시적인 비상조치라며 당시 2조 8,000억 달러까지 부풀린 대차대조표가 곧 위기 이전 수준으로 되돌아갈 것이라 이야기했을 때, 시장에서는 어떠한 금융 대기업도 지금처럼 자산 가치가 부풀려지리라고는 생각하지 못했다. 적어도 그 당시 주식시장 관련자들은 양적완화 없이는 은행 수익의 쓰나미가 발생할 일이 없다고 믿었다.

그 후 연준의 대차대조표는 3배 증가한 8조 8,000억 달러에 이르렀고 월스트리트는 기대치를 과감히 재설정했다. 이제 주식 투기꾼들은 연준의 대규모 채권 매입과 금리 억제가 결코 끝나지 않으리라 예상한다.

그러나 곧 끝날 것이다. 연준이 스스로를 사지로 몰아넣고 있기 때문이다. 인플레이션 요정은 램프 밖으로 나왔다. 조만간 연준이 화폐 인쇄기 가동을 멈추고 금리를 급격히 올리면, 팽창한 은행 수익과 이에 따라 솟구친 시가총액은 곤두박질치게 될 것이다.

THE GREAT
MONEY
BUBBLE

11장

안전한 종목은 옛말,
이제 안식처는 없다

▼

성장주가 하락 추세일 때 헬스케어·식품 주식은 '안전'하다고 간주되지만 이 역시 위험하다. 이를테면 헬스케어 분야를 지배하는 기업인 유나이티드헬스그룹^{United Health Care Group}은 2020년 연매출 2,700억 달러, 순이익 145억 달러를 기록했다. 그런데 최근 시가총액이 4,010억 달러, PER이 약 28배까지 치솟았다.

10년 전 유나이티드헬스그룹의 매출과 순이익, 시가총액은 각각 993억 달러, 49억 달러, 491억 달러였다. 경제가 대침체에서 완전히 회복되고 연준이 2% 인플레이션 목표치를 설정하는 광기 어린 짓을 하기 직전에 회사의 PER은 10배였다.

그때까지만 해도 PER이 부적절한 수준은 아니었다. 그러나 2011년 이후 10년 동안 매출과 순이익이 각각 연 10%, 11%씩 성장한 데 반해 PER은 무려 28배에 가까워졌다. 그 정도 성장하는 기업의 PER이 28배라는 건 어떻게 봐도 이상한 일이다.

경제적 수익을 재는 바로미터인 잉여영업현금흐름을 살펴보면, 미국 최대 헬스케어 대기업이 지나치게 과대평가 되어있다는 것을 알 수 있다. 2011년 9월(최근 12개월 기준) 회사의 잉여현금흐름은 77억 달러, 주가현금흐름배수는 6.4배였다. 오늘날은 각각 185억 달러, 21.7배이다.

즉 잉여현금흐름이 겨우 연 9.2% 성장할 때 주가현금흐름배수는 3배가 넘게 증가했다. 창출된 현금 수익을 고려하면 좀처럼 이해하기 어려운 결과이다.

공교롭게도 앞서 언급된 내용들은 빙산의 일각이다. 지난 8년에 걸쳐 유나이티드헬스그룹은 영업현금흐름 중 583억 달러를 재투자했다. 그러나 그 금액의 75%인 440억 달러가 직접 자본지출이 아닌 기업 인수에 사용되었다. 회사의 진정한 유망 분야가 무엇인지를 제대로 보여주는 대목이다.

지난 10년 동안 유나이티드헬스그룹의 영업권goodwill* 가치는 266억 달러에서 866억 달러로 급증해 연 증가율 12.5%를 기록했다. 부채도 146억 달러에서 482억 달러로 연 증가율 13%를 보였다. 요컨대 회사의 매출, 순이익, 잉여현금흐름의 성장이 느렸던 이유는 부채로 자금을 조달해 실제 순자산가치보다 훨씬 많은 금액을 인수에 지불했기 때문이었다. 치솟는 영업권 계정과목을 보면 이것이 여실히 드러난다.

"인수가 시너지 효과를 톡톡히 낸다."라며 야단법석을 떨었음에도, 현재 자산 대비 순이익 비율은 7.28%로, 480억 가치의 시너지를 발생

---

* 동종산업의 경쟁 기업과 비교해 초과 수익을 올릴 수 있는 무형 자산

시키는 인수가 될 것이라고 한참 떠들어대던 10년 전보다도 낮다. 지난 10년간 유나이티드헬스의 주가현금흐름배수가 3배 이상 증가한 것은 특이한 결과가 아니다. 오히려 기술주 외의 다른 대형주들 사이에서는 흔한 일이다.

바로 이 대목에서 시가총액 폭등 원인이 실물경제의 성장이 아닌 연준의 무리한 화폐 발행임을 단적으로 알 수 있다. 실물경제는 주식시장과 달리 고전하고 있는 것이다.

연준과 이들의 시녀인 전 세계 중앙은행이 조성한 무시무시한 금융 거품의 중심에는 다음과 같은 단순한 명제가 있다. "미국 국채와 우량 채권들의 금리가 매우 낮기 때문에 PER이 전례 없는 고점까지 높게 치솟은 것은 당연했다. 이 과정에서 TINA There Is No Alternative[*]를 외치는 주식 옹호자들로 인해 가치평가의 상식적 원칙은 부서졌다."

그들의 말을 빌리자면 이렇다. "주식 말고는 답이 없다. 현재의 주가를 도저히 납득할 수는 없지만, 그냥 눈을 질끈 감고 주식을 사자! 어쨌든 가격은 마법의 콩나무처럼 하늘 높이 뻗어 올라갈 테니. 주식에 투자하기로 마음먹었다면, 자산 가격을 끌어올리고 실물경제를 번영시킨 전지전능한 통화의 아버지 연준을 따르기만 하면 된다. 설령 주가가 떨어지더라도, 통화의 아버지께서 머지않아 주가를 하늘 높이 끌어올려주실 것이다. 믿음이 강한 자(낙관적인 투기꾼)에게는 달콤한 보상을, 믿음이 부족한 자(하락론자 투자자)에게는 형벌이 내려질 것이다. 이 세

---

[*] 주식 외에 대안이 없다는 의미로 주식에 돈이 몰리는 상황을 일컬음

계는 영원하리라, 아멘."

설사 TINA가 맞는 말이라 해도 지나치게 과대평가된 주식의 매입은 대안이 될 수 없다. 장기적으로 채권에 돈을 맡기면 수익을 거둘 수 있어야 한다. 만약 이것이 불가능하다면 자본주의는 서서히 시들고 우리가 기대해온 번영도 지구에서 영영 사라질 것이다.

판단이 늦을수록

주식 매수 만트라와도 같은 TINA 뒤에는 숨은 현실이 있다. 지난 30년 간 채권의 실질 수익률은 하락해왔고 지금은 황당하게도 지속할 수 없는 수준까지 떨어졌다. 금융 세계의 벤치마크가 되는 채권의 물가 조정 수익률은 2019년 5월에 마이너스가 되었고 현재 -1.75%까지 추락했다. 마이너스 수익률 세계는 영원히 지속될 수 없다. 새로운 채권이 발행되지 못하면 결국 전체 자본주의 경제가 기울어질 테니 말이다.

따라서 경제학자 허버트 스타인Herbert Stein 의 법칙이 또 다시, 그것도 아주 짧은 시간 안에 증명되는 건 시간문제이다. "영원히 지속할 수 없다면 언젠가 멈추기 마련이다. 판단이 늦을수록 경기는 경착륙할 것이다." 금융 세계에서 가장 중요한 가격이 중앙은행의 압력 탓에 심하게 왜곡되면 금융 시스템이 뒤흔들릴 수 있다는 사실은 자명하다.

지금 우리는 형편없는 수익률에도 과대평가된 기술주만이 아니라 걷잡을 수 없이 상승한 가치평가배수의 대형주도 함께 논의하고 있다.

글로벌 식품 대기업 네슬레^{Nestle}를 살펴보자. 2021년 8월 순이익과 잉여현금흐름이 각각 136억 달러와 104억 달러였고 시가총액이 3,500억 달러였다. 즉 시가총액은 순이익의 26배, 잉여현금흐름의 33.5배였다.

한 기업의 평가배수가 이만큼 높으면, 지속적으로 뛰어난 성장을 이룩한 기업이겠거니 하는 생각이 들기 마련이다. 하지만 아니다. 지난 10년 동안 네슬레의 순이익과 잉여현금흐름은 각각 연 2.4%, 연 6.2% 밖에 증가하지 않았다.

네슬레는 부채를 더 많이 짊어지면서 현금을 월스트리트에 재빨리 다시 쏟아 부었다. 2013년부터 2020년까지 8년 동안 네슬레는 자본지출을 뺀 잉여영업현금흐름을 860억 달러 창출했지만, 이중 92%인 790억 달러를 자사주 매입과 배당금에 투입했다.

늘어난 현금을 생산적 자산에 재투자할 동기가 없었다는 점은 토지, 공장, 장비 등 유형자산의 장부가치에서 뚜렷하게 드러난다. 장부가치는 2013년 12월 303억 달러에서 2020년 12월 296억 달러로 감소했다. 반면 부채는 245억 달러에서 458억 달러로 비약적으로 증가했다.

요컨대 기술주를 뺀 나머지 대형주는 주가와 시가총액의 상승을 촉진하기 위해 과거 10년 동안 공격적으로 투자하지 않아도 됐을 것이다. 그들은 잉여현금흐름을 월스트리트에 사실상 재활용했고, 이것이 걷잡을 수 없는 평가배수에 감추어져 외부에서는 속임수를 알아차리지 못했다.

이와 비슷한 일은, 비교적 신중하고 중립적으로 운영되는 신용평가사가 투자등급을 매기는 채권 세계에서도 불거졌다. 미국의 대표적 식품 기업 크래프트 하인즈 컴퍼니^{Kraft Heinz Company}를 다루어보자. 막가파 금융공학자들은 값싼 부채를 이용해 유명 기업인 크래프트와 하인즈를 합병시켰다. 그 후 그들은 필사적인 비용 절감을 위한 운영 방식을 무너뜨렸고 산더미 같은 빚을 갚기 위한 시너지 효과도 좌절시켰다.

범인은 너무 낮은 수익률의 정크본드(채권)였다. 투자자 입장에서 볼 때, 정크본드 전체 실질 수익률은 인플레이션이 반영된 아주 적은 수익률에 실현손실률[*] 3%까지 더해져 제로로 떨어졌다. 그러니까 이 좀비 같은 기업의 사육에는 연준이 깊숙이 관여된 셈이었다.

물가 상승분과 손실액을 제외한 후 사실상 투자자 손에 아무것도 남지 않는 수익률, 즉 매우 저렴한 이자의 장기 자본을 정크(투자부적격) 등급 회사에 공급한다면, 어느 부실기업이 이를 마다하지 않겠는가? (이 기업들이 정크본드 발행에 실패해 도산한다면, 회사 자원은 차라리 정직한 자유시장의 더 생산적인 곳에 재배치될 것이다.)

2019년 9월 이후 화폐가 4조 5,000억 달러나 발행된 탓에, 물가 상승률을 뺀 국채·투자등급채권의 실질 수익이 증발했다. 수익률 사냥에 나선 투기꾼들은 정크본드 시장에 뛰어들고도 2021년 8월 중순 3.95%라는 미미한 수익률(물가 상승률 조정 전)밖에 얻지 못했다.

어떻게 연준은 이토록 뻔뻔하게 채권 가격을 위조할 수 있었을까? 연준은 인플레이션을 두고 일시적 현상이라고 얼버무렸지만, 사실 CPI는 전년 대비 5.4% 상승했고 향후 몇 달간은 그보다 더 높아질 전망이

---

[*] 자산이 구매 가격보다 낮은 가격으로 판매될 때의 손실률

다. 채권 가격을 왜곡시킨 어리석은 연준 때문에 정크본드의 실질 수익률(물가 상승 반영)이 -1.45%까지 떨어졌다. 앞으로 경제는 더 깊은 적자 수렁으로 빠질 것이다.

너무 많은 현금

머니펌핑의 결과로 발생한 금융시장 왜곡과 잘못된 자원 배분의 사례 중에서, 과연 정크본드의 마이너스(-) 실질 수익률만큼 한심하고 비생산적인 경우가 있을까?

건전화폐가 유통되고 채권 가격이 올바르게 책정되는 세상이라면 정크본드는 눈 씻고도 찾아볼 수 없을 것이다. 그런 세상이라면, 리스크는 크지만 투자 가치가 있다고 판단하는 사업을 추진하려는 회사는 지분을 매각해서 자금을 마련할 것이다. 또한 안정적인 수익처를 찾고 싶은 투자자들은 적절한 위험 조정 수익률의 정부 채권과 투자등급 회사채를 다량 보유하는 편을 택할 것이다.

아무리 시간이 흐른대도 2021년 1월부터 6월까지 일어난 일은 다시는 볼 수 없을 것이다. 금융정보 제공업체 딜로직Dealogic에 따르면 그 기간에 3,000억 달러 상당의 정크본드가 발행되었다. 이는 전년 대비 40% 더 많은 수준이었다. 물가 상승과 디폴트 리스크 때문에 손실이 뻔한 데도 이토록 많은 정크채권을 사들인 이유는 짐작해볼 수 있다. 한 애널리스트가 《월스트리트저널》에 밝힌 견해를 살펴보자.

수익률(%)

— 고위험채권수익률 – 도시 소비자물가지수

출처: ICE데이터지수, 노동통계국(BLS)

TD 증권 소속 금리 전략가 게나디 골드버그^{Gennadiy Goldberg}에 따르면, 저금리 환경에 놓인 투자자들은 리스크를 감수하고서라도 수익률이 있는 투자처를 찾아 헤매고 있다. '현금은 넘쳐나지만 정작 현금을 묻어둘 매력적인 자산은 거의 없는 까닭에 이러한 현상이 발생하고 있다.'라고 말했다.

그러나 투자자들이 위험한 곳으로 모여들고 있는 이 상황은 문제의 극히 일부분에 불과하다. 투자자가 감당해야 하는 손실의 위험도 측면에서 문제를 바라보자면, 그에 상응하는 대가를 응당 치러야 한다고 말하고 싶다. 하지만 지금은 반대 측면을 살펴보자. 기업은 수많은 정크채권과 정크대출(미불 금액이 약 3조 달러에 달함)을 통해 마련한 자금을 레버리지 바이아웃^{leveraged buyout}*, 레버리지 리캡^{leveraged recapitalization}** 등의 금융공학에 사용한다. 기업은 이와 같은 무시무시한 거래를 통해 손쉽게 차입한 현금을 주주들과 사모펀드 내부자들에게 재분배할 뿐, 경제적 효용이나 부가가치를 창출하는 부문에 투입하지 않는다.

《월스트리트저널》기사에 따르면, 일부 자산관리사들이 자본 이득을 기대하고 그러한 무수익 정크채권을 매입한다고 한다. 바로 이것이 문제이다. 적정 수익을 내고 원금 가치(가격)에 변화가 없어야 할 채권이 다른 것의 가치 상승을 위해 매입되고 있는 것이다. 끝을 모르고 발행되는 연준의 이지머니 덕분에 경기침체 가능성은 없을 듯하다. 기업들이 기존의 버거운 정크본드 금리 부담에서 탈피해 낮은 금리로 재융자할 수 있고, 덩달아 신용 등급도 상향될 수 있을 테니 말이다.

케첩의 대실패

건전하지 못한 자금 조달은 크래프트 하인즈의 몰락 과정을 이론적으로 뒷받침한다. 2015년 월스트리트 금융공학자들이 모인 사모펀드 3G 캐피털파트너스^{Capital Partners}와 투자의 현인 워런 버핏이 나서서 크

---

* 인수 금액의 상당 부분을 차입해 조달하는 것
** 차입을 통해 자본구조를 재조정하는 것

래프트와 하인즈 두 회사를 합병시켰다. 2013년에 그들이 레버리지를 통해 하인즈를 230억 달러에 인수한 다음의 일이었다.

합병을 하고도 각 회사가 이전부터 떠안았던 사업상 과제는 아무것도 해결하지 못했다. 매출만 봐도 합병을 추진할 당시 예상했던 280억 달러는커녕 실제로는 260억 달러도 넘어서지 못했다. 결국은 내부자와 주주 들의 배만 불린 꼴이 된 것이다. 2016년부터 2021년 1분기까지 회사는 상각전영업이익EBITDA으로 158억 달러, 자본지출로 48억 6,000만 달러를 창출해 잉여현금흐름 109억 4,000만 달러를 발생시켰다.

한편 같은 기간 주주들에게 지급된 배당금은 무려 140억 6,000만 달러로 잉여현금흐름의 128%를 차지했다. 이것이 바로 금융공학자들의 금융 착취이다. 이 모든 것은 과도하게 억제된 금리 때문에 가능했다.

현재 크래프트 하인즈의 재무비율은 나락의 끝자락에 서 있다. 2021년 6월(최근 12개월 기준) 총부채는 283억 달러, 레버리지 비율은 잉여현금흐름의 9.7배에 달했다. 또한 회사는 크래프트 치즈를 포함해 40억 달러 이상의 사업 부문을 매각해 지불 능력을 간신히 유지했다. 부채의 압박을 받은 회사는 금융공학자들의 회계 장표 시너지 분석을 통해 비용을 절감하려 했다. 직원의 절반에 해당하는 7,000명 이상을 해고하면서 결국 브랜드 가치에 큰 손상을 입었다.

이 모든 사기극이 마침내 대중에 알려졌다. 회사는 오랜 기간 사랑받은 여러 브랜드에서 150억 달러를 상각 처리해야 했다. 비평가들은 3G 캐피털이 성장을 희생시키면서까지 쥐어짜기식 비용 절감을 했다고 오랫동안 주장해왔다.

그들의 말이 옳았다. 회사는 포트폴리오에 식품 트렌드 변화를 전혀 반영하지 않았다. 끝내 크래프트 하인즈 미국 시장의 유기농 매출은 2017년 1분기부터 여섯 분기 연속으로 전년 대비 감소했다.

결국 금융공학과 정크채권이 주범이었다. 합병 이후 240억 달러의 현금 배당금이 주주들에게 지급되었고 수억 달러의 수수료가 월스트리트와 내부자들에게 쏟아졌다. 그 결과 건전화폐 체제에서의 자유시장이었다면 절대 일어나지 않았을 위기가 발생한 것이다. 배당금을 낳는 거위나 다름없는 회사가 파산을 겨우 피할 수 있는 선에서만 운영해야 하는 처지에 놓였다.

크래프트 하인즈는 결코 특별한 사례가 아니다. 바닥을 기는 금리 때문에 기업들은 부채를 점점 늘리면서 도산은 면할 정도로만 운영할 수 있었다. 이러한 좀비 기업은 자본 비용조차 벌지 못하는 저생산성 부문에 노동·자본 자원을 가두어 경제 성장을 지연시켰다. 그럼에도 그들은 중앙은행이 바닥까지 떨어뜨린 금리 덕택에 부채와 생산을 삭감해야 한다는 압박에서 벗어났으며, 과거보다 오래 살아남을 수 있었던 것이다.

12장

버블만 가득 낀 주식시장

▼

그렇다면 이런 의문이 든다. "막대한 금융 거품을 만든 중앙은행가는 정말 좀비 기업을 길러낼 만큼 그렇게 멍청하단 말인가?" 그만큼 월스트리트는 실제로 기형, 비합리, 부조리로 가득 차 있기 때문에 보통의 사람이라면 문제를 바로 알아챌 수 있을 것이다.

시장에 공공연하게 난무하는 투기 사례 중 하나는 '컬트주'라고 부르는 주식이다. 컬트 종목의 말도 안 되는 가치평가를 들여다보면, 왜 시장의 숏short* 포지션이 향후 몇 년간 안정적으로 돈을 벌 수 있는 유일한 투자 전략인지를 알 수 있다.

지금 우리는 정직한 가격 발견 또는 이성적 개념을 우습게 만들 만큼 높은 시가총액과 PER을 기록하는 기업을 이야기하고 있다. 그 대표 기업으로는 치폴레 Chipotle Mexican Grill가 있다. 치폴레는 미국에서 가장

---

* 하락장에 베팅

큰 부리토 체인점으로 2,850개의 매장이 전국 곳곳을 장악하고 있다. 2006년 맥도날드에서 분리된 후 매장 수가 폭발적으로 늘어나면서 치폴레 가치는 끊임없이 과대평가되어 지난 몇 년간 터무니없는 수준에서 미친 수준으로 돌변했다.

2011년부터 현재까지 시가총액이 106억 달러에서 540억 달러로 510% 솟구쳤다. 약 430억 달러의 증가액은 전국 방방곡곡 부리토를 사먹는 사람이 그만큼 넘쳐난다는 것을 의미할까? 결코 그렇지 않다. 그 10년 동안 시가총액의 성장은 순이익의 2.4배, 잉여현금흐름의 4.4배를 앞질렀다.

더 큰 문제는 따로 있다. 치폴레 주식은 2011년에 이미 엄청나게 고평가되었다. 106억 달러의 시가총액은 그해 12월에 기록한 순이익 2억 1,500만 달러의 49배, 잉여현금흐름 2억 6,000만 달러의 41배에 달할 만큼 굉장했다.

애석하게도 이익과 현금흐름은 기껏해야 평범한 수준이지만 평가배수는 하늘을 찔렀다. 지난 10년 동안 순이익과 잉여현금흐름은 각각 연 11.7%, 7.2% 성장에 그쳤다. 반면 평가배수는 그야말로 비상식적이었다. 2021년 6월 순이익 5억 8,600만 달러에 대한 평가배수는 92배, 잉여영업현금흐름 5억 200만 달러에 대한 평가배수는 106배였다.

보다시피 연 7.2%의 그저 무난한 한 자릿수 잉여현금흐름의 성장률이 10년 만에 아득한 세 자릿수 평가배수로 보상받았다. 성장률의 15배다. 믿기지 않을 만큼 높다. 잘 나가는 실리콘밸리 스타트업의 평가배수도 그 정도는 될 수 없을 것이다.

치폴레의 밸류에이션이 얼마나 비현실적인지는 시가총액을 2,850개의 매장 수로 나눠봐도 알 수 있다. 매장당 시가총액은 1,900만 달러에 약간 못 미치는 데 반해, 매장당 총이익은 52만 달러에 불과하다. 치폴레는 식탁보도 없는 '패스트 캐주얼fast casual' 음식점이다. 포크나 접시 등 은식기류도 거의 사용하지 않는다. 평균 매장 크기가 겨우 242㎡ 정도이며, 25~34세 밀레니얼세대의 주 고객층의 인당 소비액이 17달러에 지나지 않는다.

직원 급여를 주고 자산과 시간을 투자해 수익을 올려야 하는 식당 경영자라면, 치폴레 같은 매장에는 300만 달러도 지불하지 않을 것이다. 심지어 마케팅비와 간접비 지출도 제외하지 않은 52만 달러의 이익은 1,900만 달러의 가치가 전혀 없다고 보는 것이 현실적인 판단이다. 오로지 월스트리트 카지노의 환상 세계에서만 가능한 일이다.

컬트 주식

이제 컬트 주식을 본격적으로 파헤쳐보자. 연준이 수십 년에 걸쳐 유동성을 공급하며 시장을 떠받든 결과 금융시장을 합리적이고 정직하고 안정적으로 유지하는 정상 메커니즘이 복구될 수 없는 사태에 이르렀다. 역사적으로 자본조달비용은 지나친 투기를 강력하게 견제하는 역할을 했다. 펀딩비용이 너무 높고 금리의 급격한 상승이라는 위험이 파멸을 초래할 것 같은 상황에서 무슨 수로 레버리지 투기를 통해 이익을 취할 수 있었겠는가? 그러나 오늘날 연준은 '투명성'이라는 명목하에 13년 동안 제로 금리 근처에 맴도는 단기 금리를 언제, 얼마나 변경할 것인지를 월스트리트 도박꾼들에게 미리 알려주고 있다. 말하자면 도박 칩 비용이 제로인 셈이다.

더 중요한 것은, 약간의 조정 국면에도 연준은 주식시장을 수 차례 구제해왔다는 점이다. 그래서 공매자들은 시장에서 퇴출되었다. 그들을 위한 자금의 양도 그야말로 씨가 말라갔다.

치폴레가 2015년과 2016년에 마지막 식품 안전 위기를 겪은 이후 PER이 42배로 떨어지고 12% 이상의 주식이 공매도 된 적은 있었다.

그러나 연준이 돈을 퍼붓고 나자 공매도가 잠잠해졌다. 치폴레의 PER은 2배 증가해 앞서 언급한 92배가 되었고, 공매자들은 완전히 내쫓겼다. 오늘날 공매도 잔액은 전체 주식 수의 2.8% 수준으로 2006년 상장 이후 가장 낮은 수준에 머무르고 있다.

이 사실은 중요한 의미를 내포하고 있다. 미국 주식시장에서 가장 고평가된 회사 중 하나인 치폴레는 일반적 수준의 공매도도 만들어내지 못하고 있다. 연준의 끝없는 개입으로 인해 시장이 위로만 움직였기 때문이다. 투자자들은 영락없이 위험으로 내몰렸다. 이를테면 올해 초부터 지금까지 평가등급 회사채의 수익률은 극히 낮아져 0.05%를 기록했고, 심지어 미국 국채 수익률은 -1.4%까지 내려갔다.

한편 정크채권의 수익률은 올해 8월까지 5%였다. 트리플 C 등급의 채권은 거의 10%였다. 물가 상승을 반영한 건전한 채권의 수익률이 현재 마이너스인 상황에서 정크채권 수익률도 2021년에는 또 다른 의미의 기록을 세울 것이다.

그러니까 정크 시장의 약 90%가 전년 대비 소비자물가지수 상승률 5.4%보다 낮은 수익률로 거래되고 있다. 참고로 지난 50년간 그 비율이 가장 높았던 때가 7%였다.

리먼브라더스의 트레이더로서 파산에 이르는 과정을 목격한 래리 맥도날드Larry McDonald가 지금의 광기를 자신의 저서『상식의 실패A Colossal Failure of Common Sense』에 요약했다.

> 해가 갈수록 투자자들은 중앙은행 때문에 마지못해 보잘것없는 수익률을 얻고 있다. 점점 더 모두가 이런 상황을 당연하게 받아들이면서 경제는 극도로 위험한 수준에 치달았다. 올 여름 뉴욕주 햄튼스Hamptons나 남프랑스 해변에는 위스키를 홀짝거리는 수십 명의 버니 메이도프Bernie Madoff*와 앨 던랩Al Dunlap**, 제프 스킬링Jeff Skilling***이 있었다는 사실을 기억하라.
>
> 아무도 인정하고 싶지 않겠지만 중앙은행은 이들의 가장 친한 친구이다. 중앙은행이 경기 순환에서의 정화 과정을 충분히 오래 지속시키지 않으면, 신용 리스크는 수면 아래에서 끊임없이 축적될 것이다. 매주, 매달, 매해 우리는 이러한 문제를 심화시키고 있다. 즉 자본이

---

* 월가에서 가장 큰 폰지 사기를 저지른 금융인
** 효율성 증대와 비용 절감을 위해 수천 명의 직원을 해고해 미국 기업 역사상 가장 악랄하다고 평가받는 경영자
*** 미국 최대 회계조작 사건의 주범

흘러가다 빠지는 웅덩이는 도덕적 해이라는 독성에 물들어 점점 골이 깊어지고 있다. 오늘날 금융시장의 참여자들에 비하면 리먼브라더스의 전 CEO 딕 풀드^{Dick Fuld}는 마치 주일예배를 마치고 걸어 나오는 성가대원 소년처럼 순진해보일 지경이다.

금융시장 참여자들이 지금 월스트리트에 울리는 비상벨을 듣지 못한다면, 자신들의 귀를 의심해봐야 할 것이다. 실제로 치폴레의 가치평가를 합리적 모범 사례로 보이게 만드는 주식이 많다.

이제부터는 테슬라에 관해 살펴볼 것이다. 테슬라의 일론 머스크는 최근 2,500억 달러가 넘는 순자산을 보유한 것으로 알려지며 지구상에서 가장 부유한 사람이 되었다. 그런데 그의 주요 자산인 자동차 제조업체 테슬라는 전기차를 생산하고 판매해 한 푼도 벌지 못했다.

정부의 젖먹이

테슬라는 블루스테이트^{blue state} *의 환경 규제에서 재정 혜택을 톡톡히 누리고 있다. 미국 내 11개의 블루스테이트에서는 자동차 제조업체들에게 2025년까지 제로에미션^{zero-emissions} ** 차량을 일정 대수 판매하

---

* 민주당 텃밭 주
** 이산화탄소 배출 제로

도록 강제한다. 환경 기준을 충족하지 못할 시 자동차 제조기업들은 테슬라 같이 전기차를 독점적으로 판매해 정부의 요구 사항을 충족하는 기업에서 탄소배출권을 구매해야 한다.

일론 머스크에게 탄소배출권 판매는 돈을 벌어들이는 효자 사업이었다. 지난 5년 동안 테슬라는 탄소배출권 판매로 33억 달러를 벌고 2020년 한 해에만 그 절반에 가까운 16억 달러를 거두었다. 이는 순이익 7억 2,100만 달러를 훨씬 넘어서는 금액이다. 즉 테슬라가 실제로 자동차를 만들고 판매하면서 8억 7,900만 달러의 손실 혹은 고객에게 인도된 차량 한 대 당 약 1,800달러의 손실을 봤다는 것을 의미한다.

이제는 모든 자동차 메이커가 좋든 싫든 기후변화 규제에 굴복해 전

■ **탄소배출권 매출을 제외한 테슬라 순이익**

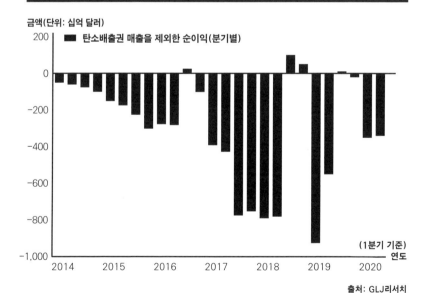

금액(단위: 십억 달러)

출처: GLJ리서치

기차 사업에 뛰어들고 있다. 테슬라가 독점해오던 탄소배출권은 아침 이슬처럼 쉽게 사라질 것이다. 실제로 포드는 전기차 및 배터리 생산 단지에 115억 달러의 대규모 투자 계획을 발표한 바 있다. 최근 역사상 북미에서 신규 자동차 투자로는 최대 규모이다.

테슬라에 숨겨진 진실

기본적으로 테슬라의 순이익과 잉여현금흐름에서 탄소배출권 판매가 차지하는 적절한 자본환원율은 없다고 보면 된다. 탄소배출권은 영구적 자산 가치로 자본화할 수 있는 정기적 수입원이라기보다는 가까운 미래에 완전히 사라질 국가의 선물이라고 보면 된다. 테슬라의 순수입은 탄소배출권을 빼면 그야말로 '제로(0)'이다. 잉여현금흐름과 비교만 해봐도 현 시가총액 1조 2,000억 달러가 이치에 맞지 않는다는 것을 분명히 알 수 있다. 지난 6월 테슬라가 발표한 잉여영업현금흐름은 26억 1,000만 달러였지만 GM, 포드 등이 구입한 탄소배출권을 제외하면 10억 달러에 불과했다. 즉 테슬라는 자동차 사업에서 창출되는 잉여현금흐름의 무려 1,200배 많은 시가총액을 얻고 있는 것이다.

게다가 지난 5년 동안의 누적 잉여현금흐름이 -22억 달러였는데, 여기서 앞으로 사라질 수 있는 탄소배출권 36억 달러를 빼면 -58억 달러까지 낮아진다. 테슬라는 자동차 기업 행세를 하며 5년 만에 거의 60억 달러나 되는 현금을 증발시켰다. 우리는 이런 기업에 전 세계 자동차 산업을 합친 것의 175% 이상의 가치를 부여했다.

테슬라는 한낱 대사기극을 펼치는 기업이 아니다. 일론 머스크도 P.T 바넘 Phineas Taylor Barnum * 이래로 쇼맨십을 발휘해 사람들을 현혹하는 위대한 사기꾼이 아니다. 그저 테슬라는 무지한 중앙은행이 일으킨 유동성 홍수 속에서 미쳐 날뛰게 된 종목의 또 다른 표본일 뿐이다.

더 심각한 문제는 따로 있다. 주식시장 곳곳에서 발견되는 미친 듯한 밸류에이션 거품이 곧 다가올 폭락기에 조정될 수 있을 것 같지가 않다는 점이다. 연준이 자산 가격을 끊임없이 끌어올리고 왜곡시키는 과정에서 가격 발견 기능이 완전히 상실되었기 때문이다.

현실 세계에서 나아지고 있는 건 아무것도 없다. 걷잡을 수 없이 밀려드는 상품·서비스 인플레이션도, 전 세계 공급 시스템을 휘젓는 전례 없는 공급망 붕괴도, 재정의 합리성이 사라진 지 오래인 워싱턴의 거버넌스 붕괴도 전혀 회복될 기미가 보이지 않는다.

그 사이 주식시장은 5일, 20일, 100일, 200일 평균이동선에만 의존하는 차트 투자자와 알고리즘 투자자의 무대가 되었다. 12년 동안 중앙은행이 바이더딥을 통해 언제라도 이익을 얻을 수 있다는 우쭐한 자만심을 트레이더와 투자자에게 불어넣은 데서 기인한 결과이다.

지난 18개월 동안 50일 평균이동선을 돌파해 시장의 지속적 우상향을 가리킨 단기 이동선은 이 모든 상황을 잘 대변한다. 극단적 케인스

---

* 영화 〈위대한 쇼맨〉 영화의 실존 인물로 쇼비즈니스의 창시자이자 홍보의 대가이지만 동시에 사기꾼이라는 평가도 받는다.

주의자들도 절대 상상하지 못했던 광란의 코로나, 봉쇄, 재정 잔치로 인해 주가가 폭락했다고 해서 다시 35%씩이나 반등해야 했던 것인가? 아니다. 그러기에는 처음부터 이미 주가가 너무 높았었다.

2020년 2월 19일 코로나 이전 S&P500은 3,375포인트로 최근 12개월 순이익의 24.3배에 달했다. 투자와 성장에 대한 국가 규제와 수많은 부채로 가득 찬 경제에서도 이미 표준인 15배를 월등히 초월했다.

그러나 득달같은 매수세에 힘입어 2021년 11월 5일 4,700포인트의 정점을 찍었다. 순이익의 29.6배, 말문이 막히는 수준이다.

현재 S&P500 지수는 신조가 되어버린 '빌어먹을 바이더딥 buy the f****** dip'에 대한 지독한 기대 심리에 의해 달성되었다고 해도 과언이 아니다. 중앙은행은 경제를 최악의 인플레이션 궁지로 몰아가며 12년 동안 잘못된 학습을 거듭했다. 붕괴는 곧 닥칠 것이다.

무조건 오르리라는 기대감은 최근 몇 달 동안 발생한 반작용이 지속될 경우 무너질 수 있다. 게다가 구조 작업에 나설 재정·통화정책가들도 이제 아무도 없다. 이것이 우리의 현주소이다. 바이더딥이 영영 사라지기만을 기다린다.

폭발한 옵션 트레이딩

지금부터는 보다 큰 틀에서 2009년 3월 저점 이후 무슨 일이 발생했는지 살펴보자. 미국 경제는 경기회복 사이클에서 역사상 가장 낮은 연 2%로 성장했는데, 지금은 그때보다 27% 더 성장했다. 이와 달리 S&P500 지수는 차트 투자자, 알고리즘 투자자, 저가 매수 세력의 주도로 550%나 상승했다. 머지 않은 미래에 200일 이동평균이 깨지면 축제가 끝나고 충격의 비명소리만 울려 퍼질 것이다.

주식시장이 이토록 뜨겁게 달아오른 카지노 현장이 된 원인 중 하나는 광범위한 주가지수와 단일 주식에 대한 옵션 트레이딩의 폭발이다. 2000년 이후 옵션 트레이딩의 일평균 거래량은 무섭게 치솟아 현재 13.3배까지 증가했으며, 이제는 일반 주식 거래량을 훨씬 능가한다. 역사상 가장 활발했던 콜옵션 거래일 10일 중 9일이 2021년에 발생했다.

옵션결제회사OCC, Options Clearing Corp.의 발표에 따르면, 2021년 9월에 일평균 3,900만 건가량의 옵션 계약이 이루어졌다고 한다. 이는 직전 해보다 31% 증가한 거래량으로 1973년 옵션 시장이 처음 개시된 이래로 가장 높은 수준이었다.

주식 옵션 일평균 거래량

- 2000년: 290만 건
- 2004년: 470만 건
- 2007년: 1,140만 건
- 2012년: 1,590만 건
- 2017년: 1,670만 건
- 2018년: 2,050만 건
- 2019년: 1,940만 건

- 2020년: 2,950만 건

- 2021년(9월까지): 3,860만 건

최근《월스트리트저널》기사가 현재 상황을 이렇게 요약했다.

> 시카고옵션거래소^{Cboe}에 따르면, 9월 22일까지 이번 달 개별주식옵션 거래는 명목가치 기준으로 대략 6.9조 달러에 이르렀고, 이는 일반 주식거래액 5.8조 달러를 훨씬 상회한 수준이다. 옵션거래 움직임이 어느 정도 궤도에 올라 사상 최초로 주식시장을 능가하고 있다는 것은 다음의 사실을 통해 알 수 있다. Cboe의 헨리 슈워츠^{Henry Schwartz}에 따르면, 2021년에 거래된 개별주식옵션의 일평균 명목 가치가 4,320억 달러를 초과해 일반 주식 일평균 거래액 4,040억 달러를 웃돌았다고 한다. 2008년부터 발표되고 있는 Cboe의 데이터에 따르면, 올해는 거래된 옵션 가치가 주식가치를 능가하는 기록적인 첫해가 될 것이다.

이것은 전체 시장에 관한 이야기이다. 기관 도박꾼들과 개인 투자자들을 살펴보면 위험도가 높은 옵션거래액 쪽으로 거래가 훨씬 더 치우쳐 있다. 이를테면 애플 관련 옵션거래액은 명목가치 기준으로 일평균 200억 달러인 데 반해 일반주식거래액은 일평균 대략 120억 달러였다.《월스트리트저널》에 따르면 테슬라 관련 옵션거래액은 일평균 800억 달러로 일반주식거래액 대비 대략 4배였다.

투기꾼들은 이미 말도 안 되게 높은 테슬라 같은 컬트 주식에 베팅하기 위해 주식 옵션에 막대한 레버리지를 일으킨다. 월스트리트 딜러들은 콜옵션을 매도하고, 콜옵션 숏포지션에 대한 델타헤지^{delta hedge}*를 위해 일반 테슬라나 다른 주식들을 매입함으로써 주식 가격을 상승시키고 관련 ETF 상품도 더 많이 판매될 수 있도록 한다. 지극히 이기적인 행태가 아닐 수 없다.

《월스트리트저널》 기사에서 구체적으로 분석한 바와 같이, 개인 투자자들은 점점 위험한 옵션 트레이딩에 뛰어들고 있다. 5년 동안 약 4배 증가한 개인 투자자의 옵션 거래량에서도 바로 파악할 수 있다. 플로리다주 윈터파크에 거주하는 40세 개인 투자자 브릿 킬러 씨는 이렇게 말했다. "옵션거래에 푹 빠졌어요. 삽시간에 모든 걸 잃을지도 모르지만 반대로 대박을 터뜨릴 수 있어요. (…) 너도나도 전부 레버리지를 사용하죠. 거액의 돈을 벌 수 있으니까요."

오하이오주 콜럼버스에 사는 27세 간호사 파텔 씨는 다음과 같이 밝혔다. "작년에는 옵션이 뭔지도 몰랐는데, 옵션 투자로 잘만 된다면 단 몇 분 만에 100%, 200%, 300% 이익을 낼 수 있어요."

---

* 자산의 가격 변동에 의한 위험을 감소 및 상쇄하기 위한 거래 전략으로, 이를테면 콜옵션 매도 시 주식이 오르게 되면 손해를 보기 때문에 미리 주식을 매입해 헤지하는 전략을 가리킴

그칠 줄 모르는 머니펌핑

콜옵션 폭등 장세가 게임스탑, AMC, 테슬라 등의 증시 랠리에 불을 지핀 것처럼, 풋옵션을 매수하기 위해 뭉치는 트레이더들도 개별 주식의 큰 하락을 유도할 수 있다. 월스트리트 풋옵션 매도자는 기초 주식을 매도함으로써 델타헤지를 할 것이다. 그러면 ETF에 6조 달러가량이 매도되고 시장에 더 큰 매도 압력이 가해지게 된다.

연준은 주식시장을 점점 비이성적 과열과 가속이 붙어버린 상승장으로 바꿔 놓았다. 12년에 걸쳐 악화된 경제가 점점 빠르게 파국으로 치닫고 있는데, 이를 회복시키고자 하는 절박한 요구는 바이더딥 심리 탓에 경제와 밸류에이션 펀더멘털과의 모든 연관성을 상실한 시장 속에서 거듭 좌절되어왔다.

2009년 3월부터 주식 투자자들은 어떤 조정 국면이 오더라도 결국 반등과 새로운 상승이 나타난다는 사실을 깨닫게 되었다. 초기에는 긍정적 거래 심리와 조건반사적 보상이 나타나기까지 오래 걸렸다. 그러나 상승세가 가속화되면서 그 보상을 받기까지 시간이 점점 줄어들었다.

아주 최근까지 많은 소액 개인 투자자와 트레이더 들은 주가가 아주 약간만 하락해도 조건반사처럼 반응하며 주식을 실시간으로 매수하다시피 했다. 그 결과 매수와 보상의 순환 고리가 강화되었다. 물론 어떤 강력한 외재적 충격이 나타나 저점 매수와 옵션 기반의 투기 사슬을 끊을 수도 있고, 더 나아가서는 하락장을 경험한 적도 없는 젊은 투자자들 사이의 풋 매수 쇄도를 촉발할 수도 있다.

이를테면 온라인상의 투자 전문가들이 선배랍시고 훈수를 둘 수도 있다. 폭풍 같은 시간을 잘 넘길 수 있다고 토닥이며 포트폴리오에 풋 옵션을 보험으로 추가하고 FANGMAN·테슬라·밈 주식을 안전하게 잘 붙들고 있으라고 말이다. 물론 그 결과로 델타헤지와 ETF 매도가 속속 생겨날 것이다. 또한 패스트 머니fast money를 이용해 허공에 위태롭게 매달린 주식시장의 공매도 유혹에 빠지는 투자자도 늘어날 것이다.

자산 인플레이션이 최고 한계점까지 도달했는지 혹은 현재 상승장을 역방향으로 돌진하게 만드는 '외재적 충격'이 무엇일지는 당장 알 수 없다. 하지만 매도세가 급격해지고 바이더딥이 감소하다보면 붕괴의 가능성은 계속 커진다.

명목화폐가 낳은 불순한 자식, 암호화폐

집요한 화폐 발행인들이 모인 연준은 금융 전염병을 일파만파 퍼뜨렸다. 이 때문에 불어닥친 인플레이션 회오리바람을 피할 수 있던 자산군은 하나도 없었다. 암호화폐와 같이 최근 새로 생긴 자산군은 특히 더 그랬다.

역설적이게도 암호화폐는 미처 날뛰게 된 명목화폐의 대체 건전화폐로 간주되곤 한다. 냉철한 관점에서 나는 일주일 동안 매일매일, 일

요일은 두 번*나라에서 발행되는 화폐보다는 정직한 제2의 화폐를 더 선호한다. 그러나 암호화폐의 이론적 장점과 제2의 화폐가 될 수 있는 구실이 무엇이든 간에, 투기의 광풍은 암호화폐를 집어삼켰고, 결국 암호화폐는 부패하고 말았다.

암호화폐는 어떤 기능적인 면을 보더라도 진정한 화폐가 될 수 없다. 최근 뜨거운 인기를 얻고 있는 투기성 자산군에 지나지 않으며 중앙은행의 화폐 인쇄기에서 태어난 불순한 파생물일 뿐이다. 암호화폐는 중앙은행에 의해 뿌려진 악랄한 돈의 대체제가 될 수 없다. 현재의 명목화폐와 똑같이 중앙은행에서 만들어진 부산물에 불과하다.

투기 과잉을 극구 부인하는 연준의 모습은 우습기만 하다. 연준이 극도로 고평가되어있는 FANGMAN 주식을 인정할 수 없다고 해도, 암호화폐 세계에서 판치는 투기는 연준의 관심 대상일 수밖에 없다. 이론적으로 암호화폐는 명목화폐와 같은 하늘 아래에 살아갈 수 없는 철천지원수이기 때문이다.

따라서 이 점을 고려해보자. 2013년 5월 12일 암호화폐 개척자인 비트코인을 포함해 당시 존재했던 소수의 암호화폐 시가총액이 총 16억 달러였다. 정확히 8년 후인 2021년 5월 12일, 시가총액은 1,570배나 증가해 2조 5,100억 달러에 도달했다.

이처럼 시가총액이 아득히 높아도 암호화폐가 금전적으로 사용된 적은 없다. 바보들이나 암호화폐가 가치의 저장고라고 믿는다. 교환

---

* 강한 의지를 나타내는 비유적 표현

수단으로서 암호화폐는 어설프고 비효율적이다. 가령 13만 5,000달러짜리 테슬라 전기차보다 저렴한 어떤 물건을 구매하더라도 송금, 수표, 현금 다발로 지불할 때의 거래 비용이 구매 가격의 1% 정도로 암호화폐보다 훨씬 낮다.

그리고 가상화폐는 변동성이 크다. 2016년 9월 이후 비트코인은 8개월 동안 40% 또는 그 이상 상승했다가 5개월 동안 20% 또는 그 이상 하락했다. 그 이후에는 대체로 그보다 적지만 그래도 여전히 많은 상승과 하락이 번갈아 나타났다.

늘 저가 매수에 성공하는 사람이 아니라면 암호화폐는 가치저장고가 될 수 없다. 설령 타이밍을 잘 맞출 수 있다고 하더라도 암호화폐는 순전한 투기 수단일 뿐 가치 저장의 기능을 하지는 않는다. 진정한 화폐는 주식이 아니다. 가치가 오르락내리락하지 않는다. 하루가 다르게 가치가 변하는 암호화폐는 그냥 합법적인 온라인 카지노일 뿐이다. 금융시장에 범람하는 유동성에 몹시 흥분한 도박꾼들이 새로운 도박을 향한 열망을 억제할 수 없었던 탓에, 암호화폐에 수조 달러의 판돈이 쏠린 것이다.

13장

조크 코인

▼

　스마트폰 주식 거래 앱인 로빈후드의 2021년 2분기 재무 보고서를 보면 암호화폐 거래의 면면을 알 수 있다. 이 기간에 1,400만 명 이상의 로빈후드 사용자 또는 회사 고객의 약 63%가 암호화폐를 거래했다. 로빈후드는 이러한 암호화폐 주문 정보를 초단타매매거래회사로 전달해 2억 3,300만 달러의 수수료를 벌었다. 그리고 거래량의 3분의 2 가까이는 도지코인 Dogecoin(농담 삼아 시작한 코인으로, 인터넷에서 유명해진 강아지가 웃는 모습을 마스코트로 삼은 암호화폐)이 차지했다.

　2021년 2분기에 소액 투자자들로부터 강탈하다시피 한 2억 3,300만 달러의 암호화폐 거래 수익은 전년도 수익 500만 달러에서 46배나 불어났다. 이 어리석은 투자자들은 중앙은행의 명목화폐보다 더 나은 화폐를 탄생시키기 위해 가격 발견이라는 위대한 일을 수행하는 것이 아니었다. 그저 한때 그들 사이에서 거래된 많은 밈 주식을 재현하는 것이었다. 이렇게 암호화폐 세계는 노름꾼들이 선택한 도박장이 되었다.

암호화폐 진화 과정을 간략히 살펴보면 정부 정책자들이 알아야 할 진실, 즉 당장 눈앞에서 격렬히 확산 중인 투기에 관한 모든 것을 알 수 있다. 코인마켓캡 CoinMarketCap 에 따르면 현재 456개의 거래소에서 1만 6,633개의 각기 다른 암호화폐가 거래되고 있으며, 모두 지난 5년 동안 난데없이 생겨났다고 한다.

암호화폐 전도사들은 위의 도표에서 볼 수 있는 급격한 변동이 새 화폐의 탄생 과정에서 발생하는 성장통일뿐 시간이 지나면 안정을 되찾으리라고 현혹할 것이다. 추정컨대 마지막까지 살아남은 몇몇 코인에 사용자와 자본이 쏠리게 되고, 최종 승자는 단 하나일 것이다. 하지

■ **2016~2021년, 비트코인 월별 가치 변화량**

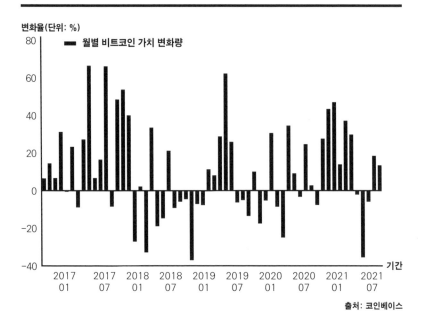

출처: 코인베이스

만 이것은 섣부른 희망 사항이자 지나친 금융 낭만주의에 불과하다. 면밀한 분석에서 나온 생각이 아니라는 이야기다. 만약 암호화폐가 통화의 본질적 속성, 즉 희소성과 추가 공급의 어려움을 지니고 있었다면 거의 하룻밤 새에 1만 6,633개가 만들어질 수 없다. 사실 1,000개 아니 500개, 80개도 존재해서는 안 된다.

주조하기 어렵고 희소한 것과는 정반대의 속성을 띠는 암호화폐는 그저 최신 유행하는 도박판에서 벼락부자를 배출하는 디지털 돌연변이에 불과하다. 암호화폐는 혈기 넘치는 수많은 투기꾼이 발명하고 있다. 개중에는 도구라고는 키보드와 인터넷 연결선밖에 없는 이들도 있고, 부모님 댁 지하실에서 빈둥거리는 백수보다도 경제 교육을 받지 못한 이들도 있다.

암호화폐의 부조리함을 짚고 넘어가기 위해 2021년 8월 중순 기준 암호화폐들의 시가총액과 순위를 알아보자.

- 팬케이크 스왑PancakeSwap: 코인 당 21.19달러 / 시가총액 45억 달러 (31위)

- 헬륨Helium: 코인 당 18.51달러 / 시가총액 18억 달러(62위)

- 우트레이드Wootrade: 코인 당 0.688달러 / 시가총액 3억 3,500만 달러 (145위)

- 헥스HEX: 코인 당 0.1825달러 / 시가총액 3억 3,200만 달러 (201위)

- 알케미페이Alchemy Pay:코인 당 0.0788달러 / 시가총액 2억 4,200만 달러 (246위)

- 트로이Troy: 코인 당 0.008807달러 / 시가총액 7,860만 달러 (401위)

- 밈블윔블코인MimbleWimbleCoin: 코인 당 5.36달러 / 시가총액 5,830만 달러 (470위)

- 컴로켓CUMROCKET: 코인 당 0.04046달러 / 시가총액 5,390만 달러 (489위)

- 아하토큰^{AhaToken}: 코인 당 0.01016달러 / 시가총액 3,020만 달러 (614위)

- 인피니트코인^{Infinitecoin}: 코인 당 0.000229달러 / 시가총액 2,010만 달러 (718위)

- 글리치^{Glitch}: 코인 당 0.2527달러 / 시가총액 2,000만 달러 (726위)

- 피클파이낸스^{Pickle Finance}: 코인 당 10.61달러 / 시가총액 1,710만 달러 (773위)

- 제로스왑^{ZeroSwap}: 코인 당 0.3137달러 / 시가총액 1,620만 달러 (794위)

- 스템셀코인^{STEM CELL COIN}: 코인 당 0.0471달러 / 시가총액 1,510만 달러 (811위)

- 월스트리트게임즈^{Wall Street Games}: 코인 당 0.00000009457달러 / 시가총액 1,250만 달러 (867위)

- 안티매터^{AntiMatter}: 코인 당 0.3224달러 / 시가총액 920만 달러 (966위)

- 문스왑^{MoonSwap}: 코인 당 0.3145달러 / 시가총액 830만 달러 (993위)

- 코인포커^{CoinPoker}: 코인 당 0.03003달러 / 시가총액 820만 달러 (996위)

- 어비스^{Abyss}: 코인 당 0.03586달러 / 시가총액 810만 달러 (1000위)

이외에도 주목할 만한 토큰이 16,000개 이상 더 있지만 일단 몇 개만 무작위로 추려보았다.

말할 것도 없이 투자자들의 유일한 관심은, 때로는 급격하게 그리고 순식간에 가격이 뛰는 암호화폐의 광기였을 것이다.

이를테면 2021년 1월 3일 인피니트코인 시가총액은 74만 2,000달러였으나 5월 9일에는 6,110만 달러에 다다랐다. 그래서 어떤 사람들은 4개월 만에 8,200%의 이득을 취하며 쏠쏠한 재미를 보았다. 8월 14일에 2,010만 달러로 67% 폭락한 고통을 겪지 않았다면 말이다.

컴로켓도 마찬가지이다. 2021년 5월 4일 시가총액이 12만 6,000달러밖에 안 되었으나 바로 다음 날 3억 8,500만 달러로 3,000배 폭발했다. 5월 30일에는 4,000만 달러로 폭락했다가 6월 5일에 4억 달러로 부활했고 8월 18일에 또다시 5,300만 달러로 곤두박질쳤다.

코인마켓캡 웹 사이트를 방문하면 아래와 같이 컴로켓 거래의 모든 정보를 알 수 있다.

"금일 컴로켓 실시간 시세는 0.039278달러이고 24시간 거래 금액은 116만 5,697달러에 달합니다. 컴로켓은 지난 24시간 동안 10.25% 하락했고, 현재 코인마켓캡에서 495위를 차지합니다. 현재 시각 시가총액은 5,241만 7,542달러입니다. 커미스 코인의 시중 유통량은 13억 3,451만 9,643개에 달하며 최대 발행량은 100억 개입니다. 컴로켓을 어디서 사야하는지 궁금하시다면, 컴로켓이 가장 많이 거래되는 코인타이거CoinTiger, 팬케이크스왑(V2), 빌락시Bilaxy, 팬케이크 스왑에 방문하세요. 다른 거래소를 찾으신다면 암호화폐 거래소 페이지를 참고하세요."

물론 수천 개에 달하는 코인의 가격은 24시간 연중무휴로 거세게 진동한다. 이런 면에서 암호화폐는 코로나19 팬데믹 시대의 또 다른 실내 오락으로 여겨질 수도 있을 듯하다. 수조 달러가 위험에 처해 있고 막대한 금융 자본과 인적 자본이 역대 가장 완전하고 접근하기 쉬운 형태의 도박에 전용되고 있다는 사실을 빼놓는다면 말이다.

사람들이 '피클파이낸스' '문스왑' '어비스'를 매수하는 데는 다 그럴

만한 이유가 있다. 그러나 이는 중앙은행이 뿌리는 사악한 돈의 대체
수단을 모색하는 일과는 무관하다. 오히려 이와 반대로 암호화폐 세계
는 사악한 돈을 활용한 치명적 게임의 최종 단계, 즉 중앙은행 이지머
니에 의존하는 수많은 도박꾼이 곧 죽어서 묻힐 금융 공동묘지나 다름
없다. 가치 저장고와는 거리가 먼 암호화폐는 왕성한 투기력으로 들끓
고 있다. 암호화폐 시가총액은 실시간으로 업데이트되는데, 코인마켓
캡이 집계한 암호화폐들의 시가총액 합계를 살펴보자. 그동안 시가총
액이 높거나 낮았던 날짜에 해당하는 금액과 이전 변곡점 대비 변화율
이 아래에 순서대로 제시되어 있다.

암호화폐 시가총액 합계

- 2013년 5월 1일: 16억 달러, 0.0%

- 2013년 12월 1일: 140억 달러, +769%

- 2016년 6월 19일: 140억 달러, 0.0%

- 2018년 1월 8일: 7,590억 달러, +5,360%

- 2018년 12월 12일: 1,130억 달러, −85.1%

- 2019년 6월 29일: 3,420억 달러, +202%

- 2020년 3월 19일: 1,570억 달러, −54.1%

- 2021년 5월 12일: 2조 5,060억 달러, +1,497%

- 2021년 7월 20일: 1조 1,980억 달러, −52.2%

- 2021년 8월 17일: 2조 310억 달러, +69.5%

- 2021년 11월 7일: 2조 7,600억 달러, +39.5%

그렇다면 2021년 11월 초에 실제로 베팅된 2조 8,000억 달러의 앞날은 어떻게 될 것인가? 답은 쉽게 유추할 수 있다. 암호화폐 세계는 새로운 화폐가 태어나는 금융 산부인과가 아니다. 역사적 투기 광풍을 몰고온 진원지로, 1630년대 네덜란드 튤립 파동부터 시작해 과거에 발생한 모든 투기 열풍을 하찮아 보이게 할 만큼 위험하다.

블록체인 blockchain 으로 알려진 암호화폐 이면의 기술이 현존하는 은행 시스템보다 더 훌륭한 금융 거래의 장이 될 수 있을까? 그럴 수도 있다. 블록체인 기술은 예술 작품, 부동산 소유권, 베이스볼 카드 등을 판다거나 수집 가치가 있는 NFT을 주조하는 최신 거래 방식보다 더 편리하고 적응력이 좋은 디지털 상업 무대임을 증명할 수도 있다.

다만 그렇게 된다 해도 그 가능성은 오늘날 암호화폐의 투기 광란과 무관하다. 현재 도박 토큰과 다름없는 화폐의 후보가 1만 6,600개 이상이나 된다. 시가총액에 따라 분류해보면 아래와 같다.

- 시가총액이 5,000억 달러를 초과하는 암호화폐: 2개
- 시가총액이 100억 달러를 초과하는 암호화폐: 22개
- 시가총액이 10억 달러를 초과하는 암호화폐: 108개
- 시가총액이 1억 달러 이상인 암호화폐: 450개
- 현재 운영 중인 암호화폐 거래소 456곳에서 시가총액이 빠르게 상승하는 암호화폐: 1만 6,233개

합법적 도박

지금은 세계적으로 인터넷 기반의 도박이 합법화되어 도박정책위원회, 증권거래위원회SEC, 경찰 등의 단속에서 자유로워졌다. 다시 말해 암호화폐는 특히 최근 몇 달 동안 금융 시스템에 무분별하게 뿌려진 대규모 유동성이 흘러들어, 상상할 수 있는 가장 자유분방한 무법지대가 된 것이다.

그 규모가 어느 정도인지 가늠하기 위해 실시간으로 집계된 암호화폐 상위 30개의 시가총액을 살펴보자. 그중 가치를 만들거나 저장하는 진정한 '화폐'는 하나도 없으며 99%의 경우 거래에 사용되지도 않는다. 암호화폐는 오래된 도박 칩에 불과하다. 칩의 시가총액은 바보 같은 투자자들에 의해 좌우될 뿐이다.

4개월 만에 시가총액이 다음과 같이 증가하거나 감소했다.

암호화폐 시가총액 비교

2021년 4월 25일 vs. 2021년 8월 18일

- 비트코인: 9,980억 달러 vs. 8,400억 달러

- 이더리움: 2,890억 달러 vs. 3,540억 달러

- 바이낸스코인: 810억 달러 vs. 660억 달러

- 엑스알피: 590억 달러 vs. 520억 달러

- 테더: 500억 달러 vs. 640억 달러

- 카르다노: 390억 달러 vs. 680억 달러

- 도지코인: 340억 달러 vs. 400억 달러

- 폴카닷: 310억 달러 vs. 230억 달러

- 유니스왑: 190억 달러 vs. 150억 달러

- 라이트코인: 160억 달러 vs. 110억 달러

- 비트코인캐쉬: 160억 달러 vs. 120억 달러

- 체인링크: 140억 달러 vs. 110억 달러

- 솔라나: 120억 달러 vs. 210억 달러

- 비체인: 120억 달러 vs. 80억 달러

- 유에스디코인: 110억 달러 vs. 270억 달러

- 스텔라: 110억 달러 vs. 80억 달러

- 쎄타토큰: 110억 달러 vs. 70억 달러

- 파일코인: 100억 달러 vs. 70억 달러

- 랩드비트코인: 80억 달러 vs. 90억 달러

- 트론: 80억 달러 vs. 60억 달러

- 모네로코인: 70억 달러 vs. 50억 달러

- 바이낸스유에스디: 70억 달러 vs. 120억 달러

- 테라: 70억 달러 vs. 120억 달러

- 네오: 60억 달러 vs. 35억 달러

- 클레이튼: 60억 달러 vs. 43억 달러

- 아이오타: 50억 달러 vs. 27억 달러

- 이오에스: 50억 달러 vs. 47억 달러

- 팬케이크스왑: 50억 달러 vs. 45억 달러

- 에이브: 50억 달러 vs. 49억 달러

- 비트코인에스브이: 50억 달러 vs. 29억 달러

이 30개 암호화폐만 해도 4월 25일에 가치가 1조 8,000억 달러까지 치솟았다가 불과 몇 달 만에 1조 6,700억 달러로 추락했다. 연중무휴 운영되는 세계 최대의 카지노에서 손실된 1,300억 달러는 무엇을 의미하는가?

실제로 24시간 동안의 암호화폐 거래량이 시가총액의 상당 부분을 차지할 때가 많다. 이를테면 하루 동안 테더의 시가총액은 640억 달러, 거래량은 810억 달러였다. 아발란체의 시가총액은 47억 달러, 거래량은 10억 달러였다. 개인적으로 가장 선호하는 스시스왑의 경우 시가총액은 16억 달러, 거래량은 5억 8,000만 달러였다.

만약 암호화폐의 먼 미래를 내다보는 '장기' 투자자라면, 그러니까 7일 정도 장기투자 한다면, 이 기간동안 이미 15% 하락한 유니스왑을 공매도하는 건 어떤가? 혹은 75% 떨어진 솔라나 공매도도 괜찮을 것이다. 아니면 일론 머스크의 홍보 트윗을 기다리고 있는 도지코인도 항상 대기하고 있다.

자유 시민이 룰렛의 검정색에 돈을 베팅하거나, 컴컴한 뒷골목에서 크랩 도박을 하거나, 암호화폐 공간에서 한방을 노리는 데 대한 개인적 반감은 없다. 다만 무엇이 문제인지는 인지해야 한다고 생각한다. 암호화폐 시장은 주식시장과 같이 75년 동안 SEC와 법무부 검사들이 도박 질서 유지를 위해 강도 높게 보호 정책을 시행해온 신사적인 도박장이 아니다. 암호화폐 거래는 마치 무법의 서부개척시대나 다름없는 자유시장에서 이루어진다. 투기꾼들에게 알려진 갖가지 방편의 사기가 살기등등하게 부활한 곳이 바로 암호화폐 시장인 것이다.

어린 양들은 곧 자신이 끌려온 곳이 도축장임을 알게 될 텐데, 그 지경으로 내몰린 이유는 알 수 있을까? 아마 모를 것이다. 그래서 결론이 무엇이란 말인가? 두 가지다. 첫째, 최소한 도박의 품위를 유지하고 관리하는 정부가 없을 때 '시장'의 호황과 불황이 어떤 모습으로 나타나는가를 두 눈으로 똑똑히 목격하게 될 것이다. 둘째, 명목화폐 세계의 사나운 물결이 모두 명목화폐 자체에서 초래된다는 사실을 깨닫게 될 것이다. 오늘날 암호화폐 광기도 다른 자산의 거센 인플레이션처럼 중앙은행의 대차대조표 폭발에서 기인했다.

지난 25년 동안 세계 중앙은행 대차대조표는 1997년 약 2조 달러에서 2007년 금융위기 직전까지 7조 달러로 확대되었으며, 그 후에도 계속 부풀어 현재 35조 달러에 이르렀다. 지나치게 발행된 통화로 인해 대차대조표 통계는 GDP와 달리 엉망이 되었다.

1997년 세계중앙은행의 대차대조표는 세계 GDP 32조 달러의 약 6%였으며, 이는 그린스펀 이전 시대에 만연한 3~6%보다 약간 높은 수준이었다. 그러나 10년 후 전례 없는 수준인 12%로 대폭 늘었고 이때부터 고삐가 풀리기 시작해 40% 이상까지 확대되었다. 최근까지 매달 약 4,000억 달러씩 확장되었고, 그중 2,500억 달러는 미국과 유럽에서만 발생했다.

보다시피 최근 양적완화를 위해 연 4조 8,000억 달러의 글로벌 채권을 매입하면서, 세계 중앙은행들의 대차대조표 합산액은 전 세계 명목 GDP보다 빠르게 확대되고 있다. 그야말로 광란의 세계이다.

유동성 급류

연준은 전 세계 화폐 발행업자들을 이끌고 있다. 2021년 6월까지 2년 동안 명목 GDP는 1조 4,000억 달러 증가한 반면, 연준의 대차대조표는 4조 5,000억 달러나 늘었다. 암호화폐 자산 가격이 전통 자산들처럼 치솟는 이유가 여기에 있다. 실물경제에 흡수되지 못한 채 철철 넘치는 유동성이 월스트리트를 포함한 글로벌 금융시장의 협곡에서 빠져나가지 못하고 역대급 광란의 투기 무대로 흘러들었다.

지난 14년 동안 세계 4대 중앙은행(미국 연방준비제도, 유럽중앙은행, 중국 인민은행, 일본은행)의 막대한 유동성만 봐도 알 수 있다. 4대 중앙은행의 대차대조표 합산액은 2007년 4조 9,000억 달러에서 2021년 4월 29조 3,000억 달러로 5배 늘었다. 증가액 24조 4,000억 달러는, 35조 달러에서 54조 달러로 19조 달러만큼 늘어난 세계 GDP 증가액을 초과한다.

4대 중앙은행이 퍼부은 유동성으로 금융시장이 거의 동시에 팽창했다는 것에는 논쟁의 여지가 없다. 2009년 이래로 각 중앙은행의 대차대조표 확대 속도와 글로벌 증시MSCI AC World Index 상승 속도의 상관관계가 0.94인 것으로 보아, 서로 밀접한 관련성을 갖는 것이 확인된다.

중앙은행 대차대조표

	2007년	2021년 4월	상승량
미국 연방준비제도	8,000억 달러	7조 7,000억 달러	+863%
유럽중앙은행	1조 달러	9조 1,000억 달러	+810%
일본은행	1조 5,000억 달러	6조 6,000억 달러	+340%
중국 인민은행	1조 6,000억 달러	5조 9,000억 달러	+269%
총	4조 9,000억 달러	29조 3,000억 달러	+500%

이러한 맥락에서 암호화폐는 글로벌 자산 거품을 선두에서 이끌어 간다고 볼 수 있다. 그리고 그 선두에는 확실한 한 방을 노리는 무모한 투기꾼들이 바글거린다. 중앙은행이 마지막 남은 호구를 벼랑 끝으로 내몰도록 투기꾼들을 부추기는 탓에, 암호화폐나 테슬라 주식은 주구장창 상승만 하는 투기 수단으로 봐야 한다. 수익을 내는 자산이라고 할 수 없는 것이다.

야밤의 도둑

자산 거품을 꺼뜨릴 외부적 충격은 거품의 주범인 연준이 직접 가할 가능성이 크다. 연준은 인플레이션이 일시적 현상일 뿐이라고 내내 우기며 2021년 말까지 매월 1,200억 달러의 화폐를 월스트리트에 계속 들이부었다. 안 그래도 나쁜 상황을 더 나쁘게 만든 것이다. 그 결과 상품·서비스 인플레이션에 대처할 타이밍을 한참 전에 놓치고 말았다.

연준은 2021년 3분기에 전년 대비 4.3% 증가해 30년 만에 최고 수준을 기록한 PCE 디플레이터를 확인하고 그때라도 정신을 바짝 차렸어야 했다. 연준이 추진하겠다는 긴축 정책은 이미 늦었다. 당장 긴축에 들어간다 해도 전혀 이상하지 않은데, 다만 투기꾼과 단타꾼에게는 긴축 모드가 야밤에 들이닥친 도둑과도 같아서 그들은 예상치 못한 강한 충격에 휩싸일 것이다.

지난 30년 동안 PCE 디플레이터의 여러 부문 중 연준이 가장 직접적으로 영향을 미칠 수 있는 서비스 물가가 마법의 목표치 2% 미만이었던 적이 별로 없었다.

■ 1991~2021년, PCE 디플레이터 연간 변화

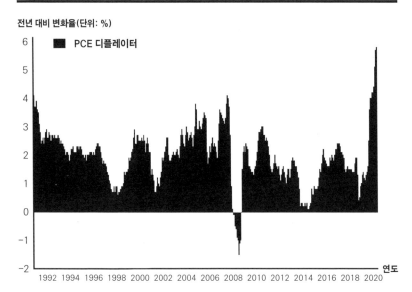

출처: 경제분석국(BEA)

만들어진 붕괴

2012년 1월 인플레이션 목표치가 공식적으로 정해진 뒤로 PCE 디플레이터의 서비스 부문은 연 2.4% 증가했으며 최근 12개월 동안에는 3.3% 올랐다. 전체 PCE 디플레이터가 다시 2%대로 떨어지리라는 연준의 희망은, 급증하는 상품 인플레이션이 갑자기 무너지는 기적이 일어나야만 실현될 수 있다.

그게 정말 헛된 꿈인지 확인하기 위해 구태여 원자재·산업 인플레이션 대시보드를 뚫어지게 볼 필요가 없다. 최근 골드만삭스는 배럴당 유가를 90달러로 오를 수 있다고까지 전망했으니 말이다.

그런데도 연준은 화폐 광기에 불을 지피는 데 몰두하고 있다. 경제의 공급 측면이 부족, 공급망 혼란, 재고 소진, 거센 가격 인상 등의 문제로 가득 차 있지만, 어리석은 그들은 엉뚱하게도 마지막 폭발 순간까지 매달 1,200억 달러의 화폐 기름을 퍼붓고 있다.

대규모 사고가 터질 일만 남았다. 그러면 부패 덩어리인 월스트리트는 발칵 뒤집어질 것이다. 각국 중앙은행이 스스로 낳은 인플레이션 괴물의 습격을 막기 위해 고군분투하는 사이, 40년 만에 최저 수준에 도달했었던 금리는 지속적으로 그리고 가차 없이 상승할 것이다.

이러한 환경에서 예상할 수 있는 네 가지 시나리오를 살펴보자. 경제는 지난 수십 년과는 확연히 달라질 것이다. 코앞으로 다가와 도사리고 있는 '복수의 칼날'에 대비하기 위한 합리적 재무 전략은 다음과 같다.

- 앞으로 장기적으로 오를 금리를 고려한다면 빚을 지는 것보단 갚는 편이 가계의 성공적인 금융 전략이 될 것이다.

- 저축자들은 장기 채권, 정크 부채, 중국 부실 어음, 고평가 주식 등 주요 위험을 감수하지 않고도 양도성예금증서^{CD}, 단기 국채에서 어느 정도 수익을 올릴 수 있을 것이다.
- 앞으로 횡보하거나 하락할 주가에 대비해 S&P500 또는 나스닥-100에서 풋옵션을 매수한다면 지속적으로 유리한 수익을 얻을 수 있을 것이다.
- 가용자본을 보유하고 배짱이 있는 사람이라면 컬트 주식에 대한 공매도가 엄청난 보상을 가져다줄 수 있다.

부를 지키고 싶다면 밟아야 할 단계

2007년 주택시장 폭락과 뒤이은 주식시장 붕괴를 기억한다면 "모든 상관관계는 같은 방향으로 움직인다."라는 말을 들어봤을 터다. 복잡한 말처럼 들리지만 간단하다. 금융시장이 극적인 전환점에 있을 때는 주식과 채권, 부동산 등 다양한 유형의 투자가 서로 긴밀히 얽혀 있어서 자산들이 움직이는 방향이 같고 그 속도도 빠르다는 뜻이다.

이것은 양의 상관관계이다. 서로 역방향으로 움직이는 음의 상관관계에 있는 자산들로 포트폴리오를 구성하라는 전통적 투자 지침과는 정반대이다. 비교적 정직한 돈이 지배하는 정상적인 상황에서 다음과 같은 교과서적 투자 조언은 상당히 의미가 있다. "가령 주가가 하룻밤 새 급락하는 등 포트폴리오를 이루는 주요 자산의 가치가 급격히 변화할 때 채권처럼 상관관계가 반대인 자산은 상승하므로 투자자는 단기 손실을 메울 수 있을 것이다."

이를테면 많은 은퇴 투자자는 포트폴리오에 채권을 보유하고 있다. 주가가 곤두박질치더라도 상대적으로 안전한 채권에 돈이 쏠려 손실이 상쇄되리라는 희망을 품기 때문이다. 갑자기 안전 자산에 대한 수요가 늘어나면 주식이 그랬듯 채권 가격도 상승할 수 있다.

이와 마찬가지로 기술주나 FANGMAN 주식과 같이 오늘날 뜨거운 인기를 누리며 하늘을 나는 주식의 하방 리스크는 프록터앤드갬블Procter&Gamble이나 네슬레 같은 우량주로 보완되는 경향이 있다. 대부분 우량주는 주식시장 침체기 동안에도 수익을 유지한다.

어떤 투자자는 자산의 일부를 금으로 전환하는 공격적 방법을 선택하기도 한다. 포트폴리오 보험의 개념으로 보면 된다. 실제 공황 상태에서 사람들은 주식은 물론 달러까지도 포기할 가능성이 크다. 이 시나리오에서 안전한 피난처인 금은 가치가 급상승해 전체 포트폴리오를 보호할 것이다.

마지막으로 가장 공격적 접근법인 음의 상관관계를 달성하려면, 뮤추얼 펀드의 인기 종목에 공매도 포지션을 취해 주가 하락에 단기간 돈을 베팅할 수도 있다.

하지만 불행히도 음의 상관관계로 구성된 전통적 포트폴리오를 구축하는 것은 불가능에 가까워졌다. 오늘날 세계 주요 중앙은행이 자산 가격을 극심하게 왜곡했기 때문이다. 살펴본 바와 같이 연준이 양적완화를 통해 수조 달러의 채권을 매입하자 채권 가격이 미친 수준으로 치솟았다. 채권은 이제 과거처럼 균형과 안전을 위한 선택지가 아니라 위험 자산이 되었다.

공매도도 사정은 같다. 주가가 오르면 오른 만큼 공매자가 손해를 메꾸어야 한다는 점에서 본질적으로 위험한데, 중앙은행은 공매도 포지션을 아예 맥을 못 추도록 만들어 놓았다. 이제 그 위험성은 상상 이상이 되었다. 연준이 양산한 투기꾼들은 테슬라 같은 고평가 주식과 게임스탑, AMC와 같은 밈 주식을 미친 수준으로 끌어올리며 주가 하락에 베팅한 공매자들을 공격하며 조롱했다.

아무리 과대평가된 주식이더라도 시도조차 못 할 정도로 공매도는 위험해졌다. 단기적으로 볼 때 신중한 투자자들이 자신의 포트폴리오 헤징을 위해 하락할 것 같은 주식의 공매도를 과거와 같은 비율로 구성하기가 위험해졌다. 온라인 게시판에 들끓는 주식 초보 투기꾼들이 눈 깜짝할 새에 해당 주식을 득달같이 매수할 시 막심한 피해를 입을지도 모르기 때문이다.

정리하자면 음의 상관관계를 추구해 주가 하락장에서 돈을 벌 수 있다는 역발상 투자 전략은 이제 달성할 수 없는 구시대적 목표로 전락했다. 지금 우리는 2007~2008년과 비슷한 위기의 한가운데에 놓여 있다. 걷잡을 수 없는 공황이 닥치는 순간 자산 가치가 동시에 전부 박살 날지도 모른다. 아니, 반드시 그렇게 될 것이다.

그 당시에는 투기성 짙은 주식의 가치가 폭락했고, 더 안전하다고들 하는 대형주, 채권, 심지어는 금까지 타격을 입었다. 기대했던 바와 같이 음의 상관관계로부터 자산을 보호하지 못했고, 돈을 벌기는커녕 보호받을 곳도 없다는 사실이 드러났다. 그 무렵 "이제 숨을 곳이 없다." 라고 말하며 한탄하는 전문가가 많았다. 이는 모두 양의 상관관계를 향해 가고 있다는 또 다른 증거였다.

모든 투자가 한 방향으로 그리고 거의 같은 속도로 움직일 때 투자자들은 난제에 직면한다. 자산을 보존한다는 관점에서 볼 때 가장 안전한 자산은 현금인데, 정작 현금은 인플레이션과 오늘날 초저금리 시대에는 가치를 상실해 투자 수익을 거의 제공하지 않는다.

2008년 최악의 신용 위기 때 현금을 두고도 의문이 제기되었다는 사실을 잊어서는 안 된다. 지금은 의아하게 들릴 수도 있겠지만 그해 9월 리먼 사태 이후 사람들은 단기 자금이 거래되는 머니마켓money market 조차 신뢰하지 않았다. 1970년대 머니마켓펀드MMF에 등장한 리저브프라이머리펀드Reserve Primary Fund는 규모가 626억에 달했는데, 여기에 투자한 사람들이 공포에 질려 우르르 탈출한 사례가 그러한 상황을 대변한다.

급증하는 채무불이행으로 인해 집값이 폭락하자, 리먼이 깡통주택을 담보로 한 서브프라임 모기지 상품을 대량으로 보유하고 있었다는 사실이 낱낱이 드러났다. 당시 리먼의 기업어음을 가지고 있던 미국 대형 MMF인 리저브프라이머리도 덩달아 커다란 재정 손실을 입었다. 이처럼 단기 투자 중 가장 안전하다고 간주되는 머니마켓에서도 환매 사태가 터지며 금융 전염은 불가피한 듯했다. 투자자들은 리저브프라이머리를 비롯한 단기금융펀드에서 현금을 인출했고 그 현금을 미국 국채 매입에 썼다. 이전에 단기금융시장은 환금성이 뛰어나고 매우 안전한 투자처로 여겨졌다. 하지만 그 당시 투자자들은 하루 빨리 단기금융시장에서 탈출하려고 난리였다. 리저브프라이머리는 투자자들과의 분란을 매듭짓고 결국 몰락하고 말았다.

이렇게 금융위기가 시작되었다. 이윽고 은행끼리도 서로를 신뢰하지 않게 되었다. 하루에만 수조 달러의 자금이 흐르는 전체 시스템이 경색되자, 2008년 10월과 그해 겨울 극심했던 오랜 공황이 터져 노동력, 재고자산, 고가 품목 지출이 급격히 감소했다.

물론 과거만을 미래 지표로 삼는 건 어리석은 일이다. 정확히 같은 방식으로 신용 위축과 경색이 발생할 가능성은 적다. 하지만 일단 공황이 시작되면 안전 자산은 사라져 모든 상관관계는 다시 +1로 재빨리 돌아설 것이다.

이번에 문제가 복잡해진 요인은 과거부터 리스크를 기피하는 투자자들의 요새였던 채권시장의 가격 조정이 확실히 늦어졌다는 데 있다. 수익률이 떨어지면 채권 가격이 상승한다는 사실을 기억하자. 매우 낮은 수익률이 장기간 유지되면 채권 가격이 급격히 부풀려져 더 이상 상승할 수 없게 된다. 이제 채권 가격이 향할 곳은 낭떠러지뿐이다.

역사적으로 연준은 기준 금리에 대해 최소한의 공식적 권한을 보유한 기관이다. 그러나 머지않아 닥칠 위기에서 그 영향력을 다시금 발휘할 수 있을지는 심각하게 의심스럽다. 자산 가치가 지나치게 팽창해 일단 매도가 시작되면, 연준이 그 매도 행렬을 끊어낼 길이 없기 때문이다. 그 결과, 채권시장의 심상치 않은 가격 조정이 미치는 영향은 고스란히 수조 달러를 투자한 수백만 명의 투자자에게 전가될 것이다.

**THE GREAT
MONEY
BUBBLE**

14장

단기 혼돈

금리가 급등하면 주식 매도 공세가 벌어져 결국 자본이 주식·채권 시장에서 동시에 우르르 이탈할 것이다. 이 시나리오의 끝에는 혼돈 뿐이다. 적어도 단기적으로는 그렇다. 무엇보다 인덱스펀드와 인덱스펀드 기반의 ETF를 보유한 이른바 수동 투자자들의 자본 이탈이 가속화될 수 있다.

2008년 금융위기 때만 해도 ETF의 시장 규모는 1조 달러에 불과했다. 현재는 7조 달러 이상에 달한다. 바로 이 대목에서 다가올 금융위기가 이전과는 근본적으로 다르다는 사실을 알 수 있다. 오늘날 수백만 명의 투자자는 컴퓨터가 알아서 주식 대 채권 비율을 계산해주는 자동 인덱스펀드에 자신의 모든 투자 결정을 맡긴다.

주식 대 채권 비율에 이상한 낌새가 보이면, 자동 계산에만 의존하며 수동적이었던 투자자들은 정신을 번쩍 차리고 손실을 줄이기 위해 어떠한 조치를 취할 것이다. 은퇴 연령이거나 비슷한 연령대 사람들은 수십 년 동안 맞아떨어진 가설이 자신에게 돌연 위협으로 변했다는 사실을 발견할 것이다. 이어 혼돈은 삽시간에 번질 것이다. 도자기 가게가 줄지어 선 어느 도시에 뿔난 황소 떼가 자유롭게 풀려있다고 상상해보라. 황소 떼는 온 사방을 돌격하며 지나가는 길마다 보이는 모든 것을 깨뜨리지 않겠는가.

그렇다면 좋은 취지에서 투자를 시작했다가 의지와 상관없이 격랑에 휘말리게 된 개인 투자자가 스스로를 보호하기 위해 할 수 있는 일은 무엇인가?

위기에 지혜롭게 대처하려면 이번 위기가 과거 때와는 나쁜 쪽으로 확연히 다르다는 사실부터 직시해야 한다. 자산시장이 중앙은행 정책에 의해 지나치게 부풀려지고 왜곡된 탓에, 이제 자산 측면에서 실행할 수 있는 전략은 없다.

내 돈을 안전하게 지키고 재정적으로 구제받기 위해서는 자산 포트폴리오를 재배치해 위험을 분산하는 전통적 개념이 아닌 부채·수입 측면으로 접근해야 한다. 다시 말해 중앙은행이 초래한 자산 인플레이션이 워낙 파괴적이므로 일반 투자자가 할 수 있는 일은 수입은 늘리고 지출과 빚을 줄이는 인고의 시간을 견디는 것뿐이다.

지금부터 4단계 접근법을 차례차례 살펴보고 공황이 시작되면 위기에 휩쓸리지 않도록 대비하자. 당신의 부를 다시 한번 끌어올릴 진짜 기회는 혼돈의 반대편에만 존재한다. 그러니 우선은 위기에서 살아남아야 한다.

1단계: 지금 당장 빚부터 줄여라

아마도 많은 이들이 수년 동안 부채에서 벗어나려 노력하고 있을 것이다. 칭찬받아 마땅한 부채 절감 노력은 최근 많은 미국인의 필수 목표가 되어가고 있다. 뉴욕연방정부은행은 최근 가계 부채를 총 15조 2,400억 달러로 추산했다. 그중 주택담보대출이 무려 11조 달러에 가까이 되고 나머지는 신용카드 대출, 자동차 할부, 학자금 대출, 개인 대출 등 소비자 부채였다.

의도적으로 낮아진 금리 덕에 지금의 부채는 감당할 수 있는 수준이지만, 금리가 일단 오르기 시작하면 과도한 빚을 짊어진 채무자는 상향 조정된 변동 금리에 허덕일 수밖에 없다. 새 대출을 받아 기존 대출금을 갚는 일도 불가능에 가까워진다.

신용카드

신용카드 빚은 한시라도 빨리 갚아야 한다. 빚이 비교적 적고 현재 보유한 저축금으로 갚을 수 있는 수준이라면 빚을 바로 청산하자. 신용카드를 여러 개 사용 중이라면 하나만 남기고 전부 해지하자.

단, 발급한 지 가장 오래된 카드가 아닌 가장 최근에 만든 카드를 없애야 한다. 신용 점수의 기준은 다른 요소 중에서도 얼마나 오래 신용카드를 보유하고 있었는가, 신용 한도에서 얼마나 많은 돈을 빌렸는가에 달려있기 때문이다. 만약 단기 신용 대출이 필요하면, 최근 만든 카드에 남아 있는 대출금을 갚고 해지한 뒤 오래된 카드의 한도를 늘려 대출받는 게 좋다.

그럼에도 대출금은 가능한 한 이른 시일 내에 갚아야 한다. 이것이 가장 먼저 할 일이다. 일단 대출 금리가 인상되면 신용카드 대출 금리는 훨씬 더 오를 것이고 그러면 채무자는 채무불이행의 굴레에 빠질지도 모른다. 채무불이행이 여러 차례 발생하면, 돈을 빌려줄 때만 해도 우호적이었던 신용카드사가 대출 기준을 대폭 강화할 것이다.

주택 대출

다음으로는 아마 당신이 보유하고 있을 수 있는 주택지분신용대출 Home Equity Line Of Credit 을 다뤄보자. 모기지론과 달리 대부분 주택담보신용 대출 상품은 변동성이 커서 기준 금리가 오르면 상품 금리도 따라서 오른다. 주택지분home equity 을 담보로 한 부채를 유지하면 세금 혜택이 있을 수도 있지만, 원하는 때에 상환할 수 없는 리스크를 감수할 만큼의 가치는 없다.

아직 갚지 못한 모기지가 있고, 이것이 변동 금리 상품이라면 가능한 한 빨리 고정 모기지로 전환해야 한다. 저금리 시대에 변동 금리의 유연성을 이용해 더 크고 매력적인 부동산에 투자하려는 사람들이 있다. 그러나 금리가 급격히 상승하면 모기지 금리도 덩달아 치솟을 것이다. 변동 금리는 하룻밤 사이에 생명줄에서 올가미로 바뀔 수 있다. 고정 금리로 갈아타기까지 시간을 너무 오래 지체하면, 그사이 대출 요건이 전보다 훨씬 엄격하게 바뀔 수도 있다는 사실을 기억하라. 2007년부터 2009년에 겪었던 일이 되살아나 모기지 채무불이행과 이에 따른 은행의 담보권 행사가 또다시 재현될지도 모른다.

학자금 대출

학자금은 난감한 문제가 아닐 수 없다. 보통 학자금 대출 상품에는 낮은 고정 금리가 적용된다. 금융기관에서 따로 받은 대출이 아닌 연방 정부에서 제공하는 대출일 경우, 소득 능력에 맞게 조건을 재협상할 수 있다. 이것은 언제까지나 학자금 대출에만 적용되는 내용이니, 신용카드와 주택 대출부터 청산하는 편이 낫다. 다만 실제로 학자금 대출이 고정 금리인지 금융기관이 아닌 연방정부의 대출인지는 정확히 확인할 필요가 있다. 금융기관에서 별도로 받은 학자금 대출이라면 주택 대출처럼 매우 위험한 상품이기 때문이다.

의료비 대출

의료비 대출 상환의 우선순위는 맨 마지막이지만, 미결제 의료비 청구서가 있다면 다음의 내용을 참고해도 좋다. 대부분 병원비가 100% 협상 가능하다는 사실을 모르는 사람이 많다. 우선 본인이 기억하지 못하거나 받았는지 헷갈리는 서비스의 비용이 청구되지 않도록 항목별 상세 내역을 병원에 요구하라. 당신을 진료했던 주치의가 다른 의사에게 자문을 구할 때가 있는데, 당신과 직접 만나지 않은 의사로부터도 비용이 청구될 수 있다. 전문의 진료는 종종 보험이 적용되지 않아 비용이 훨씬 높다. 이와 관련한 문제는 전부 병원과 직접 협상하자.

모든 내용을 확인한 후 전액을 지불할 여력이 없다면 할인을 요청할 수 있다. 병원 재무 담당자는 병원비가 너무 늦지 않은 시일 내에 지불될 수 있을까를 판단해 할인 여부를 결정한다. 병원 측에서는 다른 대안으로 병원비 청구서를 컬렉션 에이전시(미수금 처리 대행업체)에 넘길 수도 있는데, 이렇게 될 경우 병원은 예상보다 적은 의료비를 받게 되므로 웬만해서는 컬렉션 에이전시에 넘기지 않는다. 그러니 할인 요청이든 무엇이든 시도해볼 수 있는 건 다 해보자. 생각보다 당신은 유리한 위치에 있다.

또한 병원에 전화를 걸어 분할 지급 계획을 밝힌다면, 대부분 대형 병원 체인에서는 1년 무이자까지 흔쾌히 허용할 것이다. (청구서 금액을 낮춘 다음에 이 방법을 시도하라!) 컬렉터가 환자에게 거칠게 돈을 요구하든 말든, 대개 병원과 의사 측에서는 컬렉터로부터 거의 아무것도 얻지 못하는 편보다는 최소한 환자 당사자로부터 적은 돈이라도 받는 편을 크게 선호한다.

2단계: 현금을 확보하라

대다수 미국인은 급전이 필요할 때 가장 비싼 방법인 대출을 이용한다. 그러나 다가오는 금융위기에는 이러한 사고방식을 바꿔야 한다. 경제 공황이 닥치면 부채 비용은 매우 비싸져 빚지는 것 자체가 어려워질 것이다. 그래서 비상 현금을 비축해야 한다.

최근 발표된 연구 결과에 따르면 일부 가구에 필요한 최저 비상 자금은 '2,467달러'라고 한다. 2,467달러는 미국 빈곤선 부근에 있는 사람들이 긴급 상황에서 곤경에 빠지지 않기 위해 보유해야 하는 금액이다.

물론 그 외의 가구에 필요한 최저 자금은 더 크다. 얼마나 더 큰가? 우선 모기지, 자동차 할부금, 공과금, 식비 등 한 달에 지출해야 하는 비용을 따져보면 아마도 세후 소득과 거의 맞먹을 것이다. 빚을 다 해결하고 나면, 1년 내지는 그 이상 지속될 수 있는 금융 혼란기에 마음의 안정을 위해서 매달 생활비 3~6개월 치 정도는 안전한 장소(자세한 내용은 뒷부분 참조)에 보관해놓아야 한다. 참고로 2007년 대침체는 1년 반이나 지속되었다.

아직 일을 하고 있고 해고될 일이 없다면 3~6개월 치의 단기 자금으로도 충분할 것이다. 그러나 재정 전문가에 따르면 일하지 않는 퇴직자의 경우 1년 치 생활비 정도는 보유하고 있어야 한다고 조언한다.

그런데 단지 생활비 지불을 위해 침체기에 바닥으로 떨어진 주식을 팔고 싶은 사람이 몇이나 될까? 우선 양도소득세도 납부해야 하며, 상당한 손실을 감수하고 주식을 매각해야 하기 때문이다. 이월공제가 적용된다 해도 먹고 살기 위한 압박에 못 이겨 손실을 보는 건 고통스러운 일이다.

지출 줄이기

예상보다 빨리 경제 상황이 악화될 경우, 단순히 급여나 투자 수입을 더 많이 저축하는 것만으로는 충분하지 않을 수 있다. 현금 비축 목표를 더 빠르게 달성하는 데 도움 되는 몇 가지 방법을 살펴보자. 우선 단기적 지출부터 과감히 줄여보자. 예산을 살펴보면서, 굳이 소비하지 않아도 되는 항목을 찾아야 한다.

아마 외식이나 배달 식비가 그 대상일 것이다. 특히 팬데믹 기간 동안 우리는 편리하다는 이유로 배달 서비스를 자주 이용했다. 그런데 사실 이것이 꼭 필요한 지출은 아니다. 만약 스트리밍 서비스를 서너 가지 구독하고 있다면 나중에 언제든 다시 구독할 수 있으니 일단은 모두 해지하자. 가장 빠른 속도의 인터넷 상품에 가입되어 있다면 조금 더 느린 속도의 상품을 고려하는 건 어떨까? 아무도 안 보는 TV 패키지를 해지해 잠깐 휴대폰 연결을 통한 방법을 이용해도 좋다.

옷장에 보관된 옷들과 차고에 놓인 물건들의 목록을 만들어 한참 사용하지 않았거나 한 번도 쓰지 않았던 것들을 파악하자. 아직 쓸 만한가? 입을 만한 옷이나 잘 수리된 물건이 무엇인지 알면 한동안은 충동구매를 억제할 수 있다. 필요하지 않은 물건은 온라인으로 판매해도 좋다.

집에 있는 물건들 팔기

옷장, 식료품 창고, 차고 등에 저장된 옷과 물건의 목록을 작성하면서, 입지 않은 옷이나 쓰지 않은 물건을 한곳에 모으자. 놀랍게도 미국인들은 비용까지 내가며 외부 창고를 이용할 만큼 살림살이가 많다.

잡동사니를 처리할 수 있는 흔한 방법으로는 기부가 있다. 이는 여전히 도덕적인 일이지만, 기부를 통해 얻는 세제상 혜택은 최근 세법 개정으로 인해 사라졌다. 주말에 추가로 1,000달러를 벌려면 야드세일

yard sale[*]을 고려해도 괜찮다. 물건이 크다면 벼룩시장 부스를 빌려보는
건 어떤가?

그리고 이왕 물건들을 팔기로 마음먹었다면 알맞게 가격을 책정해
하루 만에 다 팔아버리자. 예를 들어 소유물 처분 판매^{estate sale**}를 한다
고 하면, 구경만 하는 사람과 진짜 살 사람을 구분하기 위해 오늘이 마
지막 판매일이라는 식의 말을 던져보자. 판매에 도움이 될 것이다.

세컨드잡 구하기

시간은 있지만 돈이 없다면, 시간을 돈으로 만들자. 돈을 빠르게 벌
수 있는 가장 쉬운 방법은 일을 더 많이 하는 것이다. 비단 식당 일만
가리키는 건 아니다. (식당에서 일해 본 사람은 알겠지만 코로나 때문에 식당도
사정이 어려워졌다.)

여기서 세컨드잡이란 완전한 부업이나 제2의 직업일 필요는 없다.
목표는 비상 현금을 비축해 유동성을 안정적으로 확보한 다음 그만두
는 것임을 기억하자. 초과근무를 하거나 몇 달 동안 다른 곳에서 교대
근무를 한다면, 더 안 좋은 일이 당신에게 일어날 수 있다.

세 놓기

세컨드잡이나 부업이 시간적으로 너무 높은 장애물로 느껴질 수도
있다. 많은 퇴직자에게 직장에 복귀하는 건 고려 사항이 아니다. 이럴

---

* 집 마당에서 물건을 파는 것
** 누군가의 사망이나 이사로 인해 물건을 싸게 파는 것

때는 당신 집에 남는 방을 임대하는 것도 방법이 될 수 있다.

대학가 근처에 살고 있다면 1년 중 8개월은 방을 구하려는 단기 세입자가 있을 것이다. 대학교에 연락해 신입생 게시판이나 소식지 같은 것이 있는지 문의해라. 월세를 받으면 학기 중에 월 1,000달러는 벌 수 있을 것이다.

3단계: 투자를 검토하라

부채가 관리되고 있고 수중에 현금도 있다면, 시장의 위기와 기회를 분별해 투자 계획을 세워봐도 좋을 것이다.

은퇴 이후의 삶을 대비하는 투자자들은 수십 년 동안 주식을 매수해 왔다. 이것은 여태껏 수많은 미국인에게 최고의 노후 전략이었고 그래서 '401(k) 백만장자'라는 표현까지 탄생했다.

하지만 운 좋게 주가가 폭등해 백만장자 지위에 올라선다고 해도 언제까지나 그 지위를 누릴 수 있으리라는 보장은 없다. 주가가 급락하면 401(k)와 IRA 같은 은퇴플랜 투자도 함께 손실을 입기 때문이다.

은퇴플랜 투자금에 대해 그 무엇도 보장되거나 안전한 것은 없다. 은퇴플랜은 결국 연금이 아니라 여느 과세대상 투자와 같다. 다만 한 가지 차이점이라면 초강세장 동안 세금을 내지 않아도 된다는 것이다.

401(k)에 현금 쌓기

세금으로 인한 투자 수익 감소를 피할 수 있는 은퇴플랜 장점은 수 많은 미국인에게 요긴하지만, 이 장점 말고는 다른 부문의 투자와 마찬 가지로 위험성이 크다.

반가운 소식은 과세이연플랜tax-deferred plan에서 리스크 수준을 손쉽게 재조정할 수 있다는 점이다. 과세대상 증권계좌의 경우 모든 매도 거래 마다 양도소득세가 부과된다. 하지만 퇴직연금계좌에서는 투자세로부 터 보호받을 수 있다. 지금 주식을 매도하더라도 세금은 나중에 적립금 을 인출할 때 납부하면 된다.

전반적인 금융 재산을 보관할 계좌를 과세와 과세이연 크게 두 가지 로 분류한다면, 이 둘을 하나의 회계 장부에 넣자. 모든 돈을 한눈에 보 게 되면, 아마도 과세대상 계좌보다 과세이연 계좌에 있는 주식이나 뮤 추얼펀드를 매각해 현금 보유량을 늘리는 편이 합리적일 것이다. 과세 대상 계정을 전혀 건드리지 않고도 양도소득세 부담 없이 은퇴계좌 현 금을 충분히 확보할 수 있다.

과세대상 계좌의 예비 자금

그렇다면 과세이연에 해당하지 않는 경우는 어떨까? 아마 당신은 투 자금의 일부를 유지하며 양도소득세를 피하고 싶겠지만, 일단 공황이 시작되면 그러한 투자는 가치를 잃는다는 사실을 반드시 기억하자.

혹은 대학 때부터 보유한 주식이나 부모님으로부터 물려받은 펀드 에 애착이 있을 수도 있다. 그러나 그 자산 가치 역시 주식시장 침체와 함께 추락할 것이다. 이때 나를 구제해줄 이는 아무도 없다는 사실을 유념해 냉정을 되찾아야 한다.

위기를 극복하는 데 도움이 되는 좋은 전략은 과세대상 계좌에 예비 자금을 비축하는 것이다. 당신이 부채를 통제할 수 있고 비상 자금 또한 확보했다면, 과세대상 계정에 현금을 넣고 주가가 하락하면 매수할 기회를 엿보자. 이것은 주식시장 침체에서 오는 손실을 상쇄하는 데 도움이 될 수 있으며, 시장이 끝내 바닥을 치는 국면에서도 무너지지 않도록 지지해줄 것이다. 붕괴는 일련의 침체와 회복을 거친 뒤 한 번에 물밀듯 밀려온다는 사실을 명심하라. 주가가 반토막 나면 정신을 바짝 차려야 한다. 아예 박살 날지도 모른다.

현금은 어디에 보관해야 할까? 일반적으로 단기 재정증권 형태인 단기 국채가 안전하다. 뮤추얼펀드와 같이 값비싸게 제3자를 통하지 않고도 미국 재무부 웹 사이트에서 직접 매수할 수 있다. 펀드를 선호한다면 뱅가드Vanguard나 피델리티인베스트먼트Fidelity Investments 웹사이트에서 단기 국채에만 투자하는 저비용 인덱스 상품을 찾아보자.

저축 계좌는 심히 낮은 이자율 때문에 지난 몇 년 동안 평판이 좋지 않았지만, 중기적으로 돈을 투자하기에 저축보다 더 안전한 곳은 없다. 미국연방예금보호공사FDIC가 계좌당 25만 달러까지 보상해주기 때문이다. 신용협동조합도 마찬가지 방식으로 전국신용조합감독청NCUA이 보증한다.

주가 하락에 대비해 현금을 재조정하기로 한다면 증권계좌에 25만 달러 이상의 현금이 들어있을 수 있는데, 이 경우 번거로움을 덜어주는 시스템이 있다. 많은 증권사는 은행 계좌와 증권사 계좌가 연동되는 '스윕 어카운트sweep accounts'를 제공한다. 그러니까 당신의 돈은 연방정부에서 보상하는 최대치를 초과하지 않는 선에서 여러 은행 중 한 곳에 보관될 수 있다.

은행에 현금이 있고 그나마 나은 이자 수익을 얻고 싶다면, 양도성예금증서 구매를 고려하라. 금리가 인상될 때 혜택을 받을 수 있는 '스텝업 CD'도 있다. 그러나 이런 상품의 조건들은 복잡다단하며 결코 은행보다 유리하지 않다. 양도성예금증서를 활용한 소위 풍차돌리기도 방법이 될 수 있다. 즉 단기 예금을 만기 별로 여러 개 들고 있다가 하나의 만기가 끝나면 이것을 새로운 예금증서로 전환하는 것이다. 이렇게 하면 시간이 흐를수록 올라가는 이자 혜택을 모두 누릴 수 있다.

4단계: 헤지를 고려하라

마지막으로 주가 하락의 타격을 완화하기 위한 투자 헤지법에는 여러 가지가 있다. 앞서 논의한 바와 같이 주가가 바닥 치는 상황에서 현금을 들고 있는 것만으로도 강력한 무기가 될 수 있다. 다른 사람들이 주식을 포기할 때 적잖은 억만장자는 보유한 현금으로 주식을 아주 저렴한 가격에 매입하는 딥밸류deep value* 시나리오를 노리고 있다.

---

* 초저평가된 주식

과연 주식을 그 정도로 낮은 가격에 살 수 있을까? 이런 의심이 든다면 다음의 놀라운 사례를 살펴보자. 오늘날 주당 20달러인 포드자동차의 주가는 2009년 2월에 2달러에도 못 미쳤다. 2달러는 1980년대 초반 수준의 주가에 불과하다. 이런 의미에서 주식시장 불황은 준비된 매수자 즉 시장 바닥에서 주식을 사들일 수 있는 현금을 보유한 사람에게는 환상적인 타이밍이다.

금의 역할

모든 종류의 금융 리스크를 궁극적으로 헤지하기 위한 방법으로 암호화폐가 많이 거론된다. 그러나 제발 이런 조언은 무시하자. 심각한 경기침체 국면에서는 그 어떤 것도 암호화폐 시장을 지탱할 수 없으며, 다른 시장에서도 당신의 돈이 안전하게 지켜질 수 있을지는 미지수이다. 시장 공황 상태에서 너도나도 국채를 소유하려 든다면 달러 가치가 더 낮아지는 게 아니라 높아질지도 모르는데, 암호화폐 사기극은 화려한 명목화폐 세계에서 달러가 기축통화 지위를 잃고 2위 혹은 3위로 밀려날 수 있다는 아이디어에 입각한다.

만약 여전히 달러로 표시되지 않은 헤지를 원한다면, 금을 소유해라. 금은 익히 알려져 있고 많이 거래되는 상품으로, 대부분 상황에서 '안티달러antidollar'*로 인식되기도 한다. 또한 현재 투자 규제가 많은 환경에서 금은 사고팔기가 매우 간단하다.

---

* 가격이 달러와 반대로 움직이는 경향

만들어진 붕괴

유명 딜러를 통한다면 금을 실물로 선택할 수도 있다. 단, 실제 금을 개인 금고나 은행 금고에 보관할 수 있는지 꼭 확인해야 한다. 금을 지나치게 많이 살 필요도 없다. 미국 달러 가치가 역전될 상황이라면 소량의 금을 보유하는 것만으로도 이를 충분히 상쇄할 테니 말이다.

동전이나 작은 금괴를 구매하는 것이 취향에 맞지 않다면 금 ETF를 통해 금을 소유하는 방법도 있다. 시장에 잘 알려진 대규모 금 펀드가 몇몇 있으며 그중 일부는 실물 금을 기반으로 운영된다. 금 ETF는 실제로 금을 만질 수 없다는 단점이 있지만, 포트폴리오에서 금 비중을 변경하기로 결정했을 때 기본적으로 실시간 유동성을 알 수 있다는 장점도 있다.

포트폴리오 보험 구매하기

포트폴리오를 안전하게 지키려면 고평가된 투기성 주식에 대한 장기 풋옵션 매수도 한 가지 전략이 될 수 있다. 풋옵션은 자산을 지정된 날짜까지 특정 가격에 판매하기로 한 계약이다. 이것은 주가가 하락하리라는 믿음에 기반한다.

어떤 주식을 풋옵션으로 사야 할지 확신이 서지 않거나 옵션 거래의 기술적 측면이 어려워 보인다면, 주식에 베팅하는 또 다른 길로는 인버스 ETF 투자도 있다. 인버스 ETF는 본질적으로 숏포지션의 뮤추얼펀드이다. 실제로 개인적인 공매도 거래를 할 필요 없이 S&P500 같은 주가지수가 하락하면 인버스 ETF 가치는 상승한다.

이와 반대로 주가지수가 상승하면 인버스 ETF는 하락한다. 그렇기 때문에 인버스 ETF 상품은 포트폴리오의 균형을 맞출 수 있는 수준으로만 보유해야 한다. 그리고 시장이 정점을 찍고 각국 중앙은행들이 주식시장을 구출할 수 있는 총알을 더는 가지고 있지 않을 때만 풋포지션을 취해야 한다.

물가연동채권 이용하기

마지막으로 포트폴리오에 채권을 추가하기로 했다면, 물가연동채권에 어느 정도 비중을 두어야 한다. 물가연동채권은 인플레이션 환경에서도 가치가 보존되는 미국 국채이다. 연방정부는 영원하다. 어느 시점에 먼지가 걷히면 채권은 인플레이션보다 높은 가치를 제공할 것이다.

그때까지 현금을 안전한 곳에 유동적으로 유지하면서 재투자할 채비를 해야 한다. 미래의 어느 시점에 자산 가격은 감수해야 할 위험에 비해 합리적으로 저렴해질 것이다. 다만 다가오는 금융 폭풍에도 앞서 나온 조언을 실천해 중심을 잘 잡고 이 시기를 안전하게 넘겨야, 자산 가치 하락은 당신에게 의미가 있을 것이다.

THE GREAT
MONEY
BUBBLE

만들어진 붕괴

1판 1쇄 인쇄 | 2023년 4월 19일
1판 1쇄 발행 | 2023년 4월 27일

지은이 데이비드 A. 스톡맨
옮긴이 한다해
펴낸이 김기옥

경제경영팀장 모민원
기획 편집 변호이, 박지선
마케팅 박진모
경영지원 고광현, 임민진
제작 김형식

디자인 유어텍스트
인쇄·제본 민언프린텍

펴낸곳 한스미디어(한즈미디어(주))
주소 04037 서울 마포구 양화로11길 13(서교동, 강원빌딩 5층)
전화 02-707-0337 | **팩스** 02-707-0198 | **홈페이지** www.hansmedia.com
출판신고번호 제 313-2003-227호 | **신고일자** 2003년 6월 25일

ISBN 979-11-6007-910-4 (03320)